读客这本史书真好看文库

轻松有趣，扎实有力

春秋战国真有趣 6

与其说是一部清晰的春秋战国全史

不如说是一套有趣的春秋战国故事大全

龙镇 著

上海文艺出版社

目　录

第四章 秦定国策：远交近攻

第五章 秦赵长平之战

第六章 信陵君救赵

第七章 荀子说人性

第一章

助燕复仇，苏秦入齐设下连环计

不自量力的宋王偃

这里先要说一个小人物的故事。

小人物其实也不小，姓子名偃，是宋国第三十五代国君。

宋国是周朝初年分封的诸侯国，先祖微子，乃商纣王的庶兄，因屡次直谏纣王而遭流放。周武王灭商的时候，微子投降周朝，当了中国历史上最早的带路党。后来周王室为了安抚商朝遗民，也为了表彰微子带路有功，便让他当了诸侯，建都商丘，国号为宋。

可以这样说，宋国就是商朝的延续，只不过地位下降，由天下共主变成了普通诸侯。

周朝历代统治者对于宋国，既怀柔，又防范。宋国周围的几个主要姬姓国家——鲁国、卫国、蔡国等，原来都负有监视宋国的使命。但是随着时间的推移，这种监视放松了。到了春秋时期，王室衰落，诸侯混战，姬家人内部尚且斗个不休，自然没有人再把监视宋国当一回事。而宋国的统治者看到这种景象，也禁不住蠢蠢欲动，积极参与竞争，宋襄公年间还一度产生了称霸天下之志。

不幸的是，由于宋襄公的迂阔，宋国在泓水之战中败给了楚国，从此一蹶不振，沦落为二流国家，只能在几个大国的夹缝中艰难度日。

进入战国后，七雄并立，战争升级，强者愈强，弱者愈弱，宋国和其他小国一样，被扫入第三世界，基本上处于任人宰割的状态。

谁也没想到，到了子偃手里，这个行将就木的殷商遗民之国突然回光返照，干了几件让世人刮目相看的事。

公元前318年，子偃即位的第十一年，有一只小鸟在商丘的城墙根下孵蛋，居然孵出了一只鹞鹰。子偃命大史占卜，得到的回答是：小鸟生大鸟，必定称霸天下。

子偃大喜，认为这是暗示宋国复兴的祥瑞，于是自立为王，史称宋王偃。

称王便也罢了，宋王偃从此还真做上了称霸中原的梦。公元前317年，公孙衍组织五国伐秦失败，齐国趁火打劫，入侵赵国，在观泽大败赵、魏联军。宋王偃抓住这个机会向魏国进攻，连克数城，从此与魏国结下怨仇。

值得一提的是，在这场战事中，宋国俘虏了一批魏国军人，其中有一位姓刘的汉子。他被编入宋国军队，又打了几年仗，退役后就在宋国沛县一个名叫丰邑的小镇上定居下来，在那里娶妻生子，开枝散叶。

在中国历史上，这位姓刘的汉子没有留下名字。但是没留下名字的未必是小人物，在《汉书》的记载中，他被尊称为“丰公”。

丰公有一个儿子，在历史上也有记录，先是被称为刘太公，后来又被尊为太上皇。他就是汉高祖刘邦的老爸。

这是后话，先且带过。

公元前301年，孟尝君组织齐、魏、韩三国合纵，在垂沙大败楚军。宋王偃又趁机向楚国发动进攻，夺得淮北之地三百余里。前书说过，淮北之地五百里，齐国本来是想威胁楚国割让给它的，后来因为秦国干涉才作罢。没想到被宋王偃占了先机，一口就咬掉一大半。

毫无疑问，宋王偃此举，又把齐国和楚国给得罪了。

淮北一战后，宋王偃自信心爆棚，自认为天下无敌，做出了一些惊世骇俗的举动。他命人用皮囊盛满鲜血，悬挂在旗杆之上，以箭射之，称为“射天”；拿皮鞭抽打地面，称为“鞭地”；砍断社稷之神的牌位，将它们统统烧掉，说寡人的威力可以降服鬼神。

宋王偃眼中，天下诸侯尽是酒囊饭袋，不足为道，唯有一人除外。

这人便是赵武灵王。

赵武灵王胡服骑射，使得赵国军力倍增，一跃成为仅次于秦国的第二大军事强国。宋王偃艳羡之余，也积极扩军备战，未几便号称“五千乘之劲宋”。

以宋国的综合实力，维持千乘兵力尚且勉强，一下子扩充到五千乘，已经不是穷兵黩武所能形容，差不多是穷凶极恶了。国际著名掮客苏秦听到这个消息，用极其鄙夷的语气说了一句：“狗屁！什么劲宋，分明是桀宋！”

桀是夏朝的末代君王，以荒淫无度而闻名于世。苏秦这句话很快在诸侯中传开，宋王偃从此便得了个“桀宋”的称号。

公元前299年，赵武灵王为了专心开拓疆土，提前将王位传给赵惠文王。宋王偃有样学样，也将王位传给大子，自己退居幕后操纵国政。

此后，赵武灵王伪装成使者，入秦窥探秦昭王气象，回国后便采用大臣楼缓的建议，决定联秦抗齐。为此，赵武灵王派楼缓出使秦国，担任了秦国的相国；又派大臣仇赫出使宋国，担任了宋国的相国。这样一来，就大体上形成了秦、赵、宋三国集团对抗齐、韩、魏三国集团的局面。

攀上秦国和赵国这两棵大树后，宋王偃更加有恃无恐。

公元前297年，赵武灵王攻灭中山，宋王偃也向邻近的滕国发动进攻，一举将其消灭。

滕国地处山东，在齐国的势力范围之内。宋灭滕，等于赤裸裸地向齐国挑衅，引起了齐国朝野的一片讨伐之声。但是对于宋王偃来说，大神的愤怒也不过是几声雷响，临淄城内那些凡夫俗子就更不在话下，由着他们去嚷嚷吧！

正当宋王偃意气风发，准备开创一番新局面的时候，公元前295年，他的政治盟友和精神导师赵武灵王却在沙丘遭遇兵变，结束了颇为传奇的一生。

宋王偃兔死狐悲之余，不得不面对一个现实——赵武灵王之死，导致国际形势发生了重大的变化。而这些变化对他来说，都不是好事。

狡兔三窟的生存智慧

赵武灵王死后，赵国的大权落入公子成和李兑手里。公子成任相国，封安平君；李兑任司寇，封奉阳君。后来公子成去世，李兑继任相国，专断国政。

李兑治下，赵国和宋国还是盟友，只不过多了一些利益瓜葛——宋国的陶地（今山东省定陶），商贾云集，是当时中原最繁华的都市。李兑老早便看上了这块宝地，想将其据为己有，只是苦于没有机会下手。

与此同时，赵武灵王派到秦国去当相国的楼缓被免职，取而代之的是宣太后的弟弟魏冉。

在赵武灵王的联秦抗齐战略中，楼缓是一个关键的人物。楼缓下台，魏冉上台，意味着秦国风向的改变——魏冉是主张与齐国对话来分化齐、魏、韩三国联盟的，他一上任，就派五大夫吕礼秘密出使齐国，向齐闵王表达了和解之意。

齐闵王接到魏冉抛过来的绣球，不禁怦然心动。

这些年来，齐国在孟尝君的主持下，高举合纵大旗，联合韩、魏，对抗秦、楚，看似成绩斐然，实际上什么好处都没捞到。

垂沙一战，楚国大败，齐国本想趁机获取楚国的淮北之地五百里，却因秦国干涉而缩手，反而被宋王偃占了便宜，把淮北占去一大半。

函谷关一战，秦国服输，退还魏国河东之地，退还韩国武遂和河外之地，唯独齐国一无所获。

当然也不能说什么都没得到。通过这两次战争，齐国至少在国际上获得了尊重。问题是，即便是这种尊重，实际上也不是齐国的，甚至也不是齐闵王的，而是孟尝君的。

函谷关一战，孟尝君的个人威望到达顶峰。在国际上，诸侯们视他为救世主，争相向他献殷勤；在国内，士人和百姓对他的崇拜已经到了无以复加的地步，甚至有人议论说，薛公本来就是王孙，让他当大王也未尝不可啊！

在齐闵王看来，如果孟尝君还有一点顾及他这个君王的话，至少应该有所收敛，不要继续在朝堂上高谈阔论，发表那些慷慨激昂但是从来没有给齐国带来任何好处的演讲。然而孟尝君显然不在意那些谣言（天知道这些谣言是不是他授意门客放出来的），一如既往地施展着个人魅力，妙语连珠，谈笑风生，仿佛他才是齐国的主人。人们被他迷住了。朝臣们带着善意的表情倾听他的意见，百姓们在街头巷尾传颂他逃出函谷关的传奇故事，稷下学宫的学子们也一改往日的刻薄，对他青眼相加。甚至连宫里的女人也会在不经意间露出一丝神往而羞涩的笑容，不用说，那一定是在谈论孟尝君。这个其貌不扬的矮个子男人，就像一场挥之不去的噩梦，扰得齐闵王寝食难安。

由此不难理解，吕礼的到来，有如给齐闵王打开了一扇窗户，送进了一阵干爽怡人的西风。

吕礼告诉齐闵王："齐、秦两个大国，一个在东海，一个在西陲，风马牛不相及，本来应该和平共处。遗憾的是，这几年来齐国一直致力于与秦国作战，花费了大量的人力物力，又伤感情又伤荷包，可是究竟得到了什么呢？什么都没得到，全是为他人做了嫁衣裳！现在秦王主动向您示好，希望两国马上停止无意义的对抗，携手并进，共同建立新的国际秩序。这是齐国之福，百姓之福，更是大王之福。您想想看，如果再任由薛公这样挥霍下去，齐国还能支撑多久？仗打赢了，是他的功劳；仗打输了，由大王买单。再过几年，谁是齐国的主人，那还真是不敢说呢！"

齐闵王听了，神色凝重，沉默不语。吕礼的话深深打动了他。

谈判在孟尝君缺席的情况下秘密进行。除了齐闵王和吕礼，还有一位名叫祝弗的齐国大夫参与其中。双方没有太多讨价还价，很快达成了几点共识：

一、齐国放弃对韩国和魏国的保护，任由秦国行动；

二、作为交换，秦国允许齐国消灭宋国，但是附加一个条件——齐灭宋后，将陶地献给秦国，作为魏冉的封邑；

三、齐国免除孟尝君的一切公职，驱逐亲魏的大臣周最，任命吕礼为相国。

对于齐国来说，这是一个不太平等的约定。秦国轻而易举地拆散了有史以来最具威胁的合纵联盟，获得了对韩、魏行动的自由，在齐国安插了自己的大臣，还得到了瓜分陶地的承诺；而齐国仅仅是得到了消灭宋国的许可。

考虑到宋国的背后还有赵国给它撑腰，这一许可至少又要打个五折。

但是对于齐闵王来说，这些都不重要。只要能够和秦国结盟，借此赶走孟尝君，他就心满意足了。

有一天，在没有任何先兆的情况下，齐闵王突然对前来问安的孟尝君说："您是先王留下来的重臣，已经为国家服务多年，劳苦功高，寡人不忍心看到您继续劳累，不敢再使唤您，请您回家去享清福吧！"

孟尝君一下子愣了，几乎不相信自己的耳朵。在他看来，自己的事业正处在顶峰，天下还有七分之五的人民正等着他从秦王的魔爪下解救出来，怎么可能在这个时候被宣布退休呢？他疑惑地看着齐闵王，想从对方脸上读出什么端倪，再采取应对措施。可是让他失望了，齐闵王并不打算跟他打哑谜。很快，齐、秦两国谈判的内容被公布出来，周最被免除职务，从秦国来的吕礼被任命为相国，昔日的敌人变成了朋友，孟尝君煞费苦心建立的抗秦统一战线一夜之间灰飞烟灭。

但这仅仅是第一重打击。第二重打击接踵而来，这也是中国历史上最常见的戏码——墙倒众人推，树倒猢狲散。孟尝君的门客们得到消息，纷纷离他而去。最后陪着他回薛县的，只有那位喜欢弹着宝剑唱歌的冯谖。

"真是想不到……"

孟尝君失魂落魄地说。是想不到大伙会离他而去，还是想不到冯谖会留下来，抑或二者皆有？

冯谖笑而不答。

当他们离薛县还有不到一百里的时候，发生了奇怪的事。

道路两侧出现了成千上万名薛县的百姓，他们扶老携幼，拖儿带女，显然是一早就等在那里了。

看到孟尝君的车过来，百姓们便欢呼着迎上去，众星捧月一般，将他们接回了薛县。

孟尝君这才体会到当年冯谖烧毁债券的良苦用心，深有感触地说道："原来这就是先生为我买回的义啊！"

冯谖大大咧咧地说："您别谢我，我不过是为您准备了一个安乐窝罢了。但是狡兔三窟，一个安乐窝是不够的，请让我再给您准备两个。"

冯谖带着孟尝君给他的五十辆车和五百金，来到了魏国的首都大梁。

当时魏襄王已死，其子魏昭王继承了王位。冯谖见到魏昭王便说："齐王放逐了他的相国薛公，现在诸侯都在抢着派人去薛县请他，您这边怎么没动静？"

魏昭王说："竟然有这样的事？我们马上派人去请他老人家。魏国现在已经有相国了，但是没关系，只要薛公肯来，寡人马上把这个位置腾出来给他。事不宜迟，请您现在就回薛县去，说服薛公千万不要答应他国的邀请，寡人的使者随后就到。"

魏昭王的使者带着一百辆马车和一千金，浩浩荡荡地从大梁出发了。冯谖先行一步，轻车快马回到薛县，将情况对孟尝君作了个简单的汇报，说："魏国使者带来黄金千斤，随从百车，这是前所未有的高规格使团，这件事很快会传遍整个齐国的。"

孟尝君说："那我该怎么办？"

冯谖脸上露出一丝猥琐的笑容，说："装呗！"

魏国使者到了薛县，登门拜访三次，请孟尝君到魏国去做官。孟尝君每次都委婉拒绝，但是把话说得很有技巧，让魏国使者始终觉得还有希望。

在这场游戏中，孟尝君就像一位久经欢场的社交名媛，表面上雍容端庄，却又时不时在桌子下边踩一下人家的脚，把对面的登徒子搞得五迷三道，欲罢不能。

消息很快传到了临淄。

齐闵王听说后，非常紧张。赶紧派人也带了黄金千金、豪华马车两辆、宝剑一把以及亲笔信一封，来到薛县向孟尝君道歉，请他看在江山社稷的分上，尽快回去处理政务。

孟尝君还是问冯谖的意见。

冯谖说："回去是肯定的，但不能无条件。这样吧，您请求大王赏给你一些先王祭祀用的礼器，在薛县建立宗庙如何？"

按照周朝的体制，宗庙不能随便建立。一个城市如果没有宗庙，原则上只能叫作"邑"；如果有宗庙，那就叫作"都"，级别完全不同。更重要的是，齐国的都不同于他国，除了设了宗庙，还驻有经过考选和严格训练的常备兵，也就是所谓的"持戟之士"。

冯谖的意图很明显，就是让孟尝君名正言顺地拥有私人常备武装。

这样非分的要求，齐闵王竟然也答应了。

薛县的宗庙建立之日，冯谖向孟尝君汇报："三窟已成，从此您就可以安安稳稳地过快乐日子了。"

孟尝君感激之余，对冯谖说："我一生好客，以礼待人，从来不敢有所闪失。门下食客三千，我是怎么对待他们，你也亲眼看到了。没想到这些人一看到我失势，便争先恐后离开我，只有你一直忠心耿耿对我，还帮我官复原职。这可真是患难见真情，日久见人心啊！"

他咬牙切齿地说："如果那些人有谁再回来投靠我，我就往他脸上吐口水。”

冯谖一听，马上下车行跪拜之礼。

孟尝君说：“你这是在替他们求情吗？”

“不是！”冯谖说，“我这是在为您说出这样没水平的话而惭愧。”

冯谖接着说：“凡事皆有定数，不以人的意志为转移，这就好比有生就有死，谁也避免不了。一个人富贵的时候，宾客满堂；贫贱的时候，少朋寡友。这都是事物发展的客观规律，换了谁都一样，您为什么要生气呢？自古穷酸刻薄，富贵宽容。富贵如果不宽容，等于还是穷酸。我建议您啊，保持良好的心态，像以往一样对待宾客，不要因为别人的过失而惩罚自己。”

孟尝君闹了个大红脸，连连点头说：“敢不奉教？”

“狡兔三窟”的故事，在中国历史上流传很广。故事的结果，就像“王子和公主从此过上了幸福的日子”一样，孟尝君又回到临淄，与齐闵王重归于好，并且在冯谖的辅佐下，平平安安地当了几十年相国。

可惜历史不是童话。

上面讲的故事，虽然常常被人当成信史，其实却只是演义。事实上，孟尝君被齐闵王炒了鱿鱼后，并没有马上回到薛县，而是继续待在临淄城内，密切关注事态的发展。

孟尝君从来都不是那种逆来顺受的人。他一出生就被父亲遗弃，是靠着母亲的勇敢和自己的机智才在大宅门中生存下来。几十年来的人生经历更是充满着危险与挑战，造就了他决不屈从于命运的强硬性格。

就在孟尝君被免职后不久，发生了一件震惊齐国的大事。

贵族田甲突然发动政变，带着数百名家丁攻入王宫，劫持了齐闵王。但是在闻讯赶来的勤王部队和临淄居民的围攻下，田甲很快就放弃了抵抗，在释放了齐闵王之后，宣布弃械投降。

这次不成功的政变，在历史上被称为“田甲劫王”。

虽然没有任何证据表明孟尝君跟这件事有关，但是绝大多数人都将怀疑的眼光投向了他。

除了他，谁还有动机和胆量做出这样的事？

在这种情况下，孟尝君知道自己无法辩解。任何辩解，都只会使事情越抹越黑。

孟尝君的门下，原来有一位名叫魏子的门客。很多年前，孟尝君派魏子去收田租，去了三次，每次都是空手而归。孟尝君觉得很纳闷，就问他是怎么回事。魏老先生说：“在薛县遇到几位贤人，见他们穷得叮当响，就把钱借给他们度日去啦！”（和冯谖的故事很像）孟尝君大怒，当时就让魏子卷铺盖走人了。

田甲劫王后，孟尝君处境十分不妙。留在临淄吧，怕有危险；回薛县吧，又怕人说他畏罪潜逃。正在为难之际，魏子和当年受到接济的几位贤人跑到王宫联名上书，担保孟尝君跟这件事没有任何关系。

拿什么担保？

性命。

几位老先生齐刷刷地跪在宫门前，引来成千上万临淄市民围观。看看人来得差不多了，便宣读了一封简短的公开信，内容无非是薛公一生克己奉公，光明磊落，田甲劫王绝非薛公所为云云。念完后，几个人一齐拔出佩剑，当众自刎身亡。

齐闵王被这种黑社会的搞法吓坏了，连忙派人装模作样地“彻查”一番，主动给孟尝君洗脱干系，而且对孟尝君说：“您是先王留下来的大臣，现在虽然不在重要岗位上工作了，国家还是很需要您，希望您继续关注国家大事，有事没事到朝堂上走走，为寡人出出主意，敲敲边鼓。”

这自然是客套话。

孟尝君拜谢说：“老臣没有别的想法，只想告老还乡，过几天清闲日子，安度余生。”

齐闵王于是顺水推舟，答应了他的请求。

就这样，孟尝君回到了薛县。

随着孟尝君的离去，风云一时的齐、魏、韩三国合纵正式宣告寿终正寝。

“人屠”白起

秦国几乎是迫不及待地发动了对韩国的进攻。

秦军兵分两路，一路向北，由老将向寿率领，攻取武始（今河北省新安）；一路向南，由新人白起率领，攻取新城。

第二年，秦军又在向寿的带领下进攻伊阙。

伊阙在今天河南省洛阳市的东南部，是韩国重兵防守的要塞，也是整个韩国的屏障。

伊阙如果失守，韩国就无险可守，只能任由秦军出入。

为了帮助韩国守住伊阙，魏昭王派将军公孙喜率领大军入韩助战。

公孙喜是当年在垂沙之战中配合齐将匡章大败楚军的名将，有犀武将军的称号（像犀牛一样武勇）。他率领的魏军抵达后，伊阙守军人数增加到近三十万人，几为秦军的两倍。

从常识上讲，十五万秦军不可能攻破三十万联军驻防的要塞，老将向寿也不是犀武公孙喜的对手，战争的天平明显偏向防守一方。

当时秦国的大权，基本掌握在宣太后和魏冉手里。魏冉除了担任相国，还被封于穰（ráng）地（今河南省邓县），称为穰侯；秦昭王的胞弟嬴芾先被封为泾阳君，后又改封于宛（今河南省南阳）；另一个胞弟嬴悝先被封为高陵君，后又改封于邓（今河南省郾城）；宣太后的同父异母弟弟芈（mǐ）戎先封华阳君，后改封于新城（今河南省密县）。这些封地，都是极为富庶的城市，因而四位封君获得的财富惊人，秦国出现了“宣太后专制，穰侯擅权，泾阳君、高陵君之属太侈，富于王室”的局面。

魏冉虽然擅权，却不是平庸之辈。他认真分析了前线形势之后，果断决定，把白起派到前线，替换向寿。

白起是秦国郿县（今陕西省宝鸡）人，生得尖嘴猴腮，一双眼睛黑白分明，从后人给他画的肖像画来看，就像一只精明的老鼠。作为掌握数万乃至数十万将士生杀大权的将军，这副尊容显然不太理想。但是人不可貌相，就是这只老鼠，后来成为了天下诸侯闻风丧胆的杀人魔王。

根据商鞅制定的军法，每一次战斗之后，秦军都以斩首的数量计算军功。这种绩效考核的办法既简单又有效，谁杀的人多，谁的功劳就大，谁就能获得更快的提升。

有人做过一个统计，在白起的军事生涯中，他统帅的部队先后砍掉了将近两百万颗人头，几乎为当时天下人口静态总数的十分之一。白起因此获得了一个“人屠”的称号。而伊阙，将成为他初试屠刀的地方。

白起来到前线后，没有换掉老将向寿的旗号。因为他知道，向寿历来给人一种软弱的形象，韩魏联军的统帅公孙喜则以刚勇而闻名，很看不起向寿这种软骨头。

一个人看不起对手，就很容易轻敌。轻敌就很容易露出破绽，给对方以可乘之机，甚至被敌人牵着鼻子走。

白起要的就是这种效果。

他通过几天观察，很快发现了敌人的弱点——韩魏联军人数虽多，但是各有各的小算盘。韩军势单力薄，只想依靠魏军，不愿意主动出击；魏军则认为韩军实力仍存，想推韩军打前阵。

白起抓住韩、魏两军互相观望的心理，制定了作战方略。他以小股部队牵制韩军，使其不敢轻举妄动；自己则率领秦军主力，出其不意地向魏军发动猛攻。

公孙喜完全没有料到秦军会主动进攻。

《孙子兵法》第三篇第三条："用兵之法，十则围之，五则攻之，倍则战之，敌则能分之，少则能逃之，不若则能避之。"

按照当时的情况，秦军兵力明显弱于联军，最好的结果是"能逃之"，岂有主动进攻之理?

偏偏白起就是个不按常理出牌的人。

后人说到战国时期的兵法家，自然是首推孙武，其次是孙膑，但是如果以实战成绩而论，白起才是真正的战国第一。

即便来一次关公战秦琼，让孙武和白起面对面打一次，赢的也很可能是白起。因为孙武太谨慎，过于强调"立于不败之地"，一定要等到所有条件成熟才会出手，反而有可能受制于人，错失战机；而白起善于在不确定中寻找确定因素，只要有三成胜算，他就敢出战，有五成胜算，他就会发动进攻。这种刚猛的打法，恐怕不是孙武、孙膑能够适应的。

面对如狼似虎的秦军，毫无准备的魏军很快败下阵来，公孙喜弹压不住，成了秦军的俘虏。

魏军的溃败又波及了韩军。韩军本来就没有斗志，寄希望于魏军出头，现在看到魏军逃散，韩军更是未斗先乱，不待秦军移师来攻便放弃了阵地，乱哄哄地四下逃散。

三十万韩魏联军，在十五万秦军的攻击之下，不到一日便全线败退。白起攻克伊阙，又乘胜追击，连下韩国五城，斩首二十四万，创造了历史新高。

战后，白起被升为国尉，不久又升为大良造。此后二十年，白起这个名字将像一块沉重的石头压在山东各国诸侯的胸口，压得他们喘不过气来。

公元前292年，白起攻魏，取垣城（今山西省垣曲）、魏城（今山西省芮城）。

公元前291年，司马错攻魏，取轵城（今河南省济源）、邓城（今河南省孟县）。

同年，白起攻韩，取宛城。宛是当时著名的冶铁中心，又是控制楚国的咽喉要道，秦国得到宛城，战略意义十分重大。

公元前290年，秦又攻魏，取蒲阪、皮氏，迫使魏国献出河东之地四百里，韩国献出武遂之地二百里。

当秦国以白起为利刃，大肆切割韩、魏两国土地的时候，齐国却一直没有动静。

苏秦的死间计

按照秦国和齐国双方的约定，秦国是以放弃对宋国的支持为条件，来获得对韩、魏两国行动的自由的。

换句话说，当秦国进攻韩、魏的时候，齐国应该对宋国采取行动，这笔交易才划算。

齐闵王似乎对此毫不在意。倒是宋王偃主动出击，于公元前294年趁着田甲劫王的短暂动荡时期，发兵进攻齐国，一举夺得城池五座。这简直是欺人太甚！是可忍，孰不可忍！偏偏齐闵王就忍住了，一声不吭地当起了缩头乌龟，连强烈抗议都没表示一下。

他为什么脾气这么好？原因有三。

第一，宋国虽小，却不是软柿子。从外部来看，五千乘的兵力不可小觑；从内部来看，宋王偃的统治其实相当稳固。当时赵国的相国李兑就曾经说过："宋置大子为王，下亲其上而守坚。"也就是说，宋王偃将王位传给大子，自己退居幕后操纵，老百姓对这种二元体制还是相当认可，宋国上下是团结一致的。

第二，秦国虽然放弃宋国，赵国仍然在背后支持宋国。而且赵国自胡服骑射后，军力大增，已经跃居齐、楚之上，仅次于秦国。齐国要对宋国动武，必须充分考虑赵国干涉的风险。

第三，宋国在齐国的东南方，齐军大举南下攻宋的话，北方必然空虚。当年燕国发生子之之乱，齐国落井下石，几乎灭亡燕国。这段历史，成为了全体燕国人心头永远的痛。燕昭王即位后，韬光养晦，奋发图强，为的就是向齐国报仇。一晃二十年过去，以燕国目前的实力，虽然还不能向齐国叫板，但是如果在齐国进攻宋国的时候背后插一刀，还是很有杀伤力的。

因为上述原因，齐闵王对宋国保持冷静，既是持重之举，也是无奈的选择。

正当齐闵王瞻前顾后的时候，有人从燕国给他寄了一封信。信是这样写的："下臣客居齐国，受先王及大王恩惠多年，一直无以为报。今奉燕王之命，率车一百五十乘前来，只为结齐、燕两国之好。大王乃当世雄主，虽当年齐桓公亦不能及。下臣不才，敢以管仲自居。大王如若体会下臣的一片苦心，则请以诸侯之礼对待下臣。否则，下臣将自减车骑，只率车五十乘前来。"

落款人是燕相国、武安君苏秦。

齐闵王读完这封信，陷入了沉思。

首先，苏秦客居齐国多年，为何突然去了燕国，而且当上了相国并被封为武安君?

其次，一百五十乘车辆的使团，可谓史无前例的高规格，燕国一向以齐国为敌，为什么突然态度发生如此重大的改变?俗话说得好，无事献殷勤，非奸即盗，这里面莫非有什么阴谋?

最后，苏秦原来不过是一介平民，即便燕国给他封了什么官爵，那也只是卿大夫级别，竟然向他要求以诸侯之礼相待，不是太过分了吗?

齐闵王捏着下巴，思考了半天，眼光始终没有离开过"请以诸侯之礼对待下臣"这句话。突然间，一线灵光闪过，齐闵王不禁莞尔一笑，想明白了一件事。

苏秦在讨好!

如果没猜错的话，这封信背后的信息应该是这样的——我苏秦为报答先王和大王的恩惠，说服燕王主动向大王示好，并率领一百五十乘车的庞大使团前来访问。对于齐国来说，这个时候获得燕国的友情，意义重大。我为齐国做出了这么大的贡献，大王怎么也得有所表示吧？大王如果看得起我，就把我当作诸侯来对待。当然，看不起我也没关系，我就降低使团规格，至于能不能达到两国友好的目的，那就另当别论了。

齐闵王心想，这个苏秦，到底是不甘寂寞啊！不过话说回来，他这件事做得确实漂亮。他究竟是怎么说服燕昭王的呢？恐怕费了不少口舌。管他呢，人生最惬意的事，不就是你想睡觉的时候，有人给你送来一个又松又软的枕头吗？

齐闵王长长地舒了一口气，答应了苏秦的请求。

他压根没有想到，在这封信的背后，隐藏了一个天大的阴谋。

毫不夸张地说，这是有史以来构思最为大胆、设计最为精巧、格局最为庞大的一个阴谋。在它面前，什么苦肉计、美人计统统不过是小儿科。

同时它也是苏秦的收山之作，或者说绝笔。

事情是这样的。客居齐国的苏秦有一天早上醒来照镜子的时候，发现自己已经很老了。他回首往事，突然产生了一种强烈的挫败感。作为鬼谷子的关门弟子和合纵运动的第一任旗手，他觉得自己的成就不能与张仪相比，甚至也不能与公孙衍和孟尝君相比。

诚然，他现在过得也还不错。在国际上拉拉皮条，做做说客，替人做点排忧解难、牵线搭桥的事，就有大笔进账，而且出入诸侯的宫廷，受到尊重。但是，掮客做得再成功也不过是掮客，和纵横家是两码事。

人年轻的时候为了生计奔波，年老的时候则会思考人生的意义，不想自己这辈子就这么白过了。在思考了三天三夜之后，苏秦做出一个重大决定：当他的人生日薄西山之际，他必须导演一场大戏，作为他对这个世界的最后致意。

他希望后人在他的墓碑上刻上“最伟大的纵横家”，而不是“最成功的掮客”。

怀着这样的想法，苏秦偷偷离开了齐国，前往蓟城去求见燕昭王。

他见到燕昭王便问：“您还想报齐国之仇吗？”

燕昭王回答：“当然想，自从寡人即位以来，没有一天不想着报仇的事。”

苏秦说：“以燕国的力量，能够自保已经不错了，您拿什么向齐国报仇呢？”

燕昭王无言以对。

苏秦接着说：“据我所知，齐国正在准备攻打宋国。如果灭了宋国，就能轻而易举地占领楚国的淮北之地，再灭掉鲁国和卫国也不是难事，这就等于将齐国的领土扩大了两倍。到那时，齐国再来攻打燕国，不费吹灰之力。”

燕昭王眉头紧锁，他知道苏秦所言不虚。

苏秦又说：“可是，您知道齐国为什么迟迟未对宋国动手吗？主要就是担心燕国从背后捅它一刀，趁机袭击临淄啊！”

燕昭王恍然大悟：“您的意思是，咱们应该趁着齐国进攻宋国的时候出兵，搞它一下？”

苏秦说：“当然不是。如果是那种雕虫小技，哪里用得着我苏秦不远千里跑过来献计？我给您一个建议，齐国如果进攻宋国，燕国不但不要干涉，反而要想办法满足齐国的欲望，甚至出兵帮它攻下宋国。”

燕昭王被搞糊涂了：“这是什么意思？”

苏秦高深莫测地一笑：“诱饵，您知道吗？宋国就是一个诱饵。因为宋王狂妄无知，四处树敌，现在各方势力都在打宋国的主意。赵国是宋国的盟国，但是这种同盟并不牢固，而且奉阳君李兑是个极其贪婪的人，早就对宋国的陶地垂涎三尺，只要有机会，赵国随时可能变成宋国的敌人。秦国已经明确表示放弃宋国，但是秦国的相国穰侯魏冉，其实也在觊觎陶地，想将其据为己有。楚国被宋国占去了淮北之地三百里，一直引以为耻，总想着将那片土地抢回来。至于魏国，是离宋国最近的国家，也与宋国有旧仇，齐国如果入侵宋国，魏国不可能让齐国吃独食，肯定会要求分一杯羹。因此，齐国不动宋国，是聪明的做法。只要它一动，就会牵动各方利益，如果燕国再从中推波助澜，因势利导，便可将矛盾的焦点引向齐国，到那时再趁乱取势，报仇不是难事。”

苏秦还向燕昭王透露了一个情报：“孟尝君已经悄然离开薛县，应邀前往魏国，不日将出任魏昭王的相国。孟尝君是带着对齐王的愤恨离开齐国的。魏国有孟尝君主政，势必处处与齐国为敌。对燕国的报仇大计来说，这无疑又是一个好消息。”

燕昭王听着，渐渐明白了苏秦的用心。燕国要对付齐国，单凭自己的力量肯定不够，必须将诸侯都发动起来，建立一个反齐同盟。这是一个庞大的计划，是他和他的臣下想都不曾想过的。虽然他目前还不知道苏秦具体要如何实施这个计划，但是从苏秦胸有成竹的神态中，已经能够看到这个计划所带来的震撼性后果。问题是，苏秦为什么要帮他这个忙？

这世上从来没有无缘无故的恨，更没有无缘无故的爱。你苏秦这些年来游走各国，凭着一张嘴吃遍天下，过着无忧无虑的日子，为什么要来帮助燕国？是不是至少应该开个价？

燕昭王把他的疑问对苏秦说了，得到的回答是：我欠燕国一个人情。

“想当年，我苏秦不过是雒邑城内一介书生，因为先君燕文公的赏识，才得以闻名于诸侯，首举合纵运动大旗。后来合纵运动遭受张仪打击，又是燕国收留了我，让我继续过着养尊处优的日子。虽然我也曾为燕国做过一些贡献，但是燕国给我的回报更多。先君燕易公时期，因为某些原因，我离开了燕国。后来燕国发生子之之乱，遭到齐国侵略，我却束手无策，不能为燕国排忧解难——这件事在我心里像一块石头，已经搁了二十年，现在是时候把它放下了。您如果问我要什么报酬，我跟您要半个燕国，您给不给？呵呵，那是开玩笑，就算您肯给，我也无福消受，因为这一次，我要用自己的生命来报答先君的知遇之恩。”

苏秦要燕昭王命令左右都退下，这才说道：“我愿意作为燕国的死间前往齐国，非如此不能完成这项任务。”

听到这句话，燕昭王愣住了。

所谓死间，是指派间谍到外国，通过说谎欺骗，获得信任，出任要职，实施阴谋诡计，使得这个国家失败灭亡。间谍的任务完成之日，往往也是自身暴露之时，立刻会被捕处死，是以有死间之称。

苏秦说：“当年，先君燕易公听信小人谗言，认为我是不义之人，我曾经以曾参、伯夷、尾生的故事来反唇相讥。现在，我还要用这三个人的故事来劝说大王。”

燕昭王神色肃然地洗耳恭听。

苏秦说：“孝顺有如曾参，只不过是奉养双亲罢了；廉洁有如伯夷，不过是洁身自好罢了；信义有如尾生，不过是不欺骗别人罢了。这些都是自我完善之道，却不是有所作为之道。”

燕昭王问：“自我完善还不够吗？”

苏秦冷笑：“自我完善如果够的话，天下就太平了。秦国不会兵出殽山，齐国不会兵出营丘，楚国不会兵出豫章，我这个老头子也扛上锄头回老家种地去了。大王您也就不要再考虑找齐国报仇的事，好好待在蓟城过您的太平日子吧！”

燕昭王打了一个激灵，当即站起，走到苏秦跟前，恭恭敬敬作了一个揖，说：“燕国的命运，就交给先生了。”

第二天，燕昭王便拜苏秦为相国，封武安君，受命出使齐国。这里需要说明的是，武安仅仅是个封号，并无封邑。后来秦将白起、赵将李牧都获得过这个封号。

这就是那封信背后的真实情况。

秦、齐称帝

公元前289年，苏秦率领一百五十乘马车的庞大使团进入临淄，受到齐国方面的热烈欢迎。齐闵王派亲信大臣韩珉出高闾门（城门名），以诸侯之礼相待，并为他驾车而入。

韩珉是韩国人，但是与秦昭王关系很好，在秦、齐联合的形势下，受到齐闵王重用。

拜会齐闵王之前，苏秦和韩珉进行了一次长谈。

韩珉向苏秦表达了自己对局势的担忧，认为赵国很有可能在将来成为齐国的敌人。

“伤齐者必赵。”

韩珉站在亲秦的立场上，不希望齐、赵联合，自然有这样的判断。

苏秦马上回答，赵国如果敢对齐国不利，那就好好修理它！他向韩珉表示：“只要您想办法让齐王重视我，我就一定可以让燕国服从齐国的领导。齐、燕联合，韩、魏必从，赵国说三道四就讨伐它，不含糊。”

这个表态让韩珉大为欣慰。

苏秦与齐闵王的会面在齐国最豪华的章华宫中举行，因为有韩珉的铺垫，齐闵王对苏秦的来意已经十分清楚，会谈在融洽的气氛中进行。

谈到宋国问题的时候，苏秦不失时机地给齐闵王加了一灶火。

他这样说道：“进攻宋国有百利而无一害。宋、卫两国唇齿相依，一旦占有了宋国，卫国只好俯首听命。抢到了淮北之地，楚国的东部就暴露在齐国的威胁之下。占领了济西之地，赵国的河东便可自由出入。占领了陶地，魏国就只好闭关自守。到那时，即便是秦国也不能与齐国分庭抗礼，就算是齐桓公的霸业也不能与大王相比。”

齐闵王怦然心动，但他还在犹豫。制约他进攻宋国的三个因素中，燕国的问题已经解决了；宋国本身的实力不可小觑，但也不在话下；现在只剩下赵国这个障碍，一旦赵国干涉怎么办？

很快这个忧虑也被苏秦消除。

苏秦说：“我有把握让赵国对这件事保持沉默。第一，我可以为大王去赵国做说客，跟赵王摆事实讲道理，让他搞清现在的形势，不要轻举妄动。第二，这次来之前，我已经说服燕王，派兵两万来帮助齐国进攻宋国；而且，万一赵王不识时务，燕王已经做好准备从北方发兵牵制赵国。”

所谓“服务上门，质量三包”，也不过如此了。齐闵王心悦诚服地向苏秦表示了感谢，不久便下达了进攻宋国的命令。

齐军由大将触子率领，浩浩荡荡地从临淄出发。燕昭王也派了两万人马前来助战。更让齐闵王感到欣慰的是，燕军还自备了半年的粮食，连后勤保障都不劳齐国费神。

然而，这次大张旗鼓的讨伐行动，却因为一件意想不到的小事半途而废，还差点使得苏秦的死间计夭折。

入齐助战的燕军将领张库，是个性情刚烈的汉子，对帮助齐国人打仗本来就觉得很憋屈，再加上对齐军将领的颐指气使有意见，终于有一天爆发，跟齐国人对着干起来。事情闹到齐闵王那里，齐闵王大怒，将张库抓起来砍了头。

消息传到燕国，上下一片沸腾。苏秦的死间计，本来就只有燕昭王和极少数亲信大臣知道，现在出了这样的事情，朝野之间难免群情激奋，要求对齐国用兵的呼声日益高涨。

燕昭王本人也快沉不住气了，齐国人欺人太甚啊！再怎么说张库也是燕国的大夫，而且是去帮助齐国攻打宋国的，齐王凭什么砍下他的脑袋呢？难道还真把燕国当成自己的属国了？

正当燕国君臣憋了一肚子气，准备向齐国开战的时候，苏秦急匆匆地赶回来了。他要求燕昭王屏退左右，问道："大王难道想前功尽弃吗？"

燕昭王说："士可杀，不可辱，寡人宁死也不受这种窝囊气。"

苏秦跺了一下脚，说："大王有没有想过，这件事很有可能是齐王在试探大王的诚意？如果连这样的考验都通不过，还谈什么复仇大计？"

燕昭王猛然醒悟，问苏秦："那怎么办？"

这件事关系到国家的荣辱，处理不好的话，不但影响士气，也会在国际上遭到耻笑。

苏秦说："没有别的办法，计是我出的，就由我来承受耻辱，向齐王赔罪吧！"

苏秦再度来到齐国。

他原以为会坐上几天冷板凳，好不容易见到齐闵王，然后再费上一番口舌，才能消除齐闵王的怒气。没想到，齐闵王很快在章华宫接见了他，而且亲自来到宫门口迎接。

齐闵王越是这样，苏秦心里越是没底。

会不会是看穿了我的计谋呢？他这样想着，装出一副战战兢兢的样子说道："下臣这次前来，是代表燕王向大王诚惶诚恐地赔罪……"

刚起了个头，就被齐闵王打断："这件事我也有责任，不用再说了。"

"那攻打宋国的事呢？要不请燕王再派一名将军来，听命于大王？"

齐闵王摆摆手："也不必了，寡人已经命令触子撤军回国，攻打宋国的事，暂且先放一放。"

苏秦心想，到底发生了什么事呢？

原来，就在齐军准备进攻宋国的时候，秦昭王派相国魏冉来到临淄，向齐闵王敬献了一个"东帝"的尊号。

秦始皇自称皇帝之前，中国文字中的"帝"就是指天帝，和英语中的God是同一个意思。人间的统治者，就算他再伟大，拥有再大的疆域，最多也只能称王（传说中的五帝除外，因为他们都是半人半神，或者本来就是神）。

魏冉以为，秦国和齐国的联合要得到进一步加强，必须在形式上有所突破，最好的办法是给对方上一个尊贵的称号，见面互相喊几句万岁，甭提多亲热了。至于上什么称号，"王"肯定不行，当时天下各国都已先后称王，连宋国都给自己上了个王号，王已经不值钱了。一定要比王更为尊贵才行。魏冉想来想去，最后决定，那就让齐、秦二君并称为帝吧。秦称为西帝，齐称为东帝，东成西就，共治天下，岂不快哉！

对于齐闵王而言，齐国和秦国结盟，他是欢迎的。但结盟不是结婚，一旦他接受这个东帝的称号，齐国和秦国就牢牢绑在同一辆战车上，要白头偕老、生死与共了。这是他不能草率答应的。更何况，秦国还有一个附加条件，称帝之后，两国推动齐、秦、韩、魏、燕五国联合，共同讨伐赵国，瓜分其土地，那就更要慎重考虑。

齐闵王正在为难，苏秦来到了临淄。齐闵王顾不上听燕王的道歉，那不过是双方的一点小摩擦，能有多大个事呢？称帝才是大事。他拉着苏秦的手，急切地问道："秦王派魏冉来，要我称帝，您认为怎么样？"

"原来是这样啊！"苏秦心里的一块石头终于落了地。这是一个全新的介入。他一边整理思路，一边说道："您提出这个问题太突然了，我完全没有准备……称帝是大事，必须全面分析利弊。"

齐闵王："对，您说得对。"

"如果不同意秦国的请求，就会与秦国发生矛盾；如果答应了秦国的请求，那就会得罪其他诸侯。"

齐闵王："啊，为什么？"

"您想想看，连周天子都不过是王，你们却称了帝，这不是把大伙都比下去了嘛（齐闵王皱了皱眉头）。当然，以齐国的实力，称帝也未尝不可。再说了，您的先祖陈氏，本来就是舜的后裔，血统高贵，非一般王侯可比（齐闵王笑了）。下臣的意见是，您不如答应称帝以应付秦国，但是又不马上举行仪式，等到秦王举行了仪式后，看诸侯们的反应再说。诸侯如果都没意见，那么大王也称帝；诸侯如果意见很大，大王就不称帝。至于进不进攻赵国，到时视情况再定，如何？"

齐闵王连连点头称好，心里想：不愧是苏秦，三言两语便将问题分析得如此透彻，提出的解决办法也是可进可退，大有回旋的余地。

会谈结束的时候，齐闵王突然提出："齐国的相国吕礼因为身体原因，正准备退休，如果先生不嫌弃齐国弱小的话，便兼任齐国的相国如何？"

这正是苏秦所盼望的。他谦虚了两下，接受了齐闵王的好意。在《史记》的记载中，苏秦曾经佩六国相印，当然是夸张的描写。事实上，苏秦确实佩过齐、燕两国相印，这是不含糊的。

魏冉得到齐闵王肯定的答复，兴冲冲地回到咸阳复命。

公元前288年十月，秦昭王驾临宜阳，在那里自立为西帝，并且邀请天下诸侯前往观礼，结果可以想象，响应者寥寥无几。

当时孟尝君已经到了魏国。魏昭王接到邀请，曾经问孟尝君的意见。孟尝君冷冷地说了一句："您难道忘了楚怀王的下场吗？"吓得他不敢再提。后来，在孟尝君的引导下，魏昭王反倒是去了一趟邯郸，进行为期三天的国事访问。

在这次访问中，魏昭王先是送了两座城给赵惠文王作为"养邑"，又将河阳、姑密（均在今河南省孟县）两城献给李兑，作为他儿子的封邑。

河阳是黄河中段的主要渡口，曾经一度被秦国攻占，后因不便坚守而归还魏国。魏国将河阳献给李兑，其用意很明显，就是要造成秦国对赵国的更大不满，从而将赵国彻底推向秦国的反面。

种种信息反馈到临淄，当齐闵王再来咨询苏秦的时候，苏秦便给了三点意见。

第一，果断放弃帝号，使得"天下爱齐而憎秦"，占领道德制高点；

第二，解除齐、秦联盟，迅速向赵国靠拢，并发动诸侯讨伐秦国；

第三，从过去的经验看，齐国讨伐秦国，山长水远，每次都是一无所获。所以，讨伐秦国仅仅是个借口，目的是趁机出兵进攻宋国，一举将宋国吞并。

"如若吞并了宋国，大王的霸业就建立起来了，即便没有东帝的名号，实际上也就是东帝了。"苏秦绕来绕去，最后还是回到宋国这个话题上。

只要齐闵王敢咬钩，即便他是条一千八百斤重的大海鱼，苏秦也能把他钓上来。

齐闵王毫不犹豫地接受了苏秦的建议。

对于他来说，这是一个令人拍案叫绝的计划。从一开始，齐国就欺骗了秦国，诱使秦王称帝，使之成为全民公敌；接着齐王放弃帝号，取悦天下诸侯，并发动诸侯伐秦；最后，齐国的目标并不是秦国，而是宋国。整个计划环环相扣，深得《孙子兵法》中“以迂为直”的精髓。但是，如果齐闵王足够睿智的话，他应该不难发现这个计划存在一个致命问题：如果实施，齐国将失信于天下。

同年十一月，齐闵王邀请赵惠文王到东阿会面，双方约定“攻秦去帝”，并由苏秦担任联络员。

秦昭王在宜阳称帝，矛头直指赵国，赵国一度十分紧张。齐闵王这一表态，让赵惠文王心里一块大石头落地，庆幸之余，不由得对苏秦极为感激，便也给了苏秦一个武安君的封号。

同年十二月，齐闵王宣布废除帝号，号召天下诸侯“共诛暴秦”。

第二年（公元前287年）夏天，齐、赵、韩、魏、燕五国军队开始会合，准备讨伐秦国。苏秦作为联军的总调度，来往于燕、魏、赵、韩各国宫廷，督促各国快速进军。

奇怪的是，苏秦越是督促，各国的行动越慢。

韩、魏二军动作最快，但是由于大雨连绵，未能如期抵达指定位置。赵国答应征发全国壮丁，但是奉阳君李兑公开怀疑齐国和楚国暗中勾结，想要和秦国讲和，因而需要齐国拿出进一步的诚意（说白了，就是想要齐国承诺将陶地划给他当封邑）。燕国又派出两万军队，自备干粮到齐国，但是因为上次张库这件事，齐、燕双方心里都有点疙瘩，指挥起来不怎么灵光。

作为联军统帅的齐闵王，对这一切并不在意，反倒是下了一道命令给魏国，要魏国关闭魏、宋边境，断绝两国之间的交通。

魏国接到这道命令，立马猜出了齐国的用意——有孟尝君在，这点雕虫小技岂能逃过他的法眼？魏昭王明确拒绝了齐闵王，而且将消息及时反馈到邯郸。

赵国迅速做出反应，向齐国发出战争威胁。魏国也陈兵魏、宋边境，随时准备争夺宋国。孟尝君抓住这个机会前往赵国活动，游说赵国与魏国、燕国联合，共同讨伐齐国。一时之间，联盟内部形势汹汹，所有的矛头都直指齐闵王。

齐闵王无奈，只能求助于五国合纵伐秦的总设计师苏秦。

苏秦开出药方："欲得宋国，必先安抚赵相奉阳君和魏相孟尝君。不如做一笔交易，私下里将宋国的陶地许给奉阳君作封邑，将平陵许给孟尝君作封邑。"

这个药方本身显然是没问题的，但是实际效果大有问题。

奉阳君李兑收到齐闵王的承诺，喜上眉梢，很快答应了齐国的要求，甚至表示愿意和齐国联合共同攻宋。孟尝君田文则对此不屑一顾，三言两语将齐国的使者打发走了。

孟尝君还不知从哪里得到了李兑与齐国勾结的情报，于是亲自跑到赵国，与历来主张联秦抗齐的将军韩徐接上头，提醒韩徐要注意李兑的动向。

这样一来，赵国内部就出现了两种声音。韩徐主张赵国与魏国联合，拉拢燕国共同攻齐；李兑主张赵国与齐国联合，共同瓜分宋国。奇怪的是，李兑也得到了孟尝君与韩徐密谋的情报，并且在朝堂上公开揭露出来，认为韩徐这是吃里爬外，没有站在国家利益的立场上想问题。双方各执一词，争论不休，都说对方是"赵奸"，自己才是真正的爱国者，而且不约而同地在宋国问题上主张采用强硬立场，好撇清自己与国外的关系。

最后的结果完全出乎齐闵王的意料——赵国决定与魏国联合起来，

共同对付齐国。韩国历来与魏国同呼吸共命运，也将矛头调转来对准齐国，由此出现了“天下之兵皆去秦而与齐争宋地”的局面。齐闵王见势不妙，于当年八月宣布解散五国联军，将齐军撤回国内。

闹闹腾腾的五国伐秦，就这样不明不白地无功而返了。但也不能说完全是无功而返，至少秦国被吓了一跳。秦昭王赶紧取消了帝号，把以前掠夺的温（今河南省温县）、轵、高平（均在今河南省济源）等地归还给魏国，又向赵国归还了陉（jīng）分、先俞两城。

只有齐国还是像以往一样，不但一无所获，还惹上了一身骚。

第二章

乐毅率五国联军大破强齐

反齐统一战线形成

五国伐秦后，国际间的合纵与连横发生了新的变化，主要出现了三种声音。

第一种，以孟尝君为代表，主张三晋与秦、燕、楚等国联合，合纵攻齐；

第二种，以李兑为代表，主张赵、齐联合，连横攻秦；

第三种，以吕礼和韩珉为代表，主张齐、秦联合，共治天下。

五国伐秦的失败，也使得齐闵王开始反思自己的失误。他认为，当务之急是恢复与秦国的关系，于是请与秦昭王关系密切的韩珉牵线搭桥，在齐、秦之间展开对话。

韩珉是个热心人，和孟尝君、苏秦等虚情假意之徒不同，他既爱秦国，也爱齐国，对于撮合齐、秦两国有一种异乎寻常的执著。或者可以这样说，他认为齐、秦两国天生就应该遥相呼应，共同进退。唯有如此，这个世界才正常。

在一封由秦昭王授意写给齐闵王的书信中，韩珉这样写道："秦王对于贸然称帝一事，深感后悔。"秦昭王还表示，只要齐、秦联合，三四年内即可获得双赢的结果。这三四年间，秦国将不计前嫌，一如既往地支持齐国进攻宋国，而且尽最大努力不让楚、魏等国染指此事，保证齐国得到宋国的全部土地。齐灭宋后，再与秦国瓜分三晋的土地，秦取上党，齐取河东。然后再南下瓜分楚国，秦取云梦，齐取东国。到那个时候，"齐、秦虽立百帝，天下孰能禁之"？

这封信与苏秦给齐闵王定下的优先攻宋战略不谋而合，甚合齐闵王的心意。有了秦昭王的保证，再加上苏秦的不断鼓动，公元前286年，齐闵王终于起用韩珉为将，第三次发兵攻打宋国。

正在这个时候，宋国发生了内乱。

据说有一天宋王偃出游，看见一位采桑妇人长得十分美貌，便想据为己有。这位妇人的老公韩凭，是宋国一位基层干部，官位虽然不高，做人却很有原则。对于宋王偃的荒诞要求，韩凭表现出极度愤怒，结果被抓了起来，韩氏也被强行带入王宫，成为宋王偃后宫佳丽中的一员。

不久，韩氏写了一首诗，托人暗中带信给韩凭。诗是这么写的："其雨淫淫，河大水深，日出当心。"

宋王偃截获这封信，百思不得其解。大夫苏贺看了之后说："其雨淫淫，是说她心情不好，一直挂念夫婿；河大水深，是指宫禁森严，不得来往；日出当心，那是有了殉死之志。"

后来韩凭果然自杀，韩氏也跳城而亡。韩氏死前，写了一封遗书给宋王偃，说："王利其生，妾利其死，愿以尸骨，赐凭合葬。"意思是别的要求不敢提，如果死后能够夫妻合葬，那就感恩戴德了。

宋王偃若是还有一丝良心，这样的要求答应也无妨，偏偏他是那种毫无人性之辈，故意让韩氏夫妇分别葬在两个墓穴中，相望而不能相交。神奇的是，没过多久，两座坟上各长出一棵大树，树叶互相拥抱，树根互相缠绕。又有一对鸳鸯宿于树上，交颈悲鸣，声音感人。宋人同情韩氏夫妇的遭遇，便将这树命名为“相思树”。

而宋王偃经此一事，脾气更为暴戾，行事更加出格，群臣若有敢劝谏者“辄射之”，即便是夏桀商纣，也望尘莫及。商丘城中，连已经被立为国君的大子都看不惯宋王偃的所作所为，密谋发动政变。然而因为事不机密，这次政变失败了，大子被迫流亡国外，宋国政局出现动荡。韩珉抓住这个机会，率军长驱直入，一举攻克商丘，赶走宋王偃，从此将宋国并入齐国的版图。

齐国进攻宋国，是在秦国许可甚至是鼓励的情况下进行的。然而不出苏秦所料，当齐国兼并了宋国后，包括秦国在内的天下诸侯无不产生了强烈的嫉妒感。

魏国，在孟尝君的主政下，本来就对齐国充满敌意。齐国吞并宋国，一则从魏国嘴边抢走了一块肥肉，二则直接威胁到魏国的国土安全，因而导致两国关系更加紧张。

赵国，奉阳君李兑是主张与齐国联合的，但是当齐国占领了宋国，又没有兑现将陶地赠予李兑的诺言，李兑的风向也变了。再加上孟尝君与韩徐的积极推动，赵国基本上已经站到了齐国的对立面。当时苏秦从齐国写给燕昭王的密信中就曾提到，赵国已经用薛公、韩徐的计谋对付齐国，两国必有一战。事实上，不久之后，齐、赵两国就发生了边境冲突，韩徐一度率军攻人齐境，遭到有力的反击之后才撤军。

秦国，堪称变脸大师。齐灭宋之前，秦昭王通过韩珉向齐闵王明确表示支持齐国进攻宋国；齐灭宋之后，秦昭王却突然来了个一百八十度的大转弯，说："寡人爱宋国，就像爱新城和阳晋一样。韩珉这家伙跟寡人关系那么好，却进攻寡人所爱之地，真不知道他是怎么想的！"说罢连连摇头，表示想不通。

还有一个想不通的人是穰侯魏冉。他老早就盯上了陶地，现在却眼睁睁看着它落入齐闵王手中，叫他如何释怀？

在魏冉的主持下，一场针对齐国的合纵运动悄然铺开。

公元前285年，秦将蒙骜率军越过韩、魏两国攻齐，连下九城，拉开了合纵攻齐的序幕。

同年，秦昭王分别与楚顷襄王、赵惠文王会晤，就讨伐齐国一事与两国达成一致。

公元前284年，秦昭王又与魏昭王会于宜阳，与韩僖王会于新城，协调攻齐事宜。

同年，受秦昭王委托，赵惠文王与燕昭王在邯郸秘密会面。秦、赵、燕三国结成联盟。依照盟约，秦国还向赵、燕两国送去质子，以表诚意。这样就形成了以秦国为首，秦、赵、燕三国为核心，包括韩、魏、楚三国参加的反齐统一阵线。

经秦昭王提名，燕将乐毅被推举为讨伐齐国的联军统帅。

燕昭王千金买马骨

乐毅的祖上，是魏文侯时期的名将乐羊。

据《史记》记载，当年乐羊奉命进攻中山，事成之后被魏文侯封于中山灵寿，从此在中山定居。后来中山复国，到了赵武灵王时期又被赵国吞并，乐羊的后人一直生活在灵寿，便变成了赵国的臣民。

乐毅自幼聪颖，爱读兵书。赵国吞并中山后，乐毅被乡人举荐，在赵国军中担任了职务，深受赵武灵王赏识，引为亲信。公元前295年，赵国发生沙丘之变，赵武灵王被困饿死，乐毅为躲避动乱，逃到魏国，在魏昭王的朝中谋到了一官半职。

正是在魏国，乐毅听到了关于燕昭王招贤纳士的故事。

原来，燕昭王自从即位以来，便将向齐国报仇作为首要目标，“未尝一日而忘报齐也”。但是燕国与齐国相比，一则小，二则偏远，三则落后，差距十分明显。为了使燕国迅速强大起来，燕昭王将人才战略摆在第一位，放下诸侯的架子，广开门路，礼贤下士，不拘一格招纳天下贤才。

当时燕国有一位老臣，名叫郭隗（wěi）。有人提醒燕昭王，说郭隗这个人有脑子，如果要招到真正的人才，不妨听听郭隗的意见。燕昭王便去登门拜访郭隗，虚心向他请教。

燕昭王说：“齐国趁燕国内乱，发动突然袭击，差点灭亡燕国，这个仇我们一定要报。我希望天下的贤能之士都到燕国来，帮助我们完成这一目标，请问该怎么办？”

郭隗说：“您听过千金买骨的故事吗？”

燕昭王摇摇头。

郭隗说，古代有位国王，想以重金求购千里马，但是经过三年也没有买到。宫里有位仆役主动请缨，带着千金出去寻马。三个月后，果然找到一匹，不过已经死了。仆役便以五百金的价格将死马买回来向国王复命。国王一看，气不打一处来，骂道："我要的是活马，死马有什么用？再说，一副马骨头用得着五百金吗？"

仆役说："用不着。人家想五十金卖给我，我费了老鼻子劲，才讲到五百。"

"啊！为什么不讲到二百五呢？"国王气得跳起来。

"您想想看，买副马骨头尚且肯花五百金，这个故事很快就会传遍天下。天下人都知道您买马的诚意，还愁买不到千里马吗？"仆役用非常平静的语气消了国王的怒火。

果然，自此之后，送马上门的人络绎不绝。不到一年，国王就买到了三匹货真价实的千里马。

郭隗说到这里，起身向燕昭王鞠躬，说："大王如果真心想招揽贤才，就请从我郭隗这把老骨头开始吧！"

燕昭王于是在蓟城修建了一座非常豪华的宅子，让郭隗住进去。而且尊他为师，在各种公开场合都请他坐上座，隔三岔五带着群臣去慰问，亲自给他端茶倒水，嘘寒问暖。郭隗这老小子本来就行将就木，被这么一折腾，不免涕泪横流，显出一副死相来。

看到的人都在想，大王对这个半死不活的郭隗都那么好，那是真的尊重人才，不是闹着玩的了。

事情传出去后，收到了显著的效果，从各地跑到燕国来寻找前途的士人学子如过江之鲫。继魏文侯时期的安邑、齐宣王时期的临淄之后，蓟城成为了战国时期第三个人才聚集中心。这些士人学子中，包括来自齐国的阴阳家代表人物邹衍和来自赵国的法家知名学者剧辛。而乐毅在听到燕昭王礼遇郭隗的故事后，也产生了到燕国去看一看的想法。

正巧魏昭王要派一名使者去燕国，乐毅争取到这个机会，就从大梁出发了。

燕昭王早就听说过乐毅的大名，没有把他当作使者，而是以接待诸侯之礼接见他。乐毅一看那架势，赶紧退到一边，不敢接受，但禁不住燕昭王一再劝说，才勉强坐到了主宾的位置上。

两个人交谈了一个下午后，乐毅认定，良禽择木而栖，良臣择主而仕，眼前的这位燕昭王虽然不是什么实力强横的君主，但绝对值得他委身侍奉。于是乐毅就留在了燕国，担任了燕昭王的亚卿。

在郭隗、剧辛、乐毅等人的辅佐下，燕昭王奋发图强，与百姓同甘共苦，经过二十多年的努力，终于使得燕国逐渐富强起来。在这期间，燕国还积极向东北扩张势力，扩大生存空间。在将军秦开的率领下，燕军主动出击，一举攻破东胡部落，辟地千里，在那里设置了上谷、渔阳、右北平、辽西、辽东五郡。

应该说，到公元前284年，燕国已经做好了向齐国报仇的一切准备。国内兵强马壮，士卒摩拳擦掌；国外反齐统一战线形成，秦、赵等国协调一致；再加上苏秦在齐国潜伏多年，将齐国的军政外交情报源源不断送到蓟城，燕军对齐军的动向已经是了如指掌。

这一年春天，苏秦在给燕昭王的密报中写道："齐国这些年来南攻楚，西困秦，穷兵黩武，已经是积蓄散尽，人民憔悴，士卒疲敝。现在又举全国之力攻占宋国，还妄图收服泗上十二诸侯。这不过是齐王本人不自量力罢了，齐国已经灯枯油尽，此时不取，更待何时？"

乐毅伐齐

公元前284年，燕昭王封乐毅为上将军，征发全国军队出征齐国。赵惠文王也“以相国印授乐毅”，表示乐毅有指挥赵军的权力。秦国派都尉斯离率军与燕、赵两军会合，韩、魏两国也派出部队。于是组成了浩浩荡荡的五国联军，在乐毅的统一指挥下，取道灵丘（今山东省高唐）进入齐国。

这个时候，齐闵王终于醒悟了一件事，派人将苏秦抓了起来，拉到临淄大街上，处以车裂之刑。

春秋战国时期的刑罚虽然残酷，但在史料记载中，被判车裂之刑的人不超过十个。因为车裂之刑实在是太残酷了，如果不是罪大恶极之徒，一般都不会使用这一酷刑中的酷刑。

由此可见齐闵王对苏秦的恨。

假如他知道，苏秦做这一切，并非出于对齐国的恨，也不是出于对燕国的同情，更不是为了什么荣华富贵，仅仅是为了完成作为一个纵横家的收山之作，为了让后人在史书上苏秦这个名字前冠以“纵横家”三个字，又会作何感想呢?

他或许会对人世的无常发出一声感叹吧!

就像这片四分五裂的大地一样，苏秦最终走向了四分五裂。对于这一结局，苏秦早有心理准备，他用微笑迎接了逮捕他的士兵，也用微笑面对了成千上万唾骂他的临淄市民。直到五辆马车将他整个身体拉直的时候，他才略带惊慌地说了一句：

“痛！”

是不是痛并快乐着，后人不得而知。

做完这件事后，齐闵王动员全国的兵力，以触子为将，在济水以西布阵，与五国联军对峙。

齐军连年征战，早就疲惫不堪。作为主帅的触子，对这一点是看得很明白的。他命部下在济水沿线构筑防御阵地，寄希望于拖延时间，想等联军出现疲态的时候再伺机出击。

然而，这一正确的作战方略被临淄城内的齐闵王视为懦弱。他不断派出使者，督促触子主动进军。触子坚决不从。齐闵王失去了耐心，派人给触子带话说："你再不战，我便灭你九族，挖你祖坟！"

这句又狠又傻的话决定了齐国的命运。

触子左右为难，出战必败，不战必死。于是按照齐闵王的旨意出击。两军刚刚接触，触子便在中军鸣金收兵。齐军本来就没有战意，四下逃散，联军趁势掩杀，不费吹灰之力便赢得了济西之战的胜利。

事后乐毅不无遗憾地说："我本来还想和触子好好打一仗……"但是已经没有机会了，触子还没等战斗结束，就独自驾车离去，不知所终。

济西之战后，秦、赵、韩、魏均撤军回国，只有乐毅率领燕军继续东进，越过齐国长城，进逼临淄。

齐将达子临危受命，收拾残兵败将，退守秦周（临淄以西），企图保卫临淄。

达子向齐闵王提出，齐国现在已经到了最危险的时刻，请大王将府库里的钱财全拿出来分给将士们，好让他们感恩戴德，拼死杀敌。

齐闵王一听，脑袋摇得跟个拨浪鼓似的，连声说："那怎么行？"想了半天又说，"联军不是已经撤走了吗？现在只剩下燕国的部队，你难道还对付不了？寡人平时让你们养尊处优，到了关键时刻都派不上用场，莫非都是南郭先生？"

顺便说一句，齐宣王喜欢听吹竽，而且喜欢听合奏，因此宫里养着三百人的庞大乐队，乐师们个个都享受士族待遇。有位南郭先生根本不会吹竽，但是混杂其中，每逢演奏就做做样子，不发出声音，居然也混了多年。齐闵王即位后，喜欢听独奏，命乐师一个一个登台献艺。南郭先生一听，赶紧脚底抹油，偷偷溜走了。

因为这件事，中国历史上便多了个“滥竽充数”的成语。齐闵王颇为得意，认为是自己的聪明睿智赶走了南郭先生，从此看人都觉得像南郭先生。稷下学宫在齐宣王时期达到鼎盛，有学子千余人。在齐闵王看来，也不过是南郭先生聚会，不但削减学宫经费，还禁止学究们议论政治，甚至将那年田甲劫王也归罪于诸子百家鼓动。这样一来，学宫里那些当代精英只好卷铺盖走人，学宫从此凋零。正好燕昭王千金买骨，这伙人便争先恐后去了燕国，反倒成全了燕国的人才战略。

回到正题。齐闵王说出“南郭先生”一词，达子便悲哀地看了他一眼，没有再说什么。

接下来的秦周之战，齐军又是惨败，达子战死。

秦周失守后，临淄便再无屏障。燕军长驱直入，攻占了临淄。齐闵王仓皇出逃，齐国宫室中收藏的宝器和多年积聚的财物被燕军一扫而空，统统运回燕国。

这一年，距齐宣王派匡章攻占燕国正好三十年。

燕昭王在国内得到捷报，欣喜若狂，亲自跑到齐国来慰劳部队，并封乐毅为昌国君。

乐毅并没有满足于攻占临淄，继续分兵略地。据《资治通鉴》记载，燕军兵分五路，左军抵达胶东、东莱；前军绕过泰山直抵东海，攻克琅琊；右军沿黄河、济水前进，屯兵阿城、鄄城；后军驻扎在北海之滨，以安抚千乘；中军则镇守临淄。

乐毅绝非只会带兵打仗的赳赳武夫，他既希望占领齐国的领土，又希望获得齐国的人心，因此严格整饬燕国的纪律，每到一处，都禁止部队骚扰民众，废除齐闵王制定的苛捐杂税，恢复齐宣王时期的宽松政策。同时寻访齐国的隐士高人，以礼相待，请他们出山来帮助治理国家。

昼邑人王歜（chù），在齐国素有贤名。为了表示对王歜的尊重，乐毅下令部队不得进入昼邑三十里以内，然后派使者去请王歜出来做官。王歜道谢不出。使者有点动气，威胁道："你若不来，我们就要屠灭昼邑全城男女！"

王歜大怒："忠臣不事二主，烈女不嫁二夫。现在国家灭亡，君王逃跑，我想独善其身又不能，那还不如死了的好！"

这位老先生脾气当真倔强，当场把自己的脖子吊在树上。燕国人想等他吊到半死不活的时候再出手相救，没想到他猛然向上一跳，落下来的时候脖子断裂而亡。

经此一事，乐毅更加谨慎。为了消除影响，他在临淄郊外亲自主持祭祀，公祭四百年前的风云人物齐桓公和管仲，并派人修整王歜的墓地，号哭凭吊。

纪念齐桓公和管仲，一举两得，既安抚了齐国的人心，又动摇了田氏统治的合法性。要知道，齐国原来是姜太公的封地，正是因为齐桓公当年收纳了流亡的陈国公子完，才让田氏得以鸠占鹊巢，窃国为诸侯。纪念齐桓公和管仲，就是提醒齐国人，田氏政权来路不正，不值得为之卖命。

"若要齐国成为燕国的领土，还须靠齐人自己。"乐毅吸取了当年齐宣王占领燕国而不能长久的教训，提请燕昭王同意，封了一百二十多位齐人各等爵位，其中二十余人有封君的称号，而且享有自己的采邑。

如此，齐国从普通民众到上层社会，都感受到了乐毅的恩德。不到半年，燕军便占领了齐国七十余座城池，将它们都设置为燕国的郡县。

只有莒县和即墨仍然控制在齐国人手里。

巧施反间计：田单独力救齐

齐闵王从临淄出逃之后，先是去了卫国。

当时卫国的国君卫平侯，对齐闵王一行给予了极其殷勤的接待。卫平侯自称为臣，让齐闵王住进自己的宫殿，供奉酒食，提供用度。

可笑的是，卫平侯的雪中送炭没有使得齐闵王有丝毫愧疚。他不但心安理得地接受了卫国人的进献，还不自觉地摆出一副大国元首的架子，对卫平侯竟然颐指气使起来。

然后他就被赶出了卫国。

接着又在鲁国和邹国碰了钉子。

正在进退两难之际，楚顷襄王派将军淖齿率军前来救援齐国（天知道是来救援还是来打劫），于是齐闵王在楚军的护卫之下回到了莒县。

为了感谢楚王的好意，同时也企图借助楚国的力量复国，齐闵王在莒县任命淖齿当了相国。

然而好景不长，淖齿掂量了一下实力，认为自己不足以与乐毅抗衡，想拿齐闵王与乐毅做一笔交易，便悄悄逮捕了齐闵王，当面列举他几条罪状，拉到一个名叫鼓里的小地方杀掉了。

淖齿还没来得及派人找乐毅勾兑，莒县有位名叫王孙贾的少年贵族，年方十五岁，发现了淖齿的阴谋。他跑到市场上振臂一呼：“淖齿作乱，杀了大王，有谁想跟去讨伐淖齿的，撕下右边的衣袖，跟我来！”

齐闵王虽然不得人心，可这个时候，他就是齐国存在的象征啦！市场上群情激愤，当时就有数百人跟着王孙贾去围攻鼓里。淖齿猝不及防，被当场打死。

淖齿一死，楚军逃散。莒县人找到齐闵王的儿子田法章，将他立为齐王，也就是齐襄王。

在齐襄王的领导下，莒县军民团结一心，凭借着坚固的城墙抵挡燕军的进攻，竟然一守就是数年。

进攻莒县的同时，燕军也包围了即墨。在这里，他们遇到了一个名叫田单的对手。

据《史记》记载，田单是齐国王室的分支子弟，家族地位平平。齐闵王当政的时候，田单仅仅是临淄的一名市场管理员，默默无闻地做着一些收管理费的杂碎工作。如果不是燕军入侵，他或许将继续默默无闻下去，不会在历史上留下自己的名字。

燕军攻破临淄的时候，王室贵族争相逃跑，田单也带着家人逃到了安平。别人都在休整，他却让家人把车轴过长的部分锯掉，并且在轴头包上铁箍。不久之后，燕军移师来攻，安平城破，人们出城逃难，许多人因为车轴过长，在拥挤的街道中互相冲撞，闹得车仰马翻。只有田单家的人因为早就改装过车辆，轻易突围而出，一直向东逃到了即墨。

因为这件事，人们都说田单这个人有头脑，懂军事，推举他做了将军，据守即墨，抵抗燕军。

田单果然不负众望。他发挥自己在市场上管理小贩的才能，有条不紊地给大家分派任务，很快修缮了城墙，布置了防御。燕军多次进攻即墨，都因为田单调度有方，被打得铩羽而归。

对于乐毅来说，莒县和即墨这两座城池，便成了他灭齐大业的眼中钉、肉中刺，但他还没有什么好办法。乐毅知道，齐国是一个历史悠久的国家，有自己的文化认同感，对于燕国这样一个外来征服者，很难在短时间内彻底臣服。莒县和即墨的坚持抗战，更能说明齐国人此时的心态。攻克城池不难，难的是收服人心。他希望以一种润物细无声的方式将齐国最后的堡垒渗透，让他们自动开门投降，从此齐燕一家，不分彼此。

日子一天天过去。与莒县和即墨的坚忍不拔相比，这场战争的主使者——燕昭王倒是日渐衰老起来。他没有等到乐毅班师回朝那一天，于公元前279年在蓟城去世。大子即位，也就是历史上的燕惠王。

燕惠王原来与乐毅有些过节。具体有什么过节，正史上没有记载。只有明朝冯梦龙杜撰，说燕惠王还是大子的时候，听信了旁人的谗言，曾经向燕昭王进言："乐毅能六月下七十余城，为何数年下不了莒县和即墨两城，恐怕是想自立为齐王。"燕昭王大怒："我燕国之仇，全凭了昌国君才得以报，这样的大恩大德，就算他真想当齐王，难道不应该吗？"命人将大子拿下，打了二十杖。然后还派人到齐国，要拜乐毅为齐王。乐毅对天发誓，不敢接受。燕昭王得意洋洋说道："我就知道乐毅不是那种人嘛！"

看这样的描写，似乎燕昭王倒是个心思颇重的人。事实上也不排除这种可能，读者姑妄听之吧。

等到燕惠王即位，身边有几个奸佞之臣，嫉妒乐毅的功勋，时常在他耳边说乐毅的坏话，更让他对乐毅不满。

田单得到这个情报，派人到燕国散布谣言，说："齐王已经死了好几年了，区区即墨和莒县却屹立不倒，这都是因为乐毅心里有想法啊！"

所谓乐毅心里的想法，就是自立为齐王。但是当时齐国的人心尚未完全归附，他必须花更多的时间和精力来做收买人心的工作，因此故意放松对莒县和即墨的进攻，好有借口待在齐国，以待时机成熟——这与燕惠王的怀疑不谋而合。

田单派来的间谍还煞有介事地传播，像乐毅这样温吞吞的将军，齐国人一点也不怕，只怕燕王派骑劫这样雷厉风行的将领来，那即墨和莒县就惨了。

骑劫正好是燕惠王的亲信，是个好大喜功之徒。

燕惠王听到这些谣言，没有太多犹豫，决定派骑劫到齐国替代乐毅。

乐毅交出兵权，没有再回燕国，而是中途改道去了赵国。赵惠文王得到乐毅，有如喜从天降，封他为望诸君，食邑观津。而且有意广而告之，让天下人都知道乐毅在为赵国服务。

寡人有乐毅在手，看你们谁还敢欺负寡人！赵惠文王大概是怀着这样的想法吧。

田单的火牛阵

骑劫到了齐国，果然与乐毅不同。他亲自来到即墨城下督战，誓言要在一个月之内拿下即墨。

乐毅在的时候，燕军攻势缓慢，田单如临大敌。换了骑劫为将，燕军攻势迅猛，田单反而轻松了。

他发布了一道让人啼笑皆非的命令：即墨城中军民，每到吃饭时间，必先在庭中空地上祭祀祖先，而且不能敷衍了事，一定要用最好的酒食作为祭品。

由此造成的结果是，每天都有无数飞鸟降临即墨，抢夺祭食。

城里的老人跑来哭诉："粮食已经十分紧张，别再浪费啦！"

田单笑而不答。

如是过了些日子，城外的燕军每天看到这种飞鸟云集的奇景，百思不得其解。接着便有奇怪的说法传开："这是天神下凡来向田单面授机宜。"

这种说法从城外传到了城内。在一次聚会上，有人试探着问道："将军，听说有神人来向您传授机密。"

田单装作吃惊的样子："你怎么知道？确实有神人来当我的老师，每天晚上我都梦到他。"

围观的人群中有位年轻的士兵，平素爱开玩笑，口无遮拦地说道："那就是我啊！"言毕自觉失言，心下害怕，转身就走。

"哎哎，你站住。"田单起身，将那士兵拉回来，打量了半晌，让他东向而坐，自己恭恭敬敬地朝他作了一个揖，说道，"确实是您啊，难怪我觉得您有些面善。"

士兵示意田单将耳朵凑过来，低声道："小人该死，那是开玩笑的！"

田单使了个眼色，也压低声音说道："你不要再说了，就是你。"

从此，那士兵住到了田单府上。城中每有会议，田单就让他坐到主位。下达任何命令之前，士兵都要把田单叫过来附耳交代一番，然后田单才宣布："神说了……"

满城军民都相信了，"田将军有神人相助哪！"干起活来特别起劲。

田单最擅长使用的手段，莫过于此。

他还派人到燕军中传播这样的谣言：如果想让齐国人害怕，最好的办法就是割战俘的鼻子，挖他们的祖坟。

骑劫果然被牵着鼻子走，下令将齐军战俘集中起来，全部处以劓刑，然后牵到即墨城下走一圈，好让即墨城里的人都看看负隅顽抗有什么下场。这副惨景让即墨人怒火中烧，打起仗来更加卖命，都说：“宁死也不要让燕军抓住！”

骑劫仍然没有醒悟，又派人将即墨郊外的坟地掘了个遍，把那些埋了几十年上百年的尸体挖出来，放到城下焚烧。即墨人从城上看见了，痛哭不已。对于中国人来说，没有什么比挖人祖坟更缺德的事了。骑劫这样做，等于帮了田单的大忙——他就是需要即墨人产生这样的同仇敌忾，恨不得将燕国人撕成碎片。

终于到了反攻的时刻。田单每天都亲自手持锹镐，与士兵们一道修筑防御工事，还把自己的妻妾都编入部队，与大伙一起训练，又把家里所有食物都拿出来分给大家，说：“这仗如果能打赢，我们就不愁吃穿；如果打不赢，这些吃的也用不着了。”

为了麻痹燕军，田单将青壮年都从城墙上撤下来，换上老弱妇孺，并派人向骑劫请降。骑劫得意地对左右说：“你们看，区区一座即墨城，乐毅攻了五年都没攻下。我一来，不到一个月就逼得他们投降了！”

燕军将士得到这个消息，都山呼万岁。毕竟，战争也确实拖得太长，将士们止不住对家乡的思念，早就恨不得打起背包回家了。

田单的手段层出不穷。几天之后，他命令全城百姓都捐献黄金，集中起来交给一个当地有名的富豪，让他出城送给骑劫，说：“即墨投降之后，请将军保护我的家人。”骑劫欣然接受。这样一来，骑劫连最后一点警惕都放松了，成天在营中饮酒作乐，等着即墨开城投降。

《孙子兵法》第九篇第五条：“辞卑而益备者，进也；辞强而进驱者，退也；轻车先出居其侧者，陈也；无约而请和者，谋也；奔走而陈兵者，期也；半进半退者，诱也。”

也就是说，当敌人说话低三下四的时候，往往是在准备进攻；不带任何附加条件地请降，背地里一定有阴谋。骑劫显然缺乏这方面的常识。或者说，他太急于证明自己比乐毅厉害了，以至于失去了最基本的判断。

田单又下了一道命令，将全城所有的牛——拉车的也罢，耕田的也罢，统统集中起来，总共得到一千余头。他命人用红绸子将这些牛装扮起来，绸子上都画着五色的龙纹，牛角上绑着锐利的尖刀，这身打扮跟牛魔王也差不多了。

到了夜里，士兵们把浸透了油脂的芦苇绑在牛尾巴上，将牛赶到了城门口。

巨大的门闸缓缓打开。

透过黑黝黝的门洞可以看到月光下燕军的营地一片宁静。

田单一声令下，士兵们将火把点起，又点着了牛尾巴上的芦苇。牛群受到惊吓，发疯似的朝着城外冲去。牛群的后面，是五千名装备整齐的精锐士兵。

一个起来撒尿的燕军士兵看到了这幕奇特的景象，连拍了自己两个耳光，确定不是在做梦之后，才发出一声惊恐的呼叫："敌军来袭！"

话音未落，看似坚固的辕门被撞开，一千多头火牛从各个方向冲进营地，所到之处，帐篷被点着，人马被撞翻。不多时，整个营区变成一片火海。睡梦中被惊醒的燕兵四处乱窜，不是被牛踩死，就是被火烧死。五千名齐兵也毫不手软，见到燕国人就拼命砍杀，连投降都不许。

割鼻之仇，挖坟之恨，现在是报复的时候了。

骑劫被人搀扶着上了战车，跌跌撞撞冲出营地，直到跑出数里之外才敢回头看一眼，只见火牛们还在疯狂地横冲直撞，所向披靡。他抹了一把脸上的汗，惊魂未定地说道："这难道是神兵吗？"

骑劫仓皇逃往临淄，田单乘胜追击。各地的齐人闻讯，纷纷起来响应，组成义勇军加入田单的部队。

临淄一战，骑劫又大败，他本人也中箭身亡。燕军四下逃散，齐军一路追击，直至黄河，将七十余座城池全部收复。

司马迁在评价田单功绩的时候，曾引用《孙子兵法》中的一段话这样说道，用兵之道，正面交锋当然也很重要，但要想克敌制胜，还要靠出奇招。善于用兵的人，奇谋诡计层出不穷，配合正面交锋交替使用，就像圆环一样周而复始，让人捉摸不透。所谓静若处子，动若脱兔，说的就是田单吧！

火牛阵在中国历史上很有名，由此而派生出火鸡阵、火猴阵，屡见于史册。但也有人对这些使用动物的战例表示怀疑，认为动物才不会乖乖地听人指挥。而据《宋史纪事本末》记载，南宋年间，朝廷派王德率领大军进剿水贼邵青。邵青看过史书，采用田单火牛阵出击。王德以静制动，命令士兵万箭齐发，火牛受伤惊恐，反而掉头冲入邵青阵中。

最具讽刺意味的是鸦片战争期间，英军船坚炮利，停泊在珠江口外。有人想出一个火猴计，抓来十几只猴子，浑身淋满煤油，准备点着火扔到英舰上，但最终因找不到敢于划船接近英舰的人而作罢。

乐毅和田单的明哲保身

骑劫这一败，等于将燕昭王三十年韬光养晦，苏秦以生命为代价打入齐国内部，乐毅用五年时间经营齐国的所有成果，统统付之东流。

燕惠王陷入了深深的懊悔，懊悔之中又带着埋怨和担心。埋怨的是乐毅去了赵国，没人为他收拾眼前这个烂摊子；担心的也是乐毅去了赵国，“他该不会趁机率领赵军前来进攻燕国吧？”

怀着这样的心情，他给乐毅写了一封信，说：“当年先王将燕国托付给您，您就打败了齐国，为燕国报了大仇，使得天下为之震动，这样的功勋，寡人岂敢忘怀？先王不幸去世后，我刚刚即位，一时受了左右的蒙蔽，因而派骑劫替代了您。其实我也是考虑到您在外面辛苦了这么多年，想请您回来休息一下，好好商量下一步的对策。遗憾的是您误解了我的意思，就此抛弃燕国而投奔了赵国。如果出于您个人的打算，这也无可厚非，只不过您觉得这样做对得起先王对您的深情厚意吗？”

信写得很有水平——首先称赞了乐毅的功劳，接着自己做检讨，然后为自己辩护，最后谴责乐毅不负责任。如果这封信是出自燕惠王本人手笔的话，他至少可以当个很不错的报纸时事评论员。

乐毅收到这封信，很快写了一封回信，也就是历史上有名的《报燕惠王书》，且看乐毅是如何回答的。

“我是个没有多少出息的人，当时抗拒您的命令，不敢回到燕国，没有其他理由，就是怕死。我怕自己稀里糊涂被杀掉，让世人觉得我是个傻瓜。

“话说回来，被世人看成傻瓜也没关系。但那样的话，人家会说先王重用了一个傻瓜，有损先王之明；而且还会说您滥杀无辜，对您的影响也不好。我思前想后，为了先王和您的名声，才不得不逃到了赵国。

“现在您派人来指责我的罪过，提到先王对我的厚爱。我觉得您恐怕不太了解先王为什么要重用我，也不太了解我是怎样来回报先王的，所以提笔写了这封信。”

这封信的开头，先抑后扬，绵里藏针，足以打击燕惠王的小聪明。

“真正贤明的君王，”乐毅接着写道，“是不会拿着国家的爵禄去满足一己之私欲的。他必定是论功行赏，谁的功劳越大，能力越强，就给他越高的官爵。

“回想我乐毅当年，就是因为听到先王的种种传闻，不是一般君王能够做到的，才借着出使的机会来到燕国亲自观察他。感谢他的错爱，把我从一个普通人一下子提到群臣之首。他竟然没有和宗室大臣商量，就让我做了亚卿，确实是出乎我的意料。但我也没有见外，相信自己完全能够胜任这个职务，不会出什么差错，所以毫不犹豫地接受了任命。

“先王当时对我说了关于齐国的深仇大恨。我告诉他，齐国是一个大国，不是轻易能对付的，如果一定要找齐国报仇，必须要想办法借用诸侯之力。此后，先王确实是按照我的路子去做的。经过多年的努力，再加上列祖列宗保佑，终于等到了报仇的机会。我率领诸侯大军一路东进，先是在济水大败齐军，紧接着燕军又攻占临淄。齐国的金银财宝、宗庙祭器、车辆武具，包括当年从燕国抢走的大鼎，都被运回了燕国。甚至在蓟城的郊外，也种上了许多从齐国移植过来的竹子。自春秋五霸以来，还没有一位君王能够创立这样的丰功伟绩。先王因此十分高兴，于是封我为昌国君，还给了我一块封地。我仍没有见外，欣然接受，因为我的功勋配得上这样的奖赏。

“我本来以为，以先王的英明，在他去世后，后人是不会轻易变更他的政策的。只要按照他的法令章程行事，燕国将继续强盛，齐国的彻底灭亡只是迟早的事。可惜的是，善始者不一定有善终。过去伍子胥帮助吴王阖闾踏平楚国，却被夫差赐剑身亡，而夫差最终也没有好下场。这是因为阖闾与夫差的气量，完全不在一个等级上啊！

“能够为燕国做一些工作，并以此证明先王知人善用，这是我的最高理想。如果让自己受到伍子胥那样的污辱，又败坏了先王的知人之明，是我最害怕的事情。处于当时那种情况，您随时可能像夫差杀掉伍子胥一样杀掉我，我是绝对不会冒险回到燕国来的。关于这一点，请您理解。

“另外，我听说君子即使绝交，也不会说原来朋友的坏话；忠臣即使离开祖国，也不会喋喋不休地为自己四处辩解。我虽然没有出息，但总还是以君子自居的。您如果还有什么担心，就看看这封信吧！”

燕惠王读完这封信，没有再说什么。当时乐毅的儿子乐闲还留在燕国，燕惠王就封乐闲做了昌国君，继承了乐毅的封地。

乐毅从此居住在赵国，也曾作为赵王的使者来往于燕、赵之间，为两国的和平而奔走，直至去世。

汉朝建立后，汉高祖刘邦还命人寻访到乐毅的孙子乐叔，封为华成君，由此可见乐毅在当时人们心目中的地位。而在此后的历史长河中，乐毅也一直是英雄豪杰高山仰止的对象。曹操读《报燕惠王书》，“未尝不怆然流涕”；诸葛亮则干脆“自比管仲、乐毅”。如果要问乐毅为何能够得到后人的景仰，善于用兵自然是一个原因，另外还有一个重要原因，本书作者总结为八个字，那就是：“忠而不愚，进而知退”。

写到这里，顺带将另一个重要人物——田单的结局作一个交代。

据《战国策》记载，燕国人被赶跑后，田单亲自来到莒县，将齐襄王迎回临淄，主持社稷。田单因此被拜为相国，封安平君。

但是，齐襄王对田单并不怎么放心。毕竟，收复齐国的功臣是田单，功高盖主，总是让统治者心里面不太踏实的。

有一次，田单陪齐襄王出巡，在河边看见一位老人在赤足涉水，因为受不住寒冷，瘫倒在河滩上。田单马上下车，将自己披的狐皮袍子披在老人身上。

回宫之后，齐襄王很不高兴，但是又不敢当着大伙的面发牢骚，等到四下无人的时候，才气呼呼地自言自语道："田单这是在收买人心，难道他想篡夺寡人的大权吗？如果不早点想办法，只怕他会先下手。"

说完又不放心，东瞧西瞧，冷不丁看到一个人坐在大殿的角落里。齐襄王这一惊非同小可，出了一身冷汗，再仔细看时，原来是宫中的珠宝匠在那里用丝线串首饰。

他赶紧定了定神，将珠宝匠叫到跟前，问道："你听到我说话了吗？"

"听到了。"珠宝匠如实回答。

齐襄王差点晕倒，又问道："那你认为寡人说得对不对？"

珠宝匠不动声色地说："其实您可以换一个思维来处理这件事。"

"你是什么意思？"

珠宝匠说："您可以当着大伙的面嘉奖田单，说寡人担心百姓挨饿，相国便收养他们；寡人担心百姓受冻，相国便脱下自己的衣服给他们穿。相国所为，甚合寡人心意，诸位也要向相国学习，时时不忘百姓疾苦。这样的话，相国做多少好事，都是您的功劳，他即便真想收买人心，也收买不到。"

真是一语惊醒梦中人。身为君王，最重要是要有气量，有格局，气量狭小只能步燕惠王的后尘。从此齐襄王摆正心态，多次在大庭广众之下表扬田单的善举。齐国的老百姓背后议论说："相国爱民如子，原来都是大王教导有方啊！”

与齐襄王的大度相比，田单也自有过人处。还是《战国策》记载，齐国有个叫貂勃的人，经常说田单的坏话。田单听说后，特别备下酒菜，请貂勃来家里喝酒，问道：“我有什么事情得罪了先生，使得先生经常在朝中跟我过不去呢？”

貂勃的回答很搞笑：“假如大盗牵着一条狗遇见尧，狗冲着尧狂叫，那并不是因为尧的品德不好啊！”

田单听了，哈哈大笑，认为貂勃至少不是个伪君子，还向齐襄王推荐貂勃。这样的雅量，也可谓是罕见。

后来齐襄王派貂勃出使楚国，有几个嫉妒田单的大臣在齐襄王面前说：“听说貂勃在楚国受到楚王高规格的接待。他本来就是一个普通人嘛，如果不是仗着相国给他撑腰，凭什么这样风光？”又煽风点火，说田单对内笼络百姓，对外交结诸侯，分明是怀有不轨之心。

齐襄王听了，心里又不舒服。某一天突然下令：“把田单给我叫过来。”

田单赶紧进宫，帽子也没戴，鞋子也没穿，衣衫不整，诚惶诚恐地觐见齐襄王，听候他指示。没想到齐襄王憋了老半天，实在想不出什么理由来教训田单，只说了句：“没事了，你行你的臣子之礼，我行我的国君之礼，就这样吧！”

貂勃回来后，齐襄王设宴款待他。酒兴正浓，齐襄王又对左右说：“去叫田单过来喝酒。”

貂勃连忙站起来，行大礼参拜，说：“大王为何直呼相国之名？想当年，如果不是相国凭着区区即墨这座小城，带领几千名疲惫的士兵打败燕军，收复千里失地，哪里会有今天的局面？那时候，他如果要自立为王，连诸侯也不能阻止他。可是他从大义出发，一定要迎接您回国都，请您来治理国家。现在您却直呼其名，连小孩都知道这是大大的失礼。您如果再不醒悟，国家就危险了。”

齐襄王好就好在大事不糊涂。当天夜里，他辗转反侧，想了一整夜。第二天一早，便将那几个说田单坏话的大臣革职查办，而且给田单加封了一万户的采邑。

田单在相国的任上一直做到去世。应该说，他的运气还算不错。

第三章

阏与之战：秦军最惨痛的大败

孟尝君救魏

公元前284年，乐毅率领五国联军讨伐齐国，在济西大败齐军。此后秦、赵、魏、韩四国撤军，唯有燕军继续前进，最终攻克临淄，占领齐国。

如果不考虑后来发生的事，燕国无疑是这场战争的最大赢家，而其他国家也各有所获——

秦国如愿以偿，得到了中原的商业中心陶地，并将其作为相国魏冉的封邑。魏冉本来就富比王侯，这一来更是锦上添花，成为当时首屈一指的大富豪。

魏国近水楼台先得月，趁机夺取原来宋国的大部分土地，设置了大宋和方与两郡，国土面积大增。

赵国以廉颇为大将，攻取了齐国的阳晋（今山东省郓城）。廉颇因此战成名，被封为上卿，后改任大将军。关于这个人的故事，以后还会讲到，先且一笔带过。

楚国则收回了原来被宋王偃抢去的淮北之地。

就连国势每况愈下的鲁国也趁火打劫，出兵攻占了齐国的徐州，真可谓是墙倒众人推，鼓破万人捶。

但是秦国的胃口显然不止于陶地。公元前283年，济西之战过后不到一年，乐毅正在齐国攻城略地，秦国便对魏国发动了全面进攻。

这一次，秦国的目的是灭魏国，将陶地与秦国本土连成一片，切断山东各国的“合纵之腰”。为了达到这一目的，秦昭王先后两次与楚顷襄王会面，以确保楚国不会出兵干涉；又向韩僖王施压，迫使韩国屈从于秦国，共同出兵侵魏。

秦军兵出函谷关，先是攻占了魏国长城外的安城（今河南省原阳），接着攻取了大梁西北的重镇北林（今河南省中牟，当时以森林茂密而得名），在那里囤积武器和军粮，作为进攻大梁的前进基地。

大梁西郊的梁囿，是历代魏王花重金建设的王家园林，亭台楼阁极其考究，山川湖泊错落有致，相当于那个年代的圆明园。秦军攻入梁囿后，极尽破坏之能事，烧毁建筑，砍伐树木，并将园中放养的上千麋鹿悉数射杀，以饷军士。

在这个危急关头，孟尝君奉魏昭王之命向赵、燕两国求救。

赵惠文王一开始不想借兵，孟尝君向他剖析了秦国这次用兵的意图，明确告诉他：“魏国一旦灭亡，秦国的下一个目标就是赵国，到时候赵国将年年战乱，永无宁日。”赵惠文王这才醒悟，答应派十万大军救援魏国。

燕昭王也不想救魏。他对孟尝君说，燕国正在和齐国打仗，现在又要派部队行军千里去救援魏国，显然是不现实的。孟尝君便威胁道，如果燕国坐视不救，魏国便会臣服于秦国，然后率领魏、韩大军，再请秦、赵出兵共同进攻燕国。“您认为，是派部队行军千里去救魏国好呢，还是出蓟城南门就可以看到四国联军好？”

这话如果从别人口里说出来，燕昭王或许会付诸一笑。但是从孟尝君口里说出来，他就不得不考虑后果了。当时孟尝君说完，就准备离去。燕昭王赶紧叫住他：“您别急着走，寡人同意派兵了。”于是燕国出兵八万，与赵国的十万大军会合，渡过黄河，从北面逼近北林，对秦军形成强大的威胁。

韩国本来就不想攻打魏国，看到形势逆转，便想反戈一击，与燕、赵、魏三国联合攻秦。

秦昭王审时度势，果断将军队撤回关中。

经此一役，秦国改变策略，开始拉拢韩、魏，转而将矛头对准赵国。

公元前282年，秦昭王分别与韩僖王、魏昭王会面。同时，秦军在白起的率领下攻赵，取兹氏和祁城（今山西省祁县）。

公元前281年，白起又攻赵，取蔺和离石（均在今山西省离石境内），然后率军南下，第二次围攻大梁。燕国和赵国再次出兵救魏，将秦军围困于林中（今河南省新郑），迫使秦国讲和。

公元前280年，白起连续三年第三次攻赵，取代县（今河北省蔚县）和光狼（今山西省高平）两城，斩首三万。

在白起咄咄逼人的攻势面前，被赵惠文王倚为栋梁的廉颇也束手无策。这倒不是说廉颇无能——如果没有廉颇，赵国也许败得更惨——而是白起实在太厉害。

正当赵国被打得狼狈不堪的时候，秦国出人意料地停止了进攻，向赵国伸出了橄榄枝。

蔺相如完璧归赵

公元前280年，秦昭王命令白起停止进攻赵国，派人给赵惠文王送去一封信，表示愿意将近年来秦国占领的十五座赵国城池统统归还，前提是赵惠文王用其珍藏的和氏之璧来交换。

所谓和氏之璧，据《韩非子》记载，乃是春秋时期楚国的玉匠卞和以在荆山发现的玉石雕琢而成的玉璧。

当年卞和发现玉石之后，先是献给楚王蚡冒（楚武王的哥哥）。蚡冒见那块石头其貌不扬，认为卞和在戏弄他，下令砍去卞和的左腿。蚡冒死后，楚武王即位，卞和又去献玉。楚武王命宫中玉匠检测，还是认定这是一块普通的石头，于是又砍去卞和的右腿。卞和带着玉石回到荆山，哭了三天三夜，悲伤不已。后来楚文王即位，命人将卞和找来，当场剖开石头，发现果然是一块举世罕见的宝玉。楚文王十分感动，命卞和将这块玉石打磨成玉璧，遂称之为和氏之璧，作为镇国之宝收藏于宫中。至于这块玉璧为何落入赵惠文王手中，世人就不得而知了。

俗话说，金银有价玉无价。和氏之璧号称价值连城，究竟值多少座城池，从来没有人估算过。然而可以肯定的是，秦国拿十五座城池交换和氏之璧，吃亏的是秦国。想想看，白起兴师动众，连续用了三年时间，才攻取赵国六座城池，平均一年两个。按照这种速度，十五座城池足够白起和十余万秦军忙上七年半了。

赵惠文王掰着手指头都能算出这笔生意的好处，问题是它太好了，好得不真实。秦昭王究竟是哪根神经错乱，才会想出这样一笔蚀大本的买卖呢？

围绕这笔买卖，赵国的大臣们连续开了三天会，最后得出一个结论——这是个骗局。如果答应了秦昭王的要求，结果很有可能是玉璧给了，城没拿回来。但是如果不答应，等于放弃一个跟秦国和谈的机会，而且很有可能引发秦国报复性的进攻，这是包括大将军廉颇在内的群臣都不愿意看到的。

赵国这边拿不定主意，秦国那边却一再催促要给个答复。情急之下，赵惠文王决定派一个合适的人出使秦国，随机应变。奇怪的是，满朝文武，本来都在七嘴八舌发表意见，一听到要出使秦国，突然都变了哑巴。

谁都知道，这是个吃力不讨好的活，后果不外乎有二：其一，立场偏左，到了秦昭王面前，据理力争，秦昭王大怒，兴师相向，这使者便是赵国的罪人；其二，立场偏右，到了秦昭王面前，委曲求全，城没要回来，玉璧只当白送，这也是赵国的罪人，名为“赵奸”，是要被邯郸城里爱国的老百姓们围攻的。

赵惠文王看了一圈，“啧啧”了两声，表示极度不满，说道：“难道我赵国无人？”

这时大内总管缪贤站出来说：“下臣推荐一人，可当此重任。”

“谁？”

“下臣的门客，蔺相如。”

赵惠文王摇摇头，表示没听过这个人。

缪贤便说了一段往事——

有一次，缪贤犯了罪，想逃到燕国去寻求政治避难，蔺相如制止了他，问道：“您怎么知道燕王会接纳您？”

缪贤说：“我曾经陪同大王与燕王相会，燕王私下拉着我的手说，愿意与我结为朋友。现在我有难，他应该会庇护我。”

"错！"蔺相如说，"当年赵强燕弱，燕王有求于大王，而您又受到大王的信任，所以他才希望和您结交。现在您得罪了大王，他只要见到您，就会派刀斧手把您抓起来送回赵国。您还想他庇护您，做梦去吧！"

缪贤如梦初醒，于是听从蔺相如的建议，肉袒伏斧（光着身子伏在刑具上）向赵惠文王请罪。而赵惠文王果然因其坦白从宽，赦免了他。

"从这件事可以看出，蔺相如有见识，也有胆识，下臣以为他可以出使秦国，必不辱使命。"缪贤这样说道。

赵惠文王白了缪贤一眼，心想：看不出啊，你小子原来曾经想过要叛逃！这件事先且搁一边，那蔺相如有如此见识，倒也不是一般人，不妨见他一见吧。赵惠文王于是召见蔺相如，问道："秦王请求用十五座城池来换和氏之璧，你看可不可以给他？"

"这生意划算，当然要给。"蔺相如不假思索地说。

"可是，如果秦王拿走了和氏之璧，又不给我们城池，那可怎么办呢？"

"秦王以城易璧，我们不答应，理亏的是我们；如果我们给了他璧，而他不给我们城，理亏的就是他了。两种情况相比较，我们宁可被骗，也不要让秦国人抓着把柄。"

赵惠文王想，也只得如此了。试探着问道："那有谁可以替寡人去秦国完成这个使命呢？"

蔺相如笑了："大王这样问，想必是找不到合适的人，那就让我带着玉璧去吧。他们如果给我们城，我就给他们璧；他们如果使诈，我保证完璧归赵。"

赵惠文王闻言，不禁对眼前这位瘦弱的中年男子刮目相看，只见他神色如常，仿佛在说一件简单得不能再简单的事。"此人不可小觑。"

赵惠文王这么想着，当场拍板，决定派蔺相如出使秦国。

蔺相如到了咸阳，很快受到秦昭王接见。他双手捧着和氏之璧，小心翼翼地进献给秦昭王。

秦昭王没想到赵国这么爽快，十分高兴，拿着玉璧看了又看。原来这块和氏之璧，乍一看普普通通，然而拿在手里，感觉异常温润，似有涓涓细流自指缝间滑过，宛如早春雪融时一般激灵，又如深夏林间山泉一般透彻心扉。古代贵族玉不离身，秦昭王自幼配玉，当上国君之后更是名玉傍身，但是像和氏之璧这样珍奇的玉石，还是第一次见到。他一边啧啧称奇，一边将玉璧传给身边的几个美人："此乃稀世珍宝，你们也看看。小心啰，谁要是摔坏了，休怪寡人不客气。"旋即，女人间发出一阵由衷的赞叹。女人们看完，秦昭王又让左右几位亲信大臣上前来观看。大臣们看了，都跪在地上山呼万岁，向秦昭王表示祝贺。

蔺相如站在堂下，冷冷地看着秦国人演戏。等他们热闹完了，才上前说道："玉璧其实还是有点瑕疵，不仔细看是看不出来的，请让下臣告诉大王在哪。"

秦昭王一听，赶紧将玉璧递给蔺相如。蔺相如接过来，后退了几步，背靠着一根柱子，头上的帽子突然冲起，头发一根一根竖起来（怒发冲冠），对秦昭王说："大王想要和氏之璧，派人送信给赵王。赵国的大臣都说秦国贪婪，言而无信，劝赵王不要答应大王的要求。赵王问下臣的意见，下臣以为，布衣之间尚不相欺，何况是像秦国这样的大国。而且为了区区一块玉璧闹得两国之间不愉快，这又是何必呢？于是赵王郑重其事地斋戒沐浴五日，将和氏之璧交给下臣带到咸阳来，恭恭敬敬地奉献给大王，以表赵国对秦国的尊敬。可是，我到了咸阳之后，您却在偏殿之上接见我，表现得十分傲慢，还让一群妖里妖气的女人来围观玉璧，这分明是没把赵国放在眼里。我看您八成是不想给赵国城池了吧！所以我就使了个小小手段，把玉璧又要回来了。您不要逼我，谁敢上前一步，我马上将这玉璧摔碎，然后一头撞死！”说着将玉璧高高举起，作势欲摔。

秦昭王没料到蔺相如会来这么一手，连声道：“且慢！”命人将地图取出铺在地上，用手指着地图上的一片地区说：“寡人没有任何要欺骗赵王的意思，从这里到那里，十五座城池，已经计划好要划给赵国的啦。”

蔺相如斜着眼睛瞟了一眼，说：“那敢情好。只不过和氏之璧是天下至宝，赵王迫于大王的威力，才不得不献给大王。赵王还专门斋戒沐浴五天，才将它交给下臣。为了表示您的诚意，请您也斋戒沐浴五天，然后以九宾之礼相迎，我才会将它献给您。”

秦昭王又气又怒，又没办法，只得答应蔺相如的要求，承诺斋戒沐浴五天，并安排蔺相如先到宾馆住下。

蔺相如一到宾馆，就命随从换上平民百姓的衣服，怀里揣着和氏之璧，抄小路将它送回了赵国。

五天之后，秦昭王在宫中举行盛大的仪式，派傧相引导着蔺相如进入大殿，把该行的礼都行完了，该表的态也表了，就等着蔺相如献璧。蔺相如如实相告：“和氏之璧已经送回赵国，您上当了。但这事也怨不得我。秦国自从穆公以来，二十多任国君，没有一位是信守承诺的。太远的事我就不说了，楚怀王的事就给了天下诸侯深刻的教训，在和秦国打交道的时候，不得不多留一个心眼。大王如果实在是有诚意，请先将十五座城池割让给赵国，我保证和氏之璧马上送到。当然，大王如果要治我的欺君之罪，我也无话可说，甘愿下油锅。”

秦国君臣听了，面面相觑。蔺相如说秦国自从穆公开始就不守信用，显然是夸大其词，至少秦穆公不是无信之人。事实是，秦国自打秦惠王年间重用张仪以来，在国际上坑蒙拐骗，无所不用其极，没想到今天反倒上了蔺相如的当，让他当猴给耍了。

大殿上一时沉默。突然间，相国魏冉爆发出一声怒吼："你想下油锅？没那么便宜！来人啊，将这厮拉出去，立即处以车裂之刑。"

武士们一拥而上，将蔺相如绑了起来。群臣们情绪激动，都举着拳头喊道："处死他，处死他！"

蔺相如淡然而笑，没有作任何挣扎。反倒是秦昭王突然站起来，挥挥手，平息了大伙的喧闹，说道："即便杀了他也于事无补，反倒伤了秦赵两国的和气，我相信赵王不会为了区区一块和氏之璧就欺骗我们秦国。"下令放了蔺相如，依旧以九宾之礼接待他，典礼结束之后便放他回去了。

回想当年，孟尝君曾派公孙弘观察秦昭王气象，赵武灵王也曾亲自乔装改扮到咸阳窥探秦昭王，都认为他气度不凡。从现在发生的这件事上看，秦昭王确实有他的过人之处。

蔺相如平安回到赵国。赵惠文王对他在秦国的表现相当满意，认为他"不辱于诸侯"，因而封他为上大夫。

廉颇负荆请罪

以城易璧的计谋失败后，秦昭王正式向赵惠文王发出邀请，请他到西河外的渑（miǎn）池（今河南省三门峡）来会晤，商谈两国和平友好的大事。

因为有楚怀王的前车之鉴，赵惠文王不打算接受秦昭王的邀请。但是廉颇和蔺相如等文武大臣都说，如果不去，等于向天下人宣告赵国怕秦国了，脸面上是万万过不去的。赵惠文王不觉苦笑，那就是一定要去啰？罢，罢，罢，为了国家的面子，寡人我就做一回勇者，去赴那渑池之会吧！

当然，赵国方面也作了充足的准备。陪同赵惠文王赴会的，是不辱于诸侯的蔺相如；同时由廉颇统帅大军，驻扎在秦、赵两国的边境线上，一旦发生事变，则可挥师相救。饶是如此，廉颇还是做了最坏的准备，对赵惠文王说："大王此去，路上行程加上会期估计不超过三十天。如果过了三十天还没见到您回来，请允许我等立太子为王，以断绝秦人的念想。"

赵惠文王默默点头。说这样的话虽然不吉利，但是形势逼人，也只能抱着最坏的打算去争取最好的结果了。他几乎是带着英勇就义的悲壮感来到渑池，却没有遇到想象中的刀斧手一拥而上的场面，反而受到了秦国方面的热情接待。这是公元前279年春天发生的事。

"也许是我们多虑了。"赵惠文王暗中对蔺相如说。

"现在下结论为时过早。"蔺相如说。

到了正式会面那天，秦国文武百官齐聚，各国使臣也受邀参加，场面搞得十分隆重。席间秦昭王频频举杯为赵惠文王敬酒，赵惠文王也频频回敬，很快就酒酣耳热了。

秦昭王借着醉意说道："寡人早就听说赵王善于鼓瑟，今日两国为兄弟之会，请赵王为我们演奏一曲如何？"

赵惠文王也在兴头上，马上说："好！"于是当着大伙的面，演奏了一曲《伏羲乐》。奏毕，秦昭王击掌称赞，赵惠文王也就谦虚了几句。这时秦国御史（史官）快步上前，高声宣布："某年某月某日，秦王与赵王会饮，令赵王鼓瑟，记入史册。"

赵惠文王一听就愣了，闹了半天，敢情在这等着我哪！正在闷闷不乐，只见蔺相如从案几上拿起一只陶缶（fǒu），双手捧着，快步走到秦昭王面前跪下："请大王击缶助兴。"

缶是古代盛酒的器皿。秦人风俗粗犷，每逢宴饮，喝到半醉，便敲打着陶缶，拍着大腿唱歌。因此，缶在秦国又是一种乐器。

秦昭王把脸偏到一边，装作没看见。

蔺相如又说道："请大王击缶！"这一次嗓门粗了许多，全场的人都听得清清楚楚。

秦昭王脸色大变，席间的空气骤然紧张。蔺相如仍然不依不饶，又向前跪行了两步，对秦昭王说："现在您和我相距不过五步，我可是做好了将一腔热血洒到您身上的准备。"言下之意，再不答应，就准备同归于尽了。

秦昭王的左右听到这话，立刻围了上来，有人已经把佩剑拔出，偷偷绕到蔺相如身后准备动手。蔺相如怒目圆睁，高举陶缶，大喝一声，将这些人都镇住。

秦昭王被逼无奈，只好拿起一根筷子，勉强敲了一下。蔺相如立刻站起来召唤赵国的御史："请记好了，某年某月某日，秦王为赵王击缶。"

秦国的群臣都觉得脸上无光，为了挽回一点面子，齐声道："请赵王献十五座城池给秦王做贺礼吧！"

蔺相如笑道："那请秦王也把咸阳送给赵王做贺礼吧。"

直到宴会结束，秦昭王始终没有占到任何便宜。再加上廉颇大军在边境上待命，秦军也不敢轻易动手。

从渑池平安回来后，赵惠文王立即封蔺相如为上卿，且排名在廉颇之上。

廉颇不乐意了。我廉颇在沙场上出生入死，立下赫赫战功，不过是个上卿；他蔺相如动动嘴皮子，也是个上卿。敢情这赵国的上卿，张三李四王五麻子都能当啊！再说了，蔺相如本来不过是一介平民，不知道哪一天突然走了狗屎运，居然混到了贵族队伍中，而且排在我前面。我一把年纪了，受不了这个侮辱。

廉颇宣称："如果让我在大街上看到蔺相如，一定要公开羞辱他！"

蔺相如听到这话，只是笑了笑。从此，每次上朝的时候，他都避让着廉颇。后来发展到只要廉颇上朝，蔺相如就不上。有一次蔺相如出行，远远看到廉颇的队伍，赶紧下令绕道而行，唯恐避之不及。

连蔺相如的门客都看不下去了，他们对蔺相如说："我们背井离乡来跟随您，就是因为仰慕您的为人。现在您和廉颇同朝为臣，地位比他高。他口出狂言，处处跟您过不去，您却一味畏缩，见到他就像老鼠见到猫。这样的侮辱，平常人都受不了，何况是身为国家的将相？我们水平有限，达不到您的境界，请让我们走吧！"

蔺相如说："我理解你们的感受，但是请你们回答这样一个问题——廉颇将军和秦王，谁更厉害？"

门客们都说，当然是秦王厉害。

"秦王那么厉害，我尚且敢在秦国的朝堂上公开呵斥他，侮辱他的文武大臣。你们说，我还会怕廉颇将军吗？"

这个问题把门客们都问住了。

"你们以为我不在乎个人的尊严、不介意廉颇将军对我的侮辱吗？不是。只不过我考虑，以秦国之强，不敢打赵国的主意，就是因为有我和廉颇将军在。如果我俩发生冲突，有如两虎相斗，必有一伤，秦国趁机发动进攻，赵国就危险了。我是把国家的安危放在个人的感受之上，才处处忍让啊！"

门客们恍然大悟，都拜伏在地上说："恕我等浅陋，不能体会您的苦心。”

事情传到了廉颇的耳朵里。这位自我膨胀的老将突然明白了自己与蔺相如的差距，很快做出了反应。他光着膀子，将一根荆条背在背上，由自己的门客引导着，前往蔺相如府上请罪，说：“我老糊涂了，不知道您如此宽宏大量，真是惭愧！”

蔺相如连忙将他扶起来，替他拔掉荆条，穿上衣服。两个人从此心无芥蒂，成为了至交。

在中国历史上，负荆请罪是一个十分感人的故事，它被改编成各种形式的剧目演出，历来为百姓们津津乐道。廉颇的刚烈和蔺相如的大度，通过这个故事被表现得淋漓尽致。但是，如果认为赵国朝中这种“将相和”使得秦国不敢睥睨赵国，显然有点夸大了团结的力量。事实上，秦国之所以暂时放过赵国，不是因为忌惮廉颇和蔺相如，而是因为南方出现了异动。

楚国引火烧身

当时楚国的统治者楚顷襄王，是一位谨小慎微的君主。当年秦昭王发动诸侯攻齐，以及后来秦国攻魏，都曾与楚顷襄王会晤。而楚顷襄王对秦国的行动，虽然不是亦步亦趋，但总是给予理解，没有给秦国添任何麻烦。可以说，在楚顷襄王的统治下，楚国基本上是偏安一隅，不问世事。

然而，公元前281年，有一个人打破了楚顷襄王内心的平静。

据《史记》记载，当时楚国有位猎人，善于射鸟，每射必中，斩获颇丰。楚顷襄王听说，便将他召进宫，问他有什么诀窍。

猎人说："我不过是用小弓射几只归雁，不足为大王道。以楚国之大，大王之贤，应该关心射天下的大事才对，要不我给您讲讲如何射天下？"

楚顷襄王吓了一跳：好嘛！遇到高人了，且听他怎么说。

猎人便说："古代圣贤射的是道德，五霸射的是诸侯。当今天下，群鸟飞翔，秦、魏、燕、赵是鶀（qí）雁（大鸟），齐、鲁、韩、卫是青首（中等大小的鸟），驺、费、郯、邳是罗鸗（lóng，小鸟），除此之外的就不值一提了。这天上飞着的六双鸟，敢问大王打算用什么来射取呢？"

楚顷襄王摇摇头，表示没想过。确实没想过，自从楚怀王的悲剧之后，楚国一直韬光养晦，逆来顺受。连当年宋王偃侵占淮北之地，楚顷襄王都没吭一声，哪里曾做过什么弯弓射大雕的美梦？

"那么，大王何不以圣人为弓，以勇士为箭，看准时机张弓而射？"猎人滔滔不绝地说起来，"大王早上张弓搭箭去射魏国大梁的南部，再猎取魏国西部，顺带捎上韩国，则中原的道路由此控制在楚国手里，上蔡也就不攻自破。回过头来再射魏国东部，攻占定陶，便可获得大宋、方与两郡。魏国丧失东西两部，大梁就没有屏障了。大王在兰台收起弓箭，饮马西河，平定魏都，这是一射之乐啊！您如果觉得还不过瘾的话，那就再取出宝弓，到东海去射那长着钩嘴的大鸟。早上射东莒，晚上获顿丘，夜里得即墨，回头占领午道，威慑齐、赵、燕三国，这是二射之乐！至于泗上十二诸侯，更不在话下，您左右开弓，不用一个早上就可全部得到，这是三射之乐也！"

猎人说得牛逼哄哄，楚顷襄王听得如痴如醉，竟然产生了一种长缨在手、欲缚苍龙的豪情。但问题是，秦国呢？秦国怎么对付？

关于这一点，猎人早有准备。他这样说道："秦国雄踞海内，东面而立，左臂按着赵国的西南，右臂遥指楚国的鄢、郢（鄢即今天的湖北省宜城，在郢都以北约两百里处，鄢、郢之间的地域是当时楚国的政治经济中心），利爪膺击韩魏，垂头俯视中原，高举羽翼，遮天蔽日，可达方圆三千里。这样的大鸟，是不能够举着蜡烛在夜里偷偷射下来的。但是，这些年来，秦国打败韩国却不能据守其城池，数次讨伐魏国却没有获得成功，连年进攻赵国却成就甚微，其实已经十分疲惫了。大王只要慰劳百姓，休养生息，抓住有利时机，联合天下诸侯合纵攻秦，南面称王不是难事。再说了，先君怀王被秦人欺骗客死他乡，现在楚国百姓还不能放下这个仇恨，都发誓要为先君报仇。您现在坐拥国土五千里，带甲百万，足以称霸中原，现在却反而坐以待毙，这样做对得起先君吗？”

楚顷襄王完全被打动了，于是“遣使于诸侯，复为纵，欲以伐秦”。他没有想到，开弓没有回头箭，这一箭射出，非但没有射到秦国这只大鸟，反而惹火烧身，将大鸟的注意力转移到南方来了。

公元前280年，秦昭襄王派司马错征发陇西之兵十万，从蜀地出发，顺流而下，一举攻克楚国的黔中郡，迫使楚国割让汉水以北的土地。

渑池之会后，秦、赵两国关系趋于平和，秦昭襄王命令白起挥师南下，于公元前279年向楚国发动了全面进攻。

秦军进攻的首要目标就是楚国的鄢城。鄢城城高池深，易守难攻，再加上楚顷襄王征发大军进驻，守城军民多达数十万人，可谓固若金汤。白起没有强攻，而是采用水攻的办法，引鄢城西北的沔水浇灌城池。据《水经》记载，大水从城西灌到城东，几乎将全城守军百姓全部淹死，以至于“城东皆臭”，从此被称为臭池。

白起经此一战，军威大震，又乘胜进攻安陆（今湖北省安陆），并于公元前278年攻克郢都，迫使楚顷襄王将国都迁到陈（今河南省淮阳）。秦国遂在鄢、郢之间的富庶地区设置了南郡，而白起因此大功被封为武安君。

值得一提的是，白起所率攻楚的秦军部队，最多不到十万人，在不到两年时间内，便向西攻到了夷陵（今湖北省宜昌），焚烧了楚国先王的陵墓；向南攻到了洞庭湖以南；向东攻到竟陵（今湖北省潜江），再转向东北，攻至安陵（今湖北省云梦）、西陵（今湖北省新洲），为秦国扩地数百里。后来白起分析这一段战事，认为秦军之所以能够获得如此战绩，主要是因为楚国人心涣散，城池破败，既无良臣，又无守备。秦军素以斩首为功，白起更是杀人成性，但是在这两年攻楚的战争中，攻占了数十座城池，除了水淹鄢城数十万军民外，竟无一斩首记录。解释只有一个，这些城池基本上是主动开城投降的，以至于白起都找不到理由来杀人。

三年前，楚顷襄王雄心勃勃弯弓射大雕的时候，恐怕没有想到这样的结果吧！

阏与之战：狭路相逢勇者胜

秦国的战车滚滚前进，在破灭了楚顷襄王的大国梦之后，又转头向东，再次将矛头对准了魏国。

公元前277年，魏昭王去世，其子魏安僖王（魏圉）即位。

公元前276年，白起伐魏，取两城。

公元前275年，秦相魏冉亲率大军伐魏，攻至大梁城下。韩国派大将暴鸢率军来救，被秦军击败，斩首四万。暴鸢逃至启封（今河南省开封），秦军追击而至，迫使魏国献出温地（今河南省温县）求和。

秦国之所以围攻大梁而不下，主要有两方面原因。

一是魏冉有私心。据《战国策》记载，当时秦国围攻甚急，大梁朝不保夕。魏安僖王派了一名说客到秦军大营游说魏冉，认为魏冉已经获得了穰、宛、陶、许等一大批封邑，秦王都没有发表任何意见，主要就是因为大梁未下。一旦大梁沦陷，魏国灭亡，秦国就将陶地与本土连在了一起，秦王肯定会提出收回陶地。从魏冉的个人利益考虑，还是不要攻取大梁为宜。

二是秦国担心攻克大梁会引起东方诸国的共同警惕。当时就有人劝秦昭王，将天下比作一条蛇的话，魏国就是蛇的腰身，打蛇头，蛇尾来救；打蛇尾，蛇头来救；打蛇腰，则首尾都来救，这是常识。秦国攻打魏国，等于告诉诸侯，秦国要截断天下的脊梁，那么山东各国必定倾力相救，魏国也会拼死抵抗，对秦国必定大大不利。

因为上述两个原因，秦国在攻打魏国的时候，保持了一定的节制，有意放过了魏国一马。

但是，到了公元前274年，秦军又卷土重来了。秦昭王通过外交手段迫使韩国服从，派客卿胡阳率领大军越过韩国领土，攻克了魏国的卷（今河南省原阳）、蔡（今河南省上蔡）、中阳（今河南省中牟）、长社（今河南省长葛）四城。

在秦国的强大攻势下，魏国不得不向赵国靠拢。公元前273年，赵、魏联合进攻韩国的华阳（今河南省新郑），韩国向秦国救援。魏冉亲率大军，兵分两路，一路由白起率领，一路由胡阳率领，在华阳城下大败赵魏联军。魏军被斩首十三万，魏将芒卯逃脱；赵军被斩首两万，赵将贾偃战死。秦军乘胜追击，再度围攻大梁。魏国不得不割让南阳给秦国，秦国才退兵。

公元前272年，秦国以南阳和宛为中心，建立了南阳郡。

华阳之战是自伊阙之战和攻克郢都后，秦军在白起领导下取得的又一重大胜利。经此三战，白起牢固树立了战神的地位，也使得山东各国不约而同地患上了“恐白症”。

华阳之战进一步削弱了魏国，实际上已经打断了天下的脊梁。战后，秦国对赵国采取拉拢策略，双方互派质子，以示友好。赵国向秦国提出，将原来秦国占领的蔺、离石、祁三城归还给赵国，而赵国将焦（今河南省三门峡）、黎（今河南省浚县）、牛狐（今不详）三地给秦国作为交换。

这里有必要说明一下，秦国派到赵国去的质子，是秦昭王的孙子，名叫异人。异人的父亲嬴柱，是秦昭王的幼子，被封为安国君。嬴柱有子二十余人，异人最不受宠爱，因此被派为人质。然而，正是这位异人，在赵国生了一个儿子，取名嬴政，后来成为了中国历史上第一位皇帝，而异人也成为中国历史上第一位太上皇。

这是后话，先且带过。

秦国人也很守信，按照赵国的要求归还了三座城池。出人意料的是，赵国违背了诺言，拒不交出焦、黎、牛狐等三城。秦昭王派大臣到赵国交涉，也没有结果。

看来这一次，赵惠文王还真是吃了秤砣铁了心，要对流氓要流氓到底了。

秦昭王很快做出反应，于公元前270年派胡阳越过韩国的上党地区，进攻赵国的军事重镇阏（yān）与（今山西省和顺）。

赵惠文王将廉颇召来，问他能不能率军救援阏与，廉颇的回答是“不能”，因为从邯郸到阏与，“道远险狭”，难以救援。赵惠文王十分失望，转而问身边的田部大臣（税务局局长）赵奢：“你看这事该怎么办？”

赵奢回答："路又远，道又狭，两军相争，就像是两只老鼠在洞穴中相遇，谁的大将勇敢谁就能取得胜利。"

关于赵奢，有必要介绍一下。这个人本来只是田部的一个小吏，负责征收田赋，有一次征收平原君赵胜家里的租税，平原君的管家倚仗权势，拒不缴纳。赵奢搬出国家法令，告诉平原君的管家，不依法纳税，是要杀头的！管家一听，不怒反笑，伸长了脖子说，你砍，朝这儿砍，别手软。赵奢便将管家和他的手下九个人统统抓起来，全部砍了头。

平原君得知此事，勃然大怒，想要杀赵奢。赵奢主动找上门去，对平原君说："您是赵国的贵人，如果您都不遵守法令，那法令就管不住任何人了，国家就会衰落，甚至会灭亡。到那时，您的富贵也保不住，这对您又有什么好处呢？反过来说，您作为大王的弟弟，如果能够带头奉公守法，大家都会遵守法令，赵国就会变得更加强大，人们只会更尊重您，绝对不会因为您的管家抗法被杀而轻视您。"

平原君立刻接受了赵奢的意见，并且认为他很能干，将他推荐给赵惠文王。

事实证明平原君没有看错人。赵奢在田部大臣的位置上干得风生水起，有声有色，百姓的负担减轻了，国家的仓库充实了。赵惠文王当政时期，赵国虽然也遭受秦国的侵略，但大体上保持了国家的稳定和经济的繁荣，这和赵奢的贡献是分不开的。

公元前270年，当赵惠文听到赵奢说"狭路相逢勇者胜"的时候，不由得对眼前这位长期在经济战线上操劳的同志又产生了新的认识。他尝试着问道："如此，派你率军救援阏与如何？"

赵奢毫不犹豫地接受了这个任务，在廉颇惊讶的眼光中带着军队开赴前线。

刚走出邯郸三十里，赵奢就下了一道命令：军中将士，如有敢对本次行动提任何建议者，斩！

这道命令下得有些奇怪，大多数人都在想：新来的将军不懂军事，怕人家提意见……部队在一种不安的情绪中开到了武安（今河北省武安）附近。

当时秦军主力围攻阏与，派了一支偏师驻扎在武安城西，用以监视和阻挡赵军的救援部队。即便是偏师，声势也极为浩大，列好阵势，齐声呐喊，连武安城里的屋瓦都随之震动。

赵奢军中有一位主管情报的官员，在打探清楚秦军的动向之后，建议赵奢迅速移师救援武安，以免秦军捷足先登，因为一旦秦军控制了武安，救援阏与便难上加难了。

赵奢二话不说，立马将这名官员斩首示众，并且下令全军就地修筑工事。

谁都知道，修筑工事意味着停步不前。自古救兵如救火，只恨不能插上翅膀飞过去，哪有画地为牢、故步自封的道理？但是有情报官的人头悬在那里，谁都不敢再提意见，只能一边听着秦军的口号，一边默默地修筑工事。

赵奢这一驻就是二十八天。到了第二十九天，他依然命令士兵加固工事。看这个架势，他是要把营地修成一座城池了。这天有个秦国的奸细混进赵国军营，被人发现，押送到赵奢面前。

赵奢命人给奸细松了绑，好酒好肉招待了一番，就放走了。奸细回去后向秦将汇报情况，秦将大喜，对部下说："赵奢是个胆小鬼，根本不敢向我军挑战，只图自保。可以断定，阏与不会再是赵国的了。"于是放松了戒备。

当天夜里，赵奢突然命令全军摸黑集合。他简短地发布了命令：除少数部队仍留在壁垒中继续迷惑秦军外，全体将士将铠甲卷好，连同三天的干粮一并背在背上，向阏与进发。

赵军悄无声息地绕过秦军大营，行动顺利，没有被发觉。天亮之后，部队开始急行军，从武安到阏与原本五天的路程，仅仅用了两天一夜就赶到了。这时候，驻守武安西的秦军仍旧被蒙在鼓里，还以为对面的赵军在修工事呢！

赵军在离阏与五十里的地方安营扎寨。胡阳得到消息，又惊又怒，立即率领秦军主力部队猛扑过来。这时有一名叫许历的军士来到赵奢的营帐，要求发表意见。

大伙都替许历捏了一把汗，赵奢却接见了他。许历开门见山地说："秦军没有想到咱们会出现在这里，现在全军来攻，气势凶猛，如果您不集中力量坚守阵地的话，恐怕会失败。"

赵奢说："继续说下去。"

许历说："我怕我说完就要挨刀子了。"

赵奢笑了："处罚的事日后再说。"

许历便将赵奢领到帐外，指着远处的北山说："我仔细观察过地势，谁能够控制这个山头，谁就能获得这场战斗的胜利。"

赵奢虽然没有打过仗，但平日也熟读兵书，一点即明。他接受了许历的建议，马上派了一万名精锐士卒去抢占北山。

赵军刚刚布好阵势，秦军就到了。

胡阳久经沙场，很快发现北山是必争之地，亲自指挥部队向北山发动冲锋。赵军早有准备，箭矢、檑木、滚石如雨而下。秦军冲锋三次，在山坡留下无数尸体，赵军阵地却岿然不动。

胡阳正在焦躁，赵奢下令打开辕门，率领赵军迅猛地攻出去。北山守军也居高临下，向秦军发动反攻。胡阳抵挡不住，被打得大败而归。

赵奢乘胜追击，阏与城内的赵军欢欣鼓舞，也杀了出来。胡阳大军分崩离析，只好放弃对阏与的围攻，撤军回国。

秦国对于失败的将领惩罚极严厉，胡阳为了挽回局面，在回师途中又节外生枝去进攻魏国的几城（今河北省大名）。廉颇率军救几，又将胡阳打败。

阏与之战，是秦国近三十年来在军事上罕见的失败。它提醒了秦昭王，要想获得天下，赵国是一道绕不过去的坎。赵奢因此大功，被赵惠文王封为马服君，与廉颇、蔺相如同列；许历也被破格提升为国尉。

但是，世人对于赵奢的成功，多少有些不服。就在这一年，齐国的相国田单访问赵国，对赵奢说："我并不是不赞同您的兵法，我所不佩服的，就是您用兵太多。用兵太多，耕田的人就少了，粮食生产就会削弱，这不是办法。我听说，古代帝王用兵不过三万，便可征服天下。现在您一定要有十万、二十万大军在手，才敢上战场，这就是我不佩服的地方。"

言下之意，你打胜仗不是靠兵法精妙，而是靠人多势众。不像我田某人，凭着区区数千即墨之众便可收复齐国。

赵奢的回答很不客气："看来您不仅不了解用兵之法，而且不了解现在的形势。吴国的干将宝剑，可以削铁如泥，但是如果拿来砍柱子和石头，宝剑就会粉身碎骨。古代天下分为万国，大国也不过几万户人家。如果用训练有素的三万军队去征服这些国家，确实没有什么困难。可是现在呢？天下已经被七国瓜分，谁都拥有几十万甚至上百万的兵力。现在拿三万军队去对抗强国的大军，就好比用干将来砍柱子和石头，结果可想而知。当年齐国以二十万人入侵楚国，经过五年，寸土未得；赵国以二十万人进攻中山，也是经过五年才获得胜利。若以攻城而言，现在千丈的高城，万户的大邑，比比皆是。用三万兵力去包围千丈之城，只能围住城的一角，进行野战就不够用了。这点兵力放在您手上，您又能干什么呢？”

田单听了，长叹一声说道：“我的见识确实不如您！”

确实不如。

第四章

秦定国策：远交近攻

秦国的隐患：秦王与相国的矛盾

秦国在阏与之战的失败，与魏冉的私心杂念不无关系。

魏冉自从得到陶地后，心态发生了重大的变化。简而言之，他已经不满足于做秦国的权臣，而是想以陶地为基地，抓紧扩张自己的个人势力，既而自立为君，过把南面称王的瘾。

据在长沙马王堆出土的帛书《战国纵横家书》记载，魏冉的门客、时任秦国客卿的灶（人名，姓氏不详）曾经劝他想办法将陶地周围的地区都据为己有，而且最关键的是向齐国发动进攻："攻齐之事成，陶为万乘，长小国，率以朝，天下必听，五伯之事也！"所谓五伯，就是指霸主，可见魏冉的野心不小。

事实上，魏冉正是按照客卿灶的指点，在安排胡阳进攻阏与的同时，又分兵掠取齐国的土地，一举攻克刚（今山东省宁阳）、寿（今山东省东平）等地，达到了自己“以广陶邑”的目的，同时也造成胡阳兵力不足，被当时名不见经传的赵奢击败。

回顾历史，秦昭王的上台及王位的巩固，魏冉是功不可没的。但是随着时间的推移，魏冉变得越来越贪婪，野心越来越明显，已经对秦昭王的统治构成了严重的威胁。只是碍于宣太后的面子，再加上魏冉大权在握，秦昭王才没有和魏冉公开翻脸。阏与之战的失败，将秦昭王对魏冉的不满扩大到了极致。恰在此时，一个名叫范雎（jū）的人物不失时机地登上了历史舞台。

魏国顶级人才流失榜

范雎是魏国人，字叔，学的也是纵横之术。据《史记》记载，范雎曾经游说诸侯，想要侍奉魏王，却因为时运不济，一直没有受到重用，只能投靠魏国中大夫须贾，当了一名门客。

魏昭王年间，须贾奉命出使齐国，范雎作为随从跟随左右。这次出使很不顺利，他们在临淄住了几个月，都没有获得齐襄王接见。倒是齐襄王听说范雎能说会道，是个有识之士，有心结交他，便派人送来十斤黄金和酒肉。

范雎当然不敢接受。

须贾知道这件事后，心里很不是滋味。想想看，他作为正使在齐国坐了几个月的冷板凳，连齐襄王的面都没见着，不知如何回去交差；范雎一介门客，至多算是他的仆从，却受到齐襄王如此厚待，叫他如何能够不嫉妒？

嫉妒是人之常情，然而像须贾那样由妒生恨，甚至产生陷害之心的，却不多见。当时，须贾命范雎接受了齐襄王送来的酒肉，退还了黄金。回到魏国后，须贾向相国魏齐汇报工作，便将不能完成使命归咎于范雎。

“我的门客范雎将国家机密私下泄露给齐人，造成我工作上极大的被动。否则的话，齐王与他素不相识，为什么会无缘无故送他黄金呢？”

“竟然有这样的事！”魏齐是魏国公室子弟，又居高位，本事不大，脾气不小。

第二天，魏齐大宴宾客，特别交代须贾将范雎也带上。酒喝到一半的时候，魏齐命门客将范雎拿下，不由分说，痛打了他一顿，将他的肋骨打断数根，牙齿也打脱好几颗。

范雎完全不知道发生了什么事，被打得几次晕厥过去，恍恍惚惚听见魏齐在说：“这就是卖国贼的下场！”还听见宾客们一致叫好的声音，这才猛然想起在齐国发生的事。

可不能不明不白地死在这里！范雎这样想着，干脆将眼睛一闭，屏住呼吸，装死。

魏齐的门客不是专业的刽子手，草率地查看了一下之后，便向魏齐汇报，这个人已经没气了！

“没气了？那就拿一张席子包起来，扔到野外去喂狗！”魏齐颇为遗憾地说道。他想了想，觉得仍然不过瘾，又将门客叫住：“还是先把他扔厕所里吧，我要让后人都记得这件事，知道出卖国家是一件多么可耻的事。”

酒宴继续进行。宾客们喝得酩酊大醉，轮流到范雎身上撒尿，一边撒还一边辱骂。这其中，也包括范雎的主人须贾。

当须贾的尿液零零碎碎洒在范雎脸上的时候，范雎心里明白，自己和魏国从此没有任何关系了。如果有，那就只有仇恨。想到这一层，他鼻子一酸，眼泪和着尿液悄然滑下。

过了一阵子，酒宴接近尾声。宾客们东倒西歪，魏齐也喝高了，搂着两个舞女，摇头晃脑地哼着一首古老的魏歌。

椒聊之实，蕃衍盈升。彼其之子，硕大无朋。椒聊且，远条且。

椒聊之实，蕃衍盈匊（jū）。彼其之子，硕大且笃。椒聊且，远条且。

这是一首赞美妇人体态丰腴、多子多福的歌谣。

负责厕所卫生的仆人远远地看着大堂上的灯火，长长地打了一个哈欠。突然间，一个微弱的声音传到他耳朵里。

“兄长，兄长，请过来一下。”

仆人定睛一看，差点叫出声来。只见微弱的烛光下，原以为已经是死人的范雎挣扎着在向他招手。

“原来你还没死！”仆人捏着鼻子说道。

“嘘……”范雎示意他不要高声，“兄长救我一命。我虽然贫寒，家中还藏有十余两黄金，只要兄长能把我背出去，全送给兄长。”

听到“黄金”二字，仆人两眼立马放出光芒。他想了想，很快有了一个主意，说道：“你再委屈一下，别让人发现。”

仆人跑到大堂，将在门口候命的管家拉到一边，低声说了几句。管家点点头，要仆人退下，然后进去向魏齐请示，准备将厕中犯人的尸体搬出去。

魏齐醉眼惺忪，含含糊糊地答道：“好吧。”

就这样，范雎被当作死人运到城外，捡回了一条命。

然而魏齐也不是傻瓜。第二天酒醒之后，他左思右想，硬是觉得不对劲，把管家叫来一问，立马明白了个三五分。于是又传唤仆人，结果可想而知——仆人已经拿着范雎的十几两黄金，远走高飞了。

魏齐懊悔不已，下令在全国范围内搜捕范雎，然而几个月过去，范雎还是杳无音信。久而久之，魏齐也就把这件事放下了。

魏齐不知道，最危险的地方就是最安全的地方。当全魏国都在找范雎的时候，范雎就藏匿在大梁城内，他的眼皮底下。

范雎有位发小，名叫郑安平，长大后来往不多，感情却一直笃深。郑安平在大梁城内做着一点小生意，有几间铺面和一处房宅。范雎逃得性命之后，就住在郑安平家中养伤。为了掩人耳目，他还改了一个名字，叫作张禄。

又过了几个月，秦昭王派了一个名叫王稽的人为使者，出访魏国。郑安平打听到消息，想办法混到接待各国使节的宾馆中当了一名仆从，负责王稽使团的后勤保障。王稽见郑安平谈吐不凡，不像是个下人，便也十分尊重，时常找他来聊聊天，问问魏国的风土人情。

有一天王稽对郑安平说：“我的使命已经完成，很快就要离开魏国了。临走的时候，我想问一下，你有没有什么贤人可以推荐给我带回秦国去？”

王稽的意思，是试探郑安平本人愿不愿意为秦国服务。郑安平早就等着这一句了，马上说：“有，我的乡党中有一位张禄先生，有定国安邦之才，可以和您谈谈天下之事。不过，他在大梁有很厉害的仇人，平时不敢出门，只能晚上来见您。”

王稽喜出望外，说：“那就快请他来见啊！”

当天夜里，范雎和郑安平来到宾馆，和王稽关起门来见了一面。三个人聊了不到半个时辰，王稽便意识到，自己逮着了一条大鱼！自商鞅变法以来，秦国的使臣出使各国，除了正常的外交活动之外，都负有一项秘密使命——寻找埋没的人才，不分国籍，无论贵贱，只要他有本事而且愿意为秦国所用，就带回咸阳去给予一定的职位。

“以先生的才能，只要到了咸阳，见到秦王，必定可以获封客卿。”王稽这样说道。所谓客卿，地位相当于卿，是外国人到了秦国之后，尚未立功的情况下，能够获得的最高官位。

张禄摇摇头，说：“我这半条命的人，能够在秦国找一个看门扫地的工作，就是万幸啦！”

王稽紧紧握着范雎的手说：“秦国不可能这样对待先生。”

范雎长叹一声，没有再说什么。

数天之后，王稽启程回国。范雎和郑安平乔装改扮，躲藏在使团的车队中，晃晃荡荡穿过大梁的街道，开始了向西之旅。

这一天的阳光很好，晒在范雎身上，让他感到了一丝久违的暖意。

九十年前，公叔痤的中庶子卫鞅就是穿过同一条街道、同一座城门，悄然离开魏国前往秦国。

卫鞅离开之后不到十年，鬼谷子的门徒孙膑，也是沐浴着同样的阳光，坐在齐国使臣的车中离开大梁前往临淄。

此后，鬼谷子的另一位门徒张仪，也是从大梁出发，先到楚国，后到赵国，最终落入秦惠王彀中。

现在，历史仿佛再一次重演。范雎的离去，在魏国的人才流失榜上，又增加了一个重量级的名字。这个名字给天下诸侯带来的强烈震撼，将不亚于上述任何一位。

秦国高层的权斗

王稽的车队离开魏国，进入秦国境内不久，便远远地看到一队车骑，旌旗蔽日，声势十分浩大，从西而来。

范雎问王稽："这是谁的队伍？"

王稽看了一眼便说："这是相国穰侯东巡来了，除了他，谁还有这等排场？"

范雎说："那我还是躲一下。我听说穰侯专权弄国，特别讨厌诸侯宾客，让他看到我，少不了受他一番羞辱。"

过了一会儿，魏冉的队伍与王稽的车队相遇了。魏冉立于车中，慰劳了王稽两句，问道："山东可有变故？"

山东就是崤山以东，泛指秦国之外的诸侯国。

王稽回答："没有。"

魏冉点点头，又说："你没有带什么游说之士回秦国吧？那些人皮厚嘴尖腹中空，只能添乱，还是不要带回来的好。"

王稽说："不敢。"

魏冉走后，王稽抹了一把汗，请范雎出来，说："先生真是料事如神。"

范雎说："且慢夸赞。我从车中观察穰侯，是个疑心很重的人，不是那么容易受骗。他刚刚走得匆忙，等一下想起来了，必定派人回过头来搜查。"一边说着，一边拉着郑安平下了车，道，"你们先走，等躲过了搜查，在前方的驿站等我们。"

王稽将信将疑，把范雎丢在路旁的树林里，继续前行。才走了十余里，身后传来急促的马蹄声，几名相府卫士骑着快马追了上来，说："奉穰侯之命，搜查奸细。"

当然什么都没搜到。王稽气定神闲看着他们搜查完毕，心里对范雎充满了敬佩，同时也为自己能够给秦国带回这样一个奇人感到高兴。

具有讽刺意味的是，当王稽进入咸阳，向秦昭王推荐了范雎之后，秦昭王的反应十分冷淡。

"张禄？"他皱了皱眉头，"寡人从来没有听说过这样一个人呀。不过既来之，则安之，你就先给他安排一个地方住下。任用之事，以后再说吧！"

秦昭王说着，挥手让王稽退下。这也难怪，范雎之名，秦昭王多少听人说起过；"张禄"是何许人也，他根本没听过，又怎么可能有兴趣？

于是范雎就在咸阳先住了下来。

公元前270年，胡阳在阏与战败。与此同时，魏冉却在积极调动兵马进攻齐国，经营陶地。范雎写了一封信，让王稽带给秦昭王。信上说："下臣听闻，圣贤之君临朝听政，有功劳者一定受到赏赐，有能力者一定会封官加爵，出力多的俸禄就优厚，功劳大的爵位就尊宠，没有能力的人不能做官，而有能力的人也不能让他埋没。大王如果觉得下臣的话中听，那么照此实行，秦国将更加强大；如果认为下臣的话不中听，那我留在秦国也没什么意义。

"俗话说得好，昏君赏其所爱，罚其所恨；明君赏其有功，罚其有罪。下臣我枯瘦如柴，挺起胸膛挡不住棍棒，硬起腰杆抵不住刀斧，怎么敢拿一些没用的话来冒犯大王的虎威呢？

"依下臣之见，秦国现在岌岌可危，如果不采取适当的措施，大王的统治也将受到威胁。太深入的话，下臣不敢写在书信中，也没有办法用书信说明白。恳请大王在游乐之余，抽出一点时间接见下臣。如果下臣说的话不能够让大王满意，宁愿伏死！”

秦昭王读到“秦国现在岌岌可危”，心里猛然一跳，对王稽说：“这位张禄先生，现在可是住在你府上？”

王稽说：“是，但是已经在收拾行李，准备离开秦国，另寻出路。”

秦昭王连声说“对不起”，请王稽赶紧坐宫中的专车回去，将“张禄”接进宫来。

秦昭王在离宫接见范雎。范雎到了之后，装作不认得内宫，故意闯了进去。秦昭王正好从内宫走出来，宦官们看到了，赶紧对范雎说：“大王来了，快回避，快回避！”

范雎大大咧咧地说：“秦国哪里有大王？我只听说过有太后、穰侯罢了！”

宦官们吓得上前去堵他的嘴。秦昭王听到，知道他在借题发挥，迎上去拉着他的手，先道了一个歉：“寡人早就应该亲自来聆听先生的教诲了，不巧正好赶上义渠的事情紧急，寡人必须早晚亲自向太后请命。现在义渠的事情结束了，寡人赶紧请您进宫来指教，礼数如有不周到之处，还请先生原谅。”

范雎连忙说：“下臣不敢。”

在场的其他人看到这一幕，不觉都惊呆了，不知道这位张先生究竟是何方神圣，居然能够让秦昭王如此低三下四。

有必要说明一下。这一年是秦昭王三十七年，宣太后已经六十余岁高龄，仍然不改其风流本性。数年之前，义渠王来到咸阳朝觐，宣太后见其身高八尺，威风凛凛，便将其召进后宫，成就了一段风流韵事。义渠王尝到甜头，回去之后念念不忘，隔三岔五往咸阳跑。宣太后来者不拒，曲意奉承，几年下来，竟然为其生出了两个私生子。义渠王极为得意，却不知道这正是秦国为消灭义渠而施的美人计，宣太后自愿担当了诱饵的角色。在义渠王出入秦宫的这些年间，秦国已经做好了讨伐义渠的全部准备。秦昭王三十五年，义渠王连同两个私生子在咸阳甘泉宫被杀，秦军随即向义渠发动进攻，经过两年时间，终于将义渠消灭，并入秦国领土。宣太后身体力行，自始至终参与了消灭义渠的计划，也就是秦昭王所说的“义渠之事”。

秦昭王让左右全都退下，殿中再无他人。两个人拉了几句家常，秦昭王突然做了一个非常的举动，朝着范雎跪下，说：“敢问先生有什么要指教寡人的？”

范雎只是“嗯，嗯”了两声，没有回答。

秦昭王等了一阵，又问道：“敢问先生有什么要指教寡人的？”

范雎还是“嗯，嗯”，一副欲言又止的样子。

秦昭王第三次问道：“先生难道真的不肯指教寡人吗？”

范雎这才说：“下臣岂敢！从前姜太公遇到周文王的时候，只不过是一个在渭水边钓鱼的渔翁，与文王的交情并不深，但一番谈话后便被立为太师，与文王同车而归。这是为什么？是因为他谈得深入，切中要害啊！所以文王最终能够借助姜太公的力量成就大业，称王于天下。假如文王只是把姜太公看成泛泛之辈，不与他深入交谈，那就说明周室无天子之德，文王和武王也就无法推翻商纣王的统治了。现在我是寄居秦国的外国人，跟大王没打过交道，大王问我有什么可以指教的，我很想像姜太公一样畅所欲言，但又不知道大王的真实想法，所以总是欲说还休。既然大王再三追问，那我就冒着被杀头的危险直说了吧！我想说的是匡正君王的统治，议论大王骨肉至亲的事情，大王做好准备了吗？”

秦昭王就等着这一句了，急切地说道：“请先生不必顾虑，事不分大小，上及太后，下及重臣，您都可以直言不讳。”

说这些的时候，秦昭王仍旧长跪不起。

范雎得到这个保证，便说道："您上畏太后的威严，下惑于奸臣的伎俩，久居深宫，不离近侍，无法看透形势的严峻，轻则身败，重则国亡，这是天下皆知的事，唯独您本人不知道罢了。

"秦国地势险要，北有甘泉、谷口，南有泾水、渭水，西有陇山、蜀山，东有函谷，武关；更有奋击之士百万，战车千乘，百姓怯于私斗而勇于公战，士兵们拼死杀敌不畏牺牲，这些都是称王天下的有利条件。但是，由于穰侯为国家谋而不忠，总是为自己打着小算盘，导致大王的决策屡屡失误，白白地浪费了很多绝好的机会。

"现在穰侯越过韩、魏两国而进攻齐国，让人感觉难以理解。齐国是大国，路途又遥远，出兵少则徒劳无功，出兵多则秦国的负担加重。过去齐闵王听从薛公田文的建议，向南进攻楚国，破军杀将，辟地千里，结果却是一寸土地也没有得到。是齐国不想要这些地盘吗？当然不是，是形势不允许啊！诸侯见到齐国已经疲惫，而且君臣失和，于是举兵伐齐。燕将乐毅只用了不到半年时间，就攻占了齐国七十余城。齐国遭此劫难的根本原因，就是讨伐楚国而让韩、魏占了便宜，也就是所谓的借兵给贼而送粮给盗。依下臣之见，秦国必须马上改变对外政策，不如远交近攻，得一寸土地便是大王的土地，得一尺土地也是大王的土地。"

范雎说到"远交近攻"，秦昭王猛然一惊。这些年来，秦国连年用兵，确实也取得了一些成绩，但这些成绩总让他感到不是十分满意，觉得付出与收获不成正比。阏与之战的失败，更使得他对魏冉产生了极度的不满，也隐隐约约看出了魏冉要独立门户的心思，但是如何应对魏冉的私心，如何确定秦国日后发展的方向，他感到一片迷茫。"远交近攻"四个字一出，仿佛扫荡了笼罩在他心头的迷雾，使他产生了一种拨云见日的感觉。

范雎接着说：“过去中山国方圆五百里，赵国将其吞并，树立了威名也得到了实惠，从此国力强大，足以与秦国抗衡。现在韩、魏地处中原，是天下的门户。大王想要称王称霸，楚、赵是两颗关键的棋子。赵国强大，就亲近楚国；楚国强大，就亲近赵国；赵、楚两国都对秦国服服帖帖了，齐国自然会来亲附，那么韩、魏两国就唾手可得了。”

秦昭王说：“我打魏国的主意已经很久了，可是魏国很狡猾，时而亲近，时而背叛，善于利用诸侯来保护自己，我也拿它没办法！”

范雎说：“办法很多。可以用谦逊的言辞和丰厚的礼物去拉拢它，也可以用小片的土地去贿赂它，还可以发动大军去攻打它，取舍予夺，主动权在秦国手里。但是您不能只关注魏国，还要时刻盯紧韩国。派兵南下进攻荥阳，则巩和成皋的道路就不通；再向北切断太行山道，上党的军队就无法救援。这样一来，韩国便被截成了三段，想不听秦国的话都难。”

两个人聊着聊着，不知不觉几个时辰已经过去。秦昭王留范雎在宫中吃晚饭，便要拜他为客卿。范雎这才跪拜在秦昭王面前，说：“下臣有一件事，一直瞒着大王，请大王恕罪。”于是将他的经历原原本本说出来。

秦昭王听得目瞪口呆，数度落泪，最后说：“先生的仇人就是寡人的仇人，请先生放心，寡人一定为您报这个仇。”

范雎谢过秦昭王，接受了客卿的任命。为了掩人耳目，特别是为了不引起魏冉的警惕，范雎对外仍以张禄为名。

在范雎的建议下，秦国于公元前268年派兵进攻魏国，攻占怀邑（今河南省武陟），后因赵、齐、楚三国出兵干涉才退兵。

公元前266年，秦又伐魏，攻下邢丘（今河南省温县）。与此同时，秦昭王还派人前往韩国，在外交上进行威逼利诱，迫使韩国就范。

随着时间的推移，秦昭王对范雎越来越信任。有一天，君臣二人促膝长谈，范雎突然长叹了一声。秦昭王已经了解范雎的习惯，知道他有重要的话要说，于是屏退左右，洗耳恭听。

“臣住在山东的时候，只听说齐国有田文，没听说还有齐王；只听说秦国有太后、穰侯、华阳君、高陵君、泾阳君，没听说还有大王。”

秦昭王脸上露出尴尬的神色。范雎不管这么多，继续发表自己的高论：“什么是大王？能够掌握国家的大权才是大王，能够予人利害才是大王，能够生杀予夺才是大王。现在太后自把自为不顾一切，穰侯出使诸侯可以不向您汇报，华阳君、泾阳君乱断刑狱毫不忌讳，高陵君办任何事情都不向您请示。秦国有这‘四贵’存在（指后四位，不包括太后），您就称不上真正的大王。”

说到这里，范雎给秦昭王讲了一个故事。

从前恒思地方有个土地庙，庙里供奉着土地公公。当地有位少年，要求与土地公公玩骰子，说：“我要是赢了，你就把庙借给我用三天；我要是输了，任凭你处置。”于是少年左手代表土地公公，右手代表自己掷骰子，结果右手赢了。土地公公只好将庙借给少年。三天之后，土地公公托梦给少年，要求他归还土地庙。少年没有理他。五天之后，土地公公就憔悴了。七天之后，土地公公因为没有香火供奉，饿死了。

听了这个故事，秦昭王的脸色变得很难看，敢情我就是那法力弱小、只能托梦的土地公公啊！

范雎又说：“假如有一只装满水的瓢，让一百个人共同端着跑，您觉得会比一个人端着安稳吗？”

秦昭王笑了：“哪有那么傻的事，一百人端着一只瓢。”

范雎说：“没错，是很傻。如果让一百个人端一只瓢，结果必然是把瓢弄得破碎不堪。现在秦国有太后掌权，有穰侯掌权，有华阳君、泾阳君掌权，大王也掌权，这和一百个人端一只瓢有什么区别？善于治理国家的人，对内要巩固他的威信，对外要确立他的权势。穰侯的使者拿着秦国的节符，参与诸侯之间的纵横捭阖，与天下各国结盟，或者发动战争，没有人敢不听。打了胜仗，就将战利品往陶地搬，国家什么好处都捞不到；打了败仗，老百姓怨声载道，灾祸却要由国家负担。古话说得好，树上的果实多了就会压断树枝，臣子太尊贵了就会看不起君主。崔杼之于齐庄公，淖齿之于齐闵王，李兑之于赵主父，都是前车之鉴。现在秦国太后、穰侯掌权，高陵君、华阳君、泾阳君辅助他们。朝廷之上，但凡重臣，都是相国的人；内侍之中，也有他的耳目。我私下为大王担心，这样下去，您的子孙还能不能享有秦国？”

这次谈话后，秦昭王便采取果断措施，宣布废除宣太后的太后称号，免去魏冉的相国之位，命令“四贵”都离开关内，到自己的封地去过日子。

魏冉离开咸阳前往陶地的时候，搬家用了一千多辆牛车。到了函谷关，守关将士检查他的家当，发现他的珍宝玉器比王室还多。

没过多久，宣太后便郁郁而终。

据说，宣太后一直与侍从魏丑夫有私情。临死的时候，她发布了一道命令：“如果我死了，一定要丑夫殉葬。”魏丑夫吓得魂飞魄散。大夫庸芮为魏丑夫去游说宣太后，先是问了一个问题：“您认为人死后有知觉吗？”宣太后说：“没有。”庸芮便顺着这个话题展开：“明明知道人死了就没知觉了，为什么还要让自己喜爱的人陪葬呢？反过来说，如果人死而有知，以太后您的所作所为，先王不知道有多生气呢，您还敢把魏丑夫也带下去？”这样宣太后才打消了要魏丑夫殉葬的念头。

数年之后，魏冉也死在了陶地。秦昭王下令没收魏冉的土地和资产，终于将陶地变成了自己的领土。

扳倒宣太后和魏冉，是秦国历史上的一件大事。从这个时候开始，秦昭王才算是彻底获得了行动自由，成为了名副其实的秦王。因为这件事，秦昭王十分感激范雎，不但让他当了相国，还封他为应侯。

关于魏冉的功过是非，史上众说纷纭，比较有代表性的是司马迁的评价：秦国之所以能够向东扩张领地，削弱东方诸侯，甚至于一度称为西帝，让各国屈服，这都是穰侯的功劳；可是当他富贵到了极点的时候，范雎一介匹夫动动嘴皮子，就让他失去权势，忧郁而终，怎能不令人唏嘘?

范雎复仇记

范雎当上相国后，对外仍称为张禄，只有秦昭王等极少数几个人知道他的来历。

根据远交近攻的策略，秦国便将韩、魏、赵这三国当作军事进攻的重点。

公元前266年，赵惠文王去世，其子赵丹即位，也就是历史上的赵孝成王。公元前265年，秦昭王趁着赵国政权更替的机会，对赵国发动了进攻。赵国以王弟长安君为人质，向齐国求救。在齐国出兵相救的情况下，秦军撤去。

同年，秦军伐韩，取少曲（今河南省济源）和高平（今河南孟县）。两地正当太行山脉西南，是韩国上党郡与首都新郑之间的咽喉要道。这也正是范雎当年给秦昭王提出的战略，就是要截断上党和新郑的联系，从而夺取上党，削弱韩国。

公元前264年，白起伐韩，围攻陉城（今山西省曲沃），斩首五万。当时韩僖王已经去世，在位的是他的儿子韩桓惠王。韩国的相国张平，是极力主张抗秦的强硬派，被秦昭王视为眼中钉。范雎向秦昭王指出，过去秦国攻伐诸侯，过于注重“攻地”，而轻视了“攻人”，所以诸侯总是能保持战斗力。从现在开始，秦国应该“毋独攻其地而攻其人”。所谓“攻人”，一是通过外交手段打击张平这种主战派，扶持秦国的代理人；二是致力于大规模歼灭敌人的有生力量，使其难以恢复元气。这也是范雎自远交近攻之后提出的又一重要思想，对秦国今后的兼并战争起到了重要的影响。

特别说明一下，韩相张平有一个儿子，名叫张良。

由于秦国对韩、魏的军事压力越来越大，公元前264年，魏国派使者前往咸阳，请求割地求和。

这位使者不是别人，正是范雎的前主人、中大夫须贾。

须贾到了咸阳十余天，都没有受到秦昭王接见，每天都只好待在宾馆里，急得团团转。有一天，须贾正坐在房间里发愣，随从进来报告：“有一个人自称是您的老朋友，请求接见。”

须贾心想，多新鲜哪，在这里还能遇到老朋友！

那人进来之后，须贾一下子愣住了。只见那人穿着显然不太合身的一件旧衣服，神色十分憔悴，可不就是当年在魏齐府中被人肆意侮辱的门客范雎？

须贾定了定神，半晌才说道：“真是你吗？范叔。”

“是我。”范雎还是像以往一样恭敬，“中大夫别来无恙？”

“原来你没死！这么多年也没有个音讯，我们都以为你已经不在人世了。”

范雎苦笑一声：“是，我还没死。当年魏相国把我扔在厕所里的时候，我只不过是昏过去了。后来买通看厕所的仆人，好不容易捡回一条命，辗转流落到了秦国。听说中大夫奉命出使，便赶紧来看一下，没想到此生还能见您一面。”

须贾不自然地笑了一下，说：“范叔在秦国也没谋个一官半职吗？”

“哪里敢啊！范雎过去得罪了魏相国，所以才逃亡到这里，能够保住一条命就心满意足了，哪里还敢去想什么功名利禄？”

“那你现在做什么呢？”

“给人做仆人。”范雎说着，下意识地拉了拉衣袖。

须贾见了，不觉心生怜悯，命人准备饭菜招待范雎，而且从箱子中找出一件自己穿过的绨袍（厚棉袍子）赠予范雎，说：“没想到这么多年过去，范叔还是一如既往的贫寒啊！”范雎没有推辞，直接将那袍子穿在身上，显然就暖和多了。

两个人喝了几杯酒，说了些往事。

须贾突然想起一件事，问道：“秦国的相国张君，范叔认识吗？我听说他特别受秦王宠爱，秦王凡事都听他的。现在我的使命能不能成功，也取决于他，你有没有与他相熟的人？”

范雎说：“我现在的主人与相国很熟，我也曾经多次出入相府。相国见我年老，对我很和气。如果我去请求他的话，他说不定会答应接见您。”

须贾说：“太好了！有劳范叔。只不过此次前来秦国，路途遥远，我的马累病了，车轴也断了。进相府的话，如果不是大车驷马，恐怕有失魏国的尊严。”

范雎说：“没关系，我家主人有大车驷马，可以借出来给您用一天。这样吧，我现在就回去见相国，顺利的话，明天一早我驾车来接您。”

第二天早上，须贾很早就起来，站在门口翘首以待。不多时，只见范雎驾着一辆异常豪华的马车缓缓而来，说：“幸不辱使命，相国答应见您了。”

须贾看着那四匹高头大马，抚摸着车身雕刻的精美图案，感叹道：“范叔，你家主人想必也是不凡之辈。”

“是。”范雎说，“他与相国是至交。”

须贾大喜，坐上马车前往相府。一路上，无论官民，见到这辆马车都纷纷回避，要不就低头行礼。须贾暗自称奇，不知道这范雎的主人究竟是何等尊贵的人物。正想着，相府已经到了。守门的卫兵一看范雎亲自驾车回来，连忙半跪行礼。须贾更是纳闷。范雎说道：“您在门口等我一下，我先进去通报一声。”

须贾连连点头，便下了车，在门口候着。

过了半个时辰，范雎仍没出来。须贾等得有点不耐烦，问卫兵：“范叔进去这么久了还不出来，请问是怎么回事？”

“范叔？”卫兵一头雾水，“谁是范叔？”

“啊？就是刚刚进去那位啊！你们都没问他什么，难道不是认识他？”

卫兵“噗”地一笑：“什么范叔，那是咱们的张相国啊！”

须贾一听，仿佛头顶上倒了三万六千桶凉水，一下子什么都明白了。他战战兢兢地脱下上衣，用膝盖跪行着，请卫兵进去通报：“魏国罪臣须贾在门外听候相国发落。”

良久，相府大门打开，一位武官出来传须贾进去。

进到相府大堂，只见范雎高坐堂上，宾客满座，尽是秦国朝中权贵。不待范雎开口，须贾就拼命磕头，语无伦次地说道：“我瞎了眼，没想到您仅凭自己的能力就能坐到青云之上，我不敢再读天下书，我不敢再掺和天下之事。您就是把我扔到油锅里也是应该的，要不就把我扔到荒山野岭，野狗狐狸出没之地。如果您觉得仍不解恨，我听凭您发落。”

范雎饶有兴致地问道：“那你倒是说说，你有几条罪状呀？”

须贾还是磕头：“就是把我的头发全拔下来，一根一根地数，也数不清我的罪状。”

“不肯说？那我来替你说吧。你只有三条罪状：我的祖坟在魏国，你却以为我有外心于齐国而诬陷我，这是第一条；魏齐命人打我，把我扔在厕所里，你没有制止，这是第二条；人们朝我身上撒尿，你也参与其中，这是第三条。你怎么就忍心这样对待自己的门客呢？”范雎说着，又想起了那天晚上所受的侮辱，禁不住浑身发抖。在座的秦国权贵们听到这样的故事，才知道他们的相国张禄，原来就是魏国的范雎；而眼前这位魏国中大夫须贾，就是陷害范雎的元凶。这还了得？畜生！瞎了你的狗眼！居然敢到秦国来，知不知道死字怎么写？一时间，相府里沸沸扬扬，只听到一片谩骂须贾的声音，有人甚至拔出刀来，就要去剁了须贾。

范雎不动声色地看着这一幕，咳嗽了两声，大伙立马安静下来，全看着范雎。须贾将头紧紧贴在地面上，大气都不敢出，听到范雎说：“有这三样罪状，你死不足惜。但是念在你昨日赠我绨袍，还有些情义，就饶你一死吧！”

须贾听到最后一句，终于忍不住号啕大哭起来。

几天之后，须贾回国。范雎准备了丰盛的酒筵，将各国使臣都请了来，和他们坐在堂上饮酒，却让须贾坐在堂下，面前摆的不是饭菜而是马料。两个身强体壮的奴隶一左一右夹着须贾，逼他吃了一顿马料。

临走的时候，范雎说：“替我带话给魏王，赶快把魏齐的头送来。要不然，我就屠灭大梁城。”

须贾回到魏国，把一切都告诉了魏齐。魏齐大为惊恐，不待魏安僖王发话，就逃出大梁，流亡赵国，躲藏在平原君家里。

秦昭王得到这个情报，给平原君写了一封信，说："寡人早闻公子大名，希望能够与您结为朋友。您能不能屈尊到秦国来住几天，寡人希望能够和您痛饮十天十夜！"

平原君和孟尝君一样，是一个极重义气的人，专好结识天下英雄好汉。听到秦昭王这样说，不觉蠢蠢欲动，再加上也不敢拒绝秦昭王的邀请，便欣然入秦。

秦昭王果然不爽约，和平原君连着喝了几天酒。到了第十天的时候，秦昭王才说："当年周文王得到姜尚，把他当作太公；齐桓公得到管仲，称之为仲父。现在寡人得到范叔，也是把他当作自己的亲叔父来对待。寡人得知，范叔的仇人就在您家里，希望您将他的人头送来，好让范叔开心，寡人不胜感激。否则的话，您就留在秦国，时常陪寡人饮酒聊天吧！"

"大王说的是魏齐吧？"平原君镇定地说，"我跟他确实是朋友。尊贵的人交朋友，为的是能庇护低贱的人；富裕的人交朋友，为的是能够接济贫穷的人。魏齐即使在我家，我也不会将他交出来，何况他不在。"

秦昭王也没有太为难平原君，留他在咸阳住下，但是派人送了一封信给赵孝成王，说："您的叔叔平原君在秦国，而秦国的仇人魏齐又在平原君家。请大王立即将魏齐的头送来，不然的话，寡人将兴兵伐赵，平原君也就甭想再回去了。"

赵孝成王跟魏齐没交情，有也不会为了他而得罪秦国，于是发兵到平原家捉拿魏齐。魏齐见事态紧急，连夜出逃，跑到另外一个朋友——赵国现任相国虞卿家里。虞卿二话不说，解下相印，带着魏齐抄小路逃亡。考虑到最危险的地方也许是最安全的地方，虞卿和魏齐干脆潜回大梁，打算寻求信陵君的帮助，再逃到楚国去。

信陵君魏无忌是魏安僖王同父异母的弟弟，与孟尝君、平原君、春申君并称战国四公子，也是一位侠义之人。但是信陵君也不想因为魏齐的事得罪秦国，犹豫着不肯接见他们，而且问自己的门客："虞卿是个什么样的人？"

门客中有位侯嬴（关于信陵君和侯嬴的故事，以后还会讲到，在此不提），回答道："人确实不易了解。虞卿穿着破鞋子，戴着破帽子，第一次见赵王，赵王就赐他白璧一双，黄金千两；第二次见赵王，就拜为上卿；第三次见赵王，就交给他相印，封万户侯。可是，魏齐因为落难去求见他，他马上解下相印，跟着魏齐逃亡。这样的人来投奔公子，公子却推三阻四，人确实是不容易了解啊！"

信陵君非常惭愧，马上驾车去迎接虞卿和魏齐。没想到魏齐听说信陵君不愿意见他，又气又怒，趁虞卿不注意，拔剑自刎了。信陵君赶到的时候，只看到虞卿一个人呆呆地坐在地上，对着魏齐的尸体发呆。

此后，赵孝成王还是派人到魏国取走魏齐的人头，派人送到咸阳，这才将平原君换回来。

范雎用自己的经历证明了一个古老的道理：士可杀，不可辱。杀了便也没事了，一了百了；可是如果把侮辱士人当作一种乐趣，士人的报复将是暴风骤雨，直至你死我活。

范雎还用自己的行动阐释了什么叫快意恩仇。据《史记》记载，范雎当上相国后，有一天王稽来找他，问他知不知道世上有三种不可知和三种无可奈何。

范雎不知道他葫芦里卖的什么药。

王稽说："大王说不定哪天去世，这是第一种不可知；您说不定哪天去世，这是第二种不可知；我说不定哪天去世，这是第三种不可知。大王一旦死了，您就算觉得有什么对不住我的地方，也无可奈何了；您一旦死了，我就算觉得您有什么对不住我的地方，也无可奈何了；我一旦死了，您就算想起来有什么对不住我的地方，也无可奈何了。”

范雎恍然大悟，什么三个不可知，三个无可奈何，不都是围绕着“我对不住你”五个字做文章？他越想越不是滋味，于是进宫对秦昭王说：“如果没有王稽，我就进不了函谷关。现在我官至相国，爵到列侯，王稽却还只是一个办外交的小官，我心里很不舒服啊！”

秦昭王说那简单啊！于是召见王稽，封他为河东太守，而且免他三年赋税。范雎又推荐郑安平，秦昭王便封郑安平做了将军，虽然他显然不是做将军的料。

有恩报恩，有仇报仇，自是男子汉所为。但是世人评价范雎，说他“一饭之德必偿，睚眦之仇必报”，这是批评他做得有些过分了。确实，满天下追杀魏齐，已经引起了赵、魏等国士人的愤怒；为王稽和郑安平讨封，又有假公济私之嫌。事实上，数年之后，正是拜王、郑两位恩人所赐，范雎遭遇了他事业上的滑铁卢，不得不主动让贤于他人。

第五章

秦赵长平之战

触龙说赵太后

公元前265年，秦国发兵攻赵。

当时赵孝成王刚刚即位，大权掌握在他的母亲赵威后手里。赵国向齐国求救，齐国明确提出，除非赵国派出长安君为人质，齐国才会派兵。

长安君是赵孝成王的幼弟，也是赵威后最为宠爱的儿子。老太太一听要派长安君去当人质，立马摇头，表示不答应。廉颇、蔺相如等大臣们前来相劝，她一概不听。被逼得急了，便扬言道：“有谁敢再劝，老身就当面吐他一脸唾沫！”

老太太要是蛮不讲理起来，谁都拿她没办法。蔺相如可以在秦昭王面前无所畏惧，但是赵威后一发威，他立马闭嘴退下，不再多说一个字。因为老太太说得出做得到，被她吐一口唾沫在脸上，可不是闹着玩的。

左师（官名）触龙，也是个老头子了，仗着自己和赵威后有些交情，请求觐见。赵威后怒气冲冲地在宫里等着他，随时准备吐痰。触龙到了门口，很吃力地加快走了几步，来到赵威后面前，请罪说："老臣腿有毛病，走路不方便，很久没有来向您请安了，请太后原谅。"

赵威后一听，不是来做说客的啊！脸色便缓和多了，说："老身现在也只能坐着车子走走，岁月不饶人啊。"

触龙关心地问道："您每天的饮食都正常吧？"

"也就喝点粥了。"

"老臣最近也特别不想吃东西，自己就勉强散散步，每天走上三四里路，胃口便稍好一点。"

"老身不如你啊！"赵威后说着，语气已经十分和蔼了。

"老臣这次来，其实还有事相求。"

"你说吧，只要老身做得到的，都会满足你。"

"老臣的幼子舒祺，没有什么出息，老臣想让他到宫中当一名黑衣卫士，也算是有个出路。敢请太后同意。"

赵威后说："这没问题啊，他多大了？"

"十五岁了，虽然还小了点，可老臣想趁着自己还没入土，让他有个着落。"

"你们男人也是特别疼爱小儿子吗？"

"只怕比女人有过之而无不及。"

赵威后笑起来："别瞎说，女人们才是疼得特别厉害呢！"

触龙说："哪里？老臣私下以为，太后您疼爱燕后胜过疼爱长安君。"

燕后是赵威后的女儿，嫁到燕国去当王后，所以称为燕后。赵威后说：“这你就大错特错了，在我心里，燕后可比不上长安君。”

“当年燕后出嫁，您手把着婚车后面的横木，哭得跟个泪人似的。可是，当她走了，每次祭祀的时候，您又总是向祖宗祷告，说：‘千万别让她回来啊！’为什么？可不就是想让她在燕国受到尊重，让她的后代能够继承燕国的王位，世世代代享受荣华富贵吗？”

赵威后擦着眼睛说：“可不是嘛！”

触龙说：“咱们上溯三代，从赵烈侯时代算起，赵国的每一代国君的子孙，曾经受封为侯而他们的后代也继承为侯的，现在还有吗？”

“没有。”赵威后没有意识到他的话题已经在渐渐转变。

“不光是赵国，其他诸侯的子孙能够世世代代继承侯爵的，还有人在吗？”

“也没听说过。”

“如此看来，”触龙说，“诸侯的子孙封侯，也就是一代两代的事，没有超过三代的。这是为什么？是因为他们地位显赫，养尊处优，对国家却没有什么贡献。现在太后宠爱长安君，给他大量的封地和珍贵的宝物，倒不如让他为国家立点功勋。不然的话，太后百年之后，长安君又凭借什么立足于赵国呢？老臣认为，您为长安君考虑得不够长远，不如为燕后考虑得长远，所以才说您疼爱燕后胜过疼爱长安君。”

赵威后愣了半晌，说道：“老身明白了，就听你的吧！”于是为长安君安排了一百辆马车的队伍，送他去齐国当人质。齐国这才派兵救援赵国，最终迫使秦国退兵。

此后，秦国将主攻方向放在韩国。继公元前265年攻克少曲、高平，公元前264年攻克陉城之后，公元前263年和公元前262年白起又攻取了南阳、野王（今河南省沁阳）。这样一来，韩国的上党郡与首都新郑之间的联系就完全被切断了。范雎抓住战机，发兵进攻荥阳，直接威胁韩国本土。韩国抵挡不住，不得不派人前往秦国请和，表示同意割让上党郡，以换取本土的平安。

赵国插手上党，大战一触即发

上党原为晋地，三家分晋后，赵、韩各得一部分，并且都曾经设立上党郡。

赵国的上党郡在今天山西省和顺、榆社等地以南，辖二十四县。

韩国的上党郡在今天山西省沁河以东一带，北与赵国上党郡相接，辖十七县。

当韩桓惠王派人到上党宣布这片土地已经割让给秦国的时候，没有人因为自己马上要成为大国臣民而高兴。上党守将靳黈（tǒu）拒绝投降，韩桓惠王改派冯亭前往上党接替靳黈，负责办理移交事宜。

冯亭到任后，也不愿意投降。他和手下官吏商量："太行山通道已经被秦军切断，上党守是守不住了。秦国与韩国世代为敌，要我们投降秦国，实在是不甘心，不如投降赵国。赵国得到了上党，秦国必然将矛头对准赵国。到那时候，赵国肯定会和韩国联合，魏国也会奋起抗击秦国的侵略。三晋联合起来，就算秦国再强大，我们也可以与之抗衡。"

大伙都同意冯亭的意见，于是派使者前往邯郸，送了一封信给赵孝成王，说："韩国守不住上党，已经决定割让给秦国。但是上党军民都不愿意接受秦国统治，甘当赵国子民。现上党有十七座城池，我等愿意全部无偿奉献给大王，请大王笑纳。"

说来也是天意，就在冯亭的使者抵达邯郸的前一天晚上，赵孝成王做了一个梦。他梦见自己穿着左右两种不同颜色的衣服，乘着一条龙飞上了天，但是在半空中又掉了下来，摔在一片堆积如山的金玉之上。

早上醒来，他将史官召来解梦。史官说："梦见穿两种颜色的衣服，象征国家残破。乘飞龙上天而中途坠地，象征有空名而无实利。金玉堆积如山，象征国家将有忧患。"

正说着，冯亭的使者就到了。

赵孝成王听说可以白得十七座城，又高兴又紧张。当时赵奢已死，蔺相如多病，廉颇带兵驻守边境，朝中大事，只能问他的两个叔叔——平原君赵胜和平阳君赵豹。

赵豹的意见是，天上不会掉馅饼，世界上从来没有免费的午餐，无缘无故接受韩国的十七座城池，必定会惹来灾祸。赵豹只是没有明说，你把秦王快要到嘴的一块肥肉拿走了，他会善罢甘休吗？

平原君则认为可以接受："白得一郡，何乐而不为？"

赵豹说："白得？秦国人费了几年力气才切断太行山道，眼看上党就要到手，我们却横刀夺爱，不费吹灰之力就拿下上党，你认为真的可以白得？这分明是韩国人的计谋，想把祸水引向赵国。"

平原君说："就算是那样，我们也不用害怕。秦国为了打上党，已经搞得筋疲力尽，而我们坐享其成，以逸待劳。即使秦军来攻，还是我们的胜算大。"

赵豹冷笑了一声："你是到过秦国的，应该知道赵国与秦国的差距。秦人令严政行，赏罚分明，怯于私斗而勇于公战。前方将士拼死打仗，后方百姓通过河渠运送粮食支援前线，整个国家协调一致，因而总是能够取得胜利。以目前的形势，赵国自保还可以，与秦国争利，恐怕胜算不大。"

赵豹的意见是正确的。然而辩论的结果，是平原君获胜。赵孝成王于是发兵去接收上党，并封冯亭为华阳君，仍任上党郡守。

据说，冯亭接到赵孝成王的命令，非常伤感，曾经这样说道："我可真不忍心出卖国家的领土来换取自己的俸禄啊！"不过伤感归伤感，他已经成功地达到了自己的预期目标——将赵国拉下了水。

长平之战

上党落入赵国之手，是秦国始料未及的，但是秦国处理这件事的方式，却是有条不紊。

首先是找韩国的麻烦。上党是你答应要割让给我的，现在却变成了赵国的，这事该怎么算?

韩桓惠王无言以对。这件事确实不是出自他本人的意愿，然而上党山长水远的，冯亭非要这么干，他也只能干瞪眼。现在好了，秦国人找上门来了，等着挨刀子吧!

果然，公元前261年，秦国派兵进攻韩国，攻克缑氏、纶两城，然后撤兵而去。这其实是警告性的进攻，是在告诫韩国人，当我们进攻赵国的时候，你们不要在后面给我使坏。

与此同时，秦昭王以王龁（hé）为大将，率领二十万大军进攻上党。冯亭抵挡不住，率领上党军民败退赵国。赵孝成王命廉颇率军进驻长平（今山西省高平），一方面接收上党败军，一方面修筑壁垒，准备防御秦军入侵。

同年四月，王龁移师攻赵，直逼长平。至此，战国史上最为惨烈的长平之战拉开序幕。

秦军来势汹汹，见面第一仗，就斩杀了一名赵国裨将。六月，秦军又攻破赵军两座营垒，斩杀四名尉官。在战局不利的情况下，廉颇抓紧时间修筑壁垒。七月间，王龁又发动一波攻势，攻破了赵军两座壁垒，斩杀两名尉官，将长平以西的壁垒全部攻占。

但是，王龁的攻势到此也就为止了。再往前，就是廉颇花了半年时间精心修筑的长平防线，沿着长平城两侧的高山，延绵五十余里。无论秦军如何挑衅，赵军就是坚守不出。而且从国内赶来支援长平的赵军越来越多，到这年八月，廉颇手下的人马已经多达四十万，超过了对面秦军的数量。

但廉颇还是坚守不出。他的策略是以逸待劳，用持久战拖垮远道而来的秦军。

时间一长，王龁就有点吃不消了，不断派人在赵军壁垒前辱骂撒野，极尽挑逗之能事，企图引诱廉颇出战。无奈廉颇如同老僧入定，每天只是训练士卒，对外界的干扰一概视而不见，充耳不闻。王龁闹得越凶，廉颇越是气定神闲。

《孙子兵法》第二篇第一条："凡用兵之法，驰车千驷，革车千乘，带甲十万，千里馈粮，则内外之费，宾客之用，胶漆之材，车甲之奉，日费千金，然后十万之师举矣。"

廉颇就不相信，秦国数十万大军长期远离关内，驻扎在长平，它的后勤补给能够支撑两年以上。只要赵军能够坚守两年，不只是长平的秦军受不了，整个秦国都受不了。到那时再主动出击，攻破秦军可谓轻而易举。

廉颇沉得住气，赵孝成王却沉不住气了。

确切地说，赵孝成王从一开始就沉不住气。早在六月间，秦军刚刚攻破赵军两座营垒的时候，赵孝成王便对廉颇的指挥能力产生了怀疑，心急火燎地与楼昌、虞卿等大臣商议对策。

赵孝成王说：“这样下去不行，寡人想派兵增援廉将军，把上党夺回来。”

楼昌的意见是，增兵无益，不如派使者带重金到秦国媾和。

虞卿一贯主张合纵抗秦，他说：“那些主张和谈的人，都抱定一个观念，认为赵军必败，所以不如早点讲和。但是他们都忽略了一个问题，能不能讲和，主动权在秦国手里。大王您认为秦王是想打败我们呢，还是想逼我们讲和？”

赵孝成王想了想说：“秦王不遗余力，当然是想打败我们。”

“这就对了！”虞卿说，“您现在应该做的，是派使臣带着重金去魏国和楚国，让秦国觉得天下诸侯又组织了合纵，秦王才会有所畏惧。那时候再去与秦国和谈，才有可能成功。”

赵孝成王没有采纳虞卿的意见，还是派了一位名叫郑朱的使者前往秦国。

郑朱究竟是何方神圣，史料上没有记载，《战国策》中仅仅称之为“贵人”，总之不是什么特别尊贵的角色。然而，当郑朱来到咸阳，却受到了秦昭王和范雎的热情接待。不，岂止是热情，简直是大张旗鼓。这样一来，全天下都知道秦国和赵国在和谈，那些准备发兵救援赵国的诸侯一看这架势，心里都在想，人家都要和好了，没必要掺和这件事啦！

郑朱在咸阳住了十几天，享受的待遇和取得的成果完全不成正比——当他醉醺醺地离开咸阳的时候，秦昭王还是没有答应停战。而赵国已经失去了向诸侯求援的机会，只能咬紧牙关，独自面对秦国的全面进攻了。

到了八月间，赵孝成王又开始为廉颇的坚守不出发愁。

“寡人已经给他派去这么多援兵，廉将军为什么还不出击呢？”他多次这样对左右大臣说道。

有人回答：廉将军毕竟是老了，胆儿也变小了。

持有这种观点的人不在少数，连平原君也是这样认为。赵孝成王于是派出使者前往长平，催促廉颇进军。可是使者去了三五拨，每次带回的消息都是廉老将军拒绝出战。

这个廉颇，究竟有没有把寡人放在眼里？赵孝成王又急又气，黑着脸在宫里走来走去。他不知道，有一个人比他更着急，那就是咸阳城里的秦昭王。

自从廉颇坚守壁垒以来，秦国实际上也在不断地增兵，王龁手下的秦军渐渐地由原来的二十万增加到三十万，后来又增加到四十万，与赵军不相上下。

这四十万大军驻扎在长平，就像是一个无底洞，将秦国的资源都吸了过去。为了保障部队的后勤供应，每天都有将近一百万人来往于咸阳与长平之间。而且为了填补四十万大军派出去之后的空虚，不得不征发更多的农民去防守函谷关和武关。所谓“日费千金”，那是孙武那个年代的老黄历。秦昭王每天早上一睁眼，第一个念头便是又有一万金不见了。

这样下去，就是座金山也得掏空了啊！

有一天，秦昭王跟范雎商量：“您看，咱们要不先把军队撤回来，免得其他国家乘虚而入，反倒钻了咱们的空子。”

范雎摇摇头说：“那就前功尽弃了。”

“可是，廉颇老奸巨猾，无论如何都不出来应战，这样下去也不是个办法啊。”

范雎笑了：“大王不要着急，老臣已经在采取措施了，不出一个月，赵军必定出战。”

原来，这段时间以来，范雎一直没有闲着。他不断派出间谍，带着巨额资金前往赵国散布谣言："秦国最害怕的，就是赵国改派赵括为统帅。"

赵括是谁？赵奢的儿子。

《史记》记载，赵括自幼学习兵法，喜欢谈论军事，自认为天下没有人能够比得上自己。有时候赵奢和他讨论军事问题，连赵奢都说不过他。赵奢死后，赵括继承家业，也时常在宫中听命，深得赵孝成王信任。

关于秦国害怕赵括的谣言传得沸沸扬扬，终于传到了赵孝成王的耳朵里。赵孝成王眼前一亮，是啊，龙生龙，凤生凤，赵括年轻有为，又是名将赵奢之子，深知军事，如果取代廉颇的话，肯定可以改变这种不死不活的局面。他于是下了一道命令，要赵括前往长平去统帅部队，换下廉颇。

蔺相如听到这件事，大吃一惊，不顾体弱多病，来到宫中劝赵孝成王："廉老将军劳苦功高，在前线干得好好的，为什么要派人替换他？退一万步说，您实在要换，可以派其他人去，为什么一定要派赵括呢？"

赵孝成王反问："赵括为什么不行？"

蔺相如说："赵括徒有虚名，只会啃他父亲留下来的兵法，根本不懂得随机应变，让这样的人带兵，就好比一个弹琴的人，都用胶把弦柱黏死了，您觉得他还能弹出什么好曲子？"

赵孝成王不听，还是任命赵括当了大将。

没想到，很快赵括的母亲就进宫求见，要求取消这项任命。

赵孝成王不理解："儿子当了大将，全家脸上都有光，为什么你会这么强烈反对呢？"

老太太说："先夫在世的时候，曾经再三叮嘱，千万不能让赵括带兵打仗。因为这小子，兵书虽然看得多，但是不懂得灵活应用，而且从来没把打仗看作一件生死攸关的大事，总是随随便便对别人谈论战争。如果不让他带兵还好，一旦让他带兵，那使赵国吃败仗蒙受耻辱的肯定是他。”

老太太还说起一件事：“赵奢做将军的时候，每天亲自给人家盛饭端汤恭敬对待的有几十人，经常来往的朋友有上百人。当时大王赏赐给他的一切财物，他都拿出来分给手下的将士。而且只要他接受了军务，就不再过问家事，吃住都在军营。可现在呢？赵括刚刚做了将军，架子就大得不得了，傲慢地坐在家里接受诸将的参见，人们都不敢仰着脸看他。您赏赐给他的金银财宝，他全部拿回家藏起来。接受了任命，也不急着作准备，反而成天在外面闲逛，看到哪里有良田就赶紧买下来。他跟他父亲，根本就是两种不同的人，您可千万别因为他父亲是个好将军就认为他也有这个才能，还是收回成命，另派他人吧！”

赵孝成王说：“这不可能，寡人的决定岂能随意更改？”

老太太见他态度坚决，无奈地说道：“如果他日后不称职打了败仗，希望家里人不要受到牵连。”

话说到这个分上，赵孝成王仍然没有省悟，硬是把赵括派到了前线。他很快会明白，什么叫“不听老人言，吃亏在眼前”。

大屠杀，白起坑赵国四十万降卒

公元前260年六月，赵括来到长平，廉颇黯然退场。

赵括一上台，便将要害部门换上自己的亲信，改变军中制度，并且抛弃廉颇的防守战略，开始制订积极的进攻策略。

他雄心勃勃的目标是近期内击败长平的秦军，顺势收复上党。

秦昭王获知赵军的这一变动，立马采取了相应的措施——命武安君白起率领一支增援部队前往长平，接替王龁为全军总指挥；王龁则降为裨将。但是，为了不打草惊蛇，对外仍然宣称王龁是主将，军中将士但凡“有敢泄武安君为将者斩”。

七月间，赵括认为时机已经成熟，主动向秦军发动攻击。前线秦军，果然就像赵括想象中那样不堪一击，一触即溃。赵括大喜，指挥全军出击，下令“活捉王龁，收复上党，直取函谷，不许放跑秦军一兵一卒”。

四十万赵军乱哄哄地杀出壁垒，个个争先恐后，生怕失去立功的机会。然而，追出不到二十里，前方将士突然停下来，有的人开始往回跑，后面的人还在向前冲，很快乱成了一锅粥。原来秦军不知道何时，也偷偷修筑了一道壁垒。这道壁垒几乎与赵军壁垒完全平行，也是延绵数十里，一眼望不到头。赵军冲到壁垒下，发动几次冲锋，都被打了回来，只在壁垒前留下大堆尸体。

在那个年代，攻城绝非一朝一夕之事，特别是在双方势均力敌的情况下，进攻方可以说绝无胜算。廉颇正是凭借着城池一般的壁垒，抵挡了王龁整整一年。现在，白起也是凭借着长达数十里的壁垒，将四十万赵军硬生生地挡住。

赵括不甘心就这样回头，亲自策马来到秦军壁垒前，正好赶上秦军主垒换下王龁的大旗，换上一面巨大的白底黑字的“白”字大旗。看到这面大旗，壁垒上的秦军欢声雷动，壁垒下的赵军却像是被吸了魂魄似的，个个目瞪口呆，手足无措。

这也难怪，自伊阙之战以来，白起的这面旗帜，就像是死神的宽大长袍一般，只要在战场上一出现，必定是血流成河，人头满地。白起每战必胜，战胜必屠，据不完全统计，截至长平之战以前，白起已经砍掉了不下百万人的首级。而这些无头的冤魂，大多数又是三晋的子民，所以在三晋地方，只要一提起白起的大名，不只医得小儿夜啼，连大人也不寒而栗。

《孙子兵法》第七篇第五条：“三军可夺气，将军可夺心。”

意思是对于敌人的军队，可以打击其士气；对于敌军的将领，则以扰乱其决心为主。白起在这个时候突然现身，就是要夺赵军之气，夺赵将之心。

很显然，他的目的达到了。

赵括目空一切，自以为兵法天下第一。此次来长平之前，赵孝成王问他胜算几何，他曾经夸下海口：“如若对手是王龁，胜之不费吹灰之力；若是秦王派白起来，倒是要费点工夫。”言下之意，普天之下，也只有白起令他有所顾忌了。

当他真正面对白起的这面大旗的时候，却不仅仅是“有所顾忌”，而是吓得魂飞魄散，一个劲地喊道：“退兵，退兵！”不等手下众将反应过来，自己第一个勒转马头，没命地往回驰去。

大将一跑，全军溃败。半日之间，四十万赵军如同潮水涌到秦军壁垒下，拍碎了几个浪花，连块石头都没有敲掉，便又如同潮水一般匆匆退走。

赵括已经完全忘了自己是“天下第一兵法家”，也没了平日里纸上谈兵那种挥洒自如，脑子里一片空白，只想快点回到自己的壁垒中去。廉颇这老头虽然胆小，但是壁垒还是修得蛮不错的，甚至比秦国人修得还好，至少比秦国人的高，看起来也更结实。只要退回壁垒，把大门关上，把吊桥拉起，即便是一百万敌军也攻不进来。

赵括想得没错，但是他忘了一件事——对手是白起。

四十万赵军刚刚开出自己的壁垒的时候，白起已经得到了情报。他迅速将早已经枕戈待旦的两万五千名精兵派出，抄小路直插赵军后方，占据有利地形，截断了四十万赵军与壁垒之间的联系。与此同时，秦军的五千名骑兵埋头疾进，出现在赵军的壁垒之外，将留守壁垒的少数赵军监视和围困起来，防止他们出来接应。

形象地说，白起为赵括准备了一个口袋，秦军壁垒是这个口袋的主体，两万五千名精兵是扎紧口袋的绳索，五千名骑兵则在口袋外防备有人来解开绳索。

在白起之前，也许早就有人用过口袋战术。但是，一个口袋装四十万人，还是有史以来第一次。

赵括绝望地发现，他已经回不去了。四十万斗志全无的赵军，根本突不破两万五千名严阵以待的秦军防线，而且秦军的游击部队不断突入赵军中，将赵军分割包围，使得赵军无法形成统一的攻势。赵括做了一个正确但不见得高明的决定——命令全军就地驻扎，修筑防御工事，以待后援。

这个决定的正确之处在于，白起虽然用一个口袋装了四十万赵军，却一时无法消化。只要有足够的后援部队赶到，壁垒中的赵军就能突破五千名秦军骑兵的围困，顺利解开扎口袋的绳索，将赵军主力解放出来。

然而秦国方面已经算到了这一步。秦昭王听说赵军被包围，亲自跑到河内为白起助威，并下令征调国内所有十五岁以上的男丁前往长平，断绝赵国对长平的一切救援和粮草供应。

就这样，口袋里的赵军在等待和希望中度过了最初的几天时光。随着携带的粮食越来越少，这种希望渐渐变得渺茫。十天之后，部队开始宰杀马匹，但将士们仍然互相安慰："大王不会这样抛弃我们的，援军也许正在和秦军激战，很快就会杀到这里。"赵孝成王确实不想抛弃这四十万人。可是，派去的每一拨援兵和运粮车队，最终都被数倍于己的秦军打了回来，连一粒粮食都没送到长平。一个月后，赵括知道援军不可能过来了，他挑选了两万名精兵，让他们饱餐一顿马肉，分成四队轮番向防守袋口的秦军发动进攻，企图撕开一个口子。然而，这一个月中，秦军已经进一步加强了袋口的防线。赵军还没靠近，秦军便箭如蝗飞，顷刻间射倒一大片。几次冲锋下来，两万名赵军死伤殆尽，秦军阵地仍然安然无恙。

到了九月间，赵军被困的第四十六天，赵括亲自率领部队进行了最后一次冲锋，结果被秦军射死在阵前。至此，赵军完全失去了抵抗力，四十万人齐解甲，宣布投降。

《孙子兵法》第三篇第四条："君之所患于军者三——不知军之不可以进而谓之进，不知军之不可以退谓之退，是谓縻军；不知三军之事而同三军之政，则军士惑矣；不知三军之权而同三军之任，则军士疑矣。"

在双方势均力敌的情况下，赵军遭此惨败，罪魁祸首不是纸上谈兵的赵括，而是不知三军之事而统三军之政的赵孝成王。他为自己的鲁莽付出了惨重的代价——赵国原本是山东各国中唯一能够抗衡秦国的国家，经此一役，元气大伤，沦落为与韩、魏等国等量齐观的二流国家。

命运最为悲惨的是那四十万赵国降兵。白起忠实地执行了范雎的“攻人”战略，诈称要淘选精壮，将四十万人赶到长平以东的山地中，全部活埋，只将年龄尚幼的二百四十人放回赵国，让他们宣扬秦国的军威，打击赵人的士气。终此一役，秦军前后杀死赵军高达四十五万。

据《水经》记载，白起活埋赵军之后，又收其头颅，筑台于山边，阴森恐怖，后人称之为“白起台”。而长平附近的丹江，也因血流成河被染成红色，因此得名。

后人评论长平之战，既对白起的用兵如神赞不绝口，也对其残暴屠杀赵国降兵深感愤慨。单从兵法上讲，长平之战确实是前无古人的成功案例。在这场战役中，白起的每一步棋都经过深思熟虑，其着眼点之独到，组织之严密，举世罕见，即便孙武、孙膑、吴起等人在世，想必也会佩服得五体投地，甘拜下风。但是从道义上讲，纵有千种理由，坑杀四十万降兵都是令人发指的行为。

另外不得不提的是赵括的母亲。因为她提前给赵孝成王打了预防针，长平之战后，赵孝成王“亦以括母先言，竟不诛也”。对于赵孝成王来说，这多少也算是一种后悔的表示吧！

将抗秦进行到底

长平之战后，秦国终于将原本属于韩国的上党十七县占领。白起雄心勃勃，想趁热打铁，一举消灭赵国。他的计划是兵分两路，一路由王龁率领，进攻皮牢（今山西省翼城）；一路由司马梗率领，进攻太原；白起本人则坐镇上党，只待时机成熟，便对邯郸进行最后一击。

根据当时的实际情况，如果白起的计划得以实施的话，赵国恐怕很难支持三个月以上。由此造成的后果是，秦国统一天下的进程将大大提前，而当年被派到邯郸去当人质的王孙异人，很有可能当不上秦王。异人的儿子嬴政，也就成不了秦始皇，整个中国的历史将是另一种面貌。

然而没有如果。

正当王龁的部队攻克皮牢的时候，赵孝成王派了一名使者前往咸阳，秘密会见了秦国的相国范雎。

这位使者不是别人，就是苏秦的弟弟苏代。

据《战国策》记载，苏代见到范雎，先是问了两个问题。

第一个问题："武安君白起打败了马服君赵括吗？"

范雎回答："是的。"

第二个问题："武安君白起准备围攻赵国的首都邯郸吗？"

范雎回答："是的。"

得到两个肯定的答复之后，苏代便有话说了："武安君这些年来东征西讨，为秦国攻下了七十余座城池，南收鄢郢，北定上党，又打败赵国四十万大军，即便是周公、召公、姜太公的功绩，也不过如此。如果他再攻破邯郸，灭亡赵国，秦王势必让他位列三公，在您之上。请问，您愿意这种情况出现吗？”

范雎没有当面回答这第三个问题。但是第二天上朝的时候，他便向秦昭王建议：“经过长平一役，秦军已经十分疲劳，请允许韩、赵两国割地求和，好让将士们得到休息，以待来年。”

范雎所言不虚。长平之战虽然取得压倒性的胜利，但是数十万秦军长年在外作战，也导致了秦国“国虚民饥”，在短期内很难再支撑一场大规模的战争。

秦昭王听从了范雎的建议，命令白起停止进攻赵国，同时派了使者到赵国，要求赵孝成王割让六座城池给秦国，作为停战的条件。赵孝成王也答应了，但是当秦国停止军事行动之后，赵国君臣在割让城池的问题上，又产生了不同的意见。

据《战国策》记载，当时赵孝成王问大臣楼缓（楼昌的哥哥）：“割让城池给秦国，或是不割，哪个有利？”

楼缓就是当年曾经出任秦国相国的那个楼缓。和楼昌一样，楼缓是主和派。中国历史上有一个有趣的现象，当国家在战争中处于劣势的时候，主和派都不好当，一开口便会被人视为卖国求荣。楼缓是个老江湖，没有正面回答赵孝成王的问题，而是推辞道：“哟，哟，这可不是我这个地位的人敢于发表意见的大事，您还是问别人吧！”

赵孝成王坚持：“那你就说说你个人的见解，但说无妨。”

楼缓说：“大王可曾听说鲁国大夫公甫文伯？公甫文伯在鲁国做官，病死了，房中有两个女人为此伤心得自杀。他母亲听说后，一滴眼泪都没掉。”

赵孝成王“啊”了一声，问道：“为什么？”

楼缓说：“您问得好！当时就有人对老太太说，哪有自己儿子死了不伤心的。您猜老太太怎么说？她说：‘孔子是位贤人，在鲁国无法立足，只好流亡国外，可我儿子不肯跟随他去。现在他死了，房中有两个妇人为他自杀，这说明他对贤者薄情，对妇人义重。我这个做娘的，为此感到羞愧。’这话出自文伯的母亲之口，人们都称赞她是位贤良的母亲。可是，如果这话出自文伯的其他女人之口，人们只会觉得她是在嫉妒。由此可见，同样的话，因为说话的人不同，产生的效果也不同。我长期奔走在秦、赵两国之间，如果回答‘不割有利’，那是说假话；可如果回答‘割让有利’，又难免让人怀疑是在为秦国说话。所以，我最好是不发表意见了。”

赵孝成王说：“你这不是已经发表意见了嘛！”

虞卿听说这件事，就去见赵孝成王，说：“您可千万不要上了楼缓的当。秦国之所以要与赵国讲和，是因为它也打不下去了。您如果把城池割让给它，简直就是帮助秦国来攻打自己，没这个道理。”

赵孝成王于是又找楼缓来商量。楼缓说：“虞卿难道就完全了解秦国军队的战斗力吗？如果现在不给秦国这六座城池，明年秦军再来进攻，恐怕就不是区区六城能够解决的了。”

赵孝成王说：“那你能保证秦国收到这六座城池后，明年就不再来进攻了吗？”

这句话问到了点子上。楼缓支吾了半天，才说道：“这不是我能够保证的。不过，您如果信得过我，我愿意为您多跑几趟秦国，让秦国与赵国亲近，放弃进攻赵国的念头。”

赵孝成王越想越不对劲，又把虞卿找过来。虞卿一听就火了：“我们给了秦国六座城池，还不能保证秦国明年不来进攻，那还给它干啥？再说您今年给它六座，明年它再来要呢？后年它又来要呢？您给还是不给？秦国是虎狼之国，贪得无厌，索求无度，您有多少城池可以用来满足它的要求？”

赵孝成王说：“可是，现在不满足它，它马上就要发兵来进攻，我们刚在长平损失了四十万人，拿什么去抵挡啊！”

虞卿说：“您别因为一场战争就被秦国吓怕了。秦国虽然强大，但是要凭武力取得六座城池，也不是那么容易的事。长平之战，秦国坑杀了我们四十万人，是坏事也是好事，好就好在诸侯都看清了秦国的本质，不会再对秦国心存幻想。依我之见，还不如拿出五座城池给其他诸侯，联合大家共同进攻秦国，赵国或许还有一线生机。如果听了楼缓的话，那就只有死路一条。”

赵孝成王说：“行啊，那我听你的。”可是心里有点不踏实，再把楼缓召进宫，如此这般地说了一番。楼缓说：“您要听虞卿的也没关系。不过我必须指出，虞卿只知其一，不知其二。赵国和秦国对着干，其他诸侯不可能帮助赵国，只会暗地里高兴，甚至趁火打劫来瓜分赵国。”

虞卿听说了，又去见赵孝成王，直截了当地说：“楼缓误国！赵国在长平战败，又要割地求和，只会让诸侯更加看不起赵国。我的意见是，秦王向您索取六城，你干脆拿出五城来献给齐王，请齐国出兵共同抗击秦军，收复原来被秦国占领的失地。这样的话，大王在齐国失去的，还能在秦国得到补偿，而且也能向诸侯展现您的决心和魄力。韩、魏两国看到这种情况，也会尊重大王，主动向赵国靠拢。有了齐、韩、魏三国作后盾，大王才有条件跟秦王谈判，才有可能确保赵国的安全啊！”

这场马拉松似的辩论，虞卿获胜。赵孝成王于是派虞卿出使齐国，商讨合纵大计，同时派出使者，遍告诸侯：秦国无道，蚕食六国，如果赵国灭亡，韩国和魏国也就离灭亡不远了，到时候秦国再侵略楚国、燕国、齐国，将无人可挡；诸侯战亦死，降亦死，还不如联合起来共同对抗暴秦的入侵。

当时赵国正笼罩在长平大屠杀的阴影中，“死者不得收，伤者不得疗”，家家户户都在遥祭冤魂，景况十分悲惨。为了提振士气，赵孝成王放下国君的架子，带着大臣巡视民间，安慰死者家属。所到之处，赵孝成王还亲自下田，摆出一副耕种的样子，鼓励大伙化悲痛为力量，抓紧粮食生产。平原君等人也行动起来，发动自己的妻妾到军营中缝补衣服，号召将士们同心协力，做好应对秦国入侵的准备。

赵国的出尔反尔令秦昭王十分恼怒。公元前259年九月，秦昭王决定对赵国进行毁灭性的打击，命令武安君白起做好准备，率军进攻邯郸。

让他意想不到的是，原来一直主张以武力消灭赵国的白起，现在却来了个一百八十度的转变。

白起抗命

白起毫不客气地告诉秦昭王：“不行，这仗我不能打。”

秦昭王的第一个念头是，白起还在记恨当时没让他直捣邯郸哪！这也可以理解，当时秦国虽然已经疲惫，但是只要再努一把力，攻克邯郸的可能性是存在的。而且从后面发生的事情看，接受赵国的求和，无疑是被赵国给耍了，中了人家的缓兵之计。因此，白起闹点情绪，撒撒娇，那都可以理解，可以接受。当然，秦昭王没有把自己的真实想法说出来，而是从另外一个角度说道：“去年这个时候，国家府库空虚，将士疲惫，您不怜惜百姓的辛劳，要求增加军粮去消灭赵国。现在一年过去，百姓得到了休息，士兵们得到了休养，粮仓里又堆满了粮食，部队的给养比原来还好，您却对寡人说不行，这是为什么呢？”

白起回答：“长平之战，秦军大胜，赵军大败；秦国人高兴，赵国人恐惧。秦国人厚葬死者，治疗伤者，慰劳有功之臣，举国沉浸在胜利的喜悦之中，这也是理所当然的事。可是，我们也应该看到，赵国人没有沉浸在悲伤之中而不可自拔。他们上下一心，团结一致，努力耕种，积极备战，还四处联络诸侯，企图建立合纵联盟。现在一年过去了，大王就算是给我多一倍的人马，我也没有把握攻下邯郸，因为赵国的守备力量相当于以前的十倍。没有把握的仗，我不打。”

《孙子兵法》第四篇第四条：“胜兵先胜而后求战，败兵先战而后求胜。”

白起是深谙这个道理的。他不想在这个时候进攻赵国，并不是闹情绪，也不是害怕担责任，而是认为时机不对，没有必要把数十万将士送到前线去吃苦卖命。

秦昭王见白起态度坚决，心里十分不痛快，说：“您不想去，那寡人就派其他人去吧。”

白起拱拱手，意思是请便。秦昭王于是命五大夫王陵为将，率军讨伐赵国。

王陵一路高歌疾进，很快攻到邯郸城下。秦昭王大喜，赶紧调派援军，围攻邯郸。但是没想到，这一围就是八九个月，邯郸仍然屹立不动。赵军还不时出城袭扰反击，杀死秦军四千余人。

秦昭王只好又亲自来请白起出马。

这个关键时候，白起却生病了。他头上缠着一条白毛巾，在两名家奴的搀扶下拜见了秦昭王，有气无力地说道：“大王，不是下臣不愿意为您分忧，是这身体实在不争气啊！”

秦昭王没办法，回去之后就和相国范雎商量，请范雎去游说白起。从心里面讲，秦昭王对范雎也有点意见，当年白起要一鼓作气攻下邯郸，是你不同意；现在寡人要打邯郸，白起却不干了。解铃还须系铃人，这游说白起的工作，就交给你去办吧！

范雎何等聪明，一下子就闻到了不信任的味道。他没有推辞，很快来到白起府上，先是给白起戴了一顶高帽子："楚国方圆五千里，战士上百万。您率领数万秦军攻打楚国，攻克了鄢郢之地，焚烧楚人的宗庙，逼得楚国向东迁都，从此不敢西向。韩、魏两国携手抗秦，动员大批军队，您指挥的人马不及对方一半，却能和他们大战于伊阙，斩首二十四万，血流成河，连大盾都能漂起。这样的战功，可谓前无古人。您的威名远扬，诸侯无人不知，只要一听到您的名字便害怕，唯恐在战场上遇到您。秦国有您这样的大将，实乃大王之福也！"

白起仅仅是点了点头，不置可否。看到白起这副表情，范雎心往下一沉，但又不敢表现出来，只能硬着头皮说下去："现在，赵国在长平之战中损失了百分之七八十的兵力，大王发动数倍于赵国的大军，希望您能够领兵出战，成为消灭赵国的功臣。您曾经多次以少胜多，用兵如神，这次却是以众敌寡，为什么反而不愿意了呢？"

白起咳嗽了两声，喝了半碗热酒，回答道："相国有所不知，当年楚王依仗着楚国强大，不理国政，大臣们居功自傲，嫉妒争功，阿谀奉承之人掌权，贤良淑德之臣遭到排挤，百姓离心离德，士兵们没有斗志，城池不固，守备不修，所以我才能够领兵深入楚国，占领了很多城池。那时候，秦军所到之处，拆除桥梁，烧毁船只，以示必死的决心。将士们都把部队当作自己的家，把将帅当作自己的父母，相互之间很亲近，很信任，同心同德，死而无憾。而楚国人恰恰相反，他们在自己的国家作战，都只关心自己的小家，将士离心离德，毫无斗志。这就是我能以数万之众坐收鄢、郢之地的主要原因。至于伊阙之战，韩军势单力薄，将希望都寄托在魏军身上。而魏军也想保存实力，推着韩军去打头阵。韩、魏两军各怀心思，尔虞我诈，被我钻了空子，让我有机会来设置伏兵对付韩军，然后集中精锐进攻魏军，获得全胜。这都是由于我方谋划得当，而敌人又露出破绽，获胜是自然而然的事，哪有什么用兵如神？”

范雎越听心里越凉。都说千穿万穿马屁不穿，他一上来给白起戴高帽，就遭到了白起的无情阻击，这思想工作八成是做不通的了，接下来还不知道有什么难听的话呢！

果然，白起很快说到了长平之战。

“秦国在长平打败了赵国，不在当时趁着赵国人已经吓破了胆而消灭它，却怕这怕那，放弃了战机，使得他们能够休养生息，提高防备。现在赵国君臣推心置腹，上下同仇敌忾，全国同甘共苦，连平原君赵胜这类人都把自己的妻妾派到军中慰劳将士，如同当年越王勾践卧薪尝胆、励精图治一样。这个时候攻打赵国，赵国人必定拼死坚守，就算包围了邯郸，也是一块啃不下的硬骨头。时间一长，我军疲惫，诸侯便会趁机救援赵国。到那时，就算您想全师而退都不可能了。不客气地说，我只看到攻打赵国的危害，没有看到任何有利之处，再说我现在抱病在身，不可能出征。”

范雎被说得满脸惭愧，回来向秦昭王复命。秦昭王也恼火了，猛地一拍桌子：“没有他白起，寡人就不能消灭赵国了吗？”于是又派王龁带着援军去替代王陵，下令说：“不拿下邯郸，你就别回来了。”

可事情就像白起预料的那样。王龁到了邯郸，战况也不见起色，反而被赵国的游击部队袭击了后方，损失了不少军粮。战报传到咸阳，秦昭王又急又气，范雎束手无策，白起却在人前说起了风凉话：“你们看看，不听我的意见，现在骑虎难下了吧！”

这话被秦昭王听到了，无异于火上浇油。他耐着性子，再一次来到白起府上，对白起说：“算是寡人求您了！您就算生病，也要为寡人带病指挥，打完这一仗，寡人必定重重赏您。如果您还是不愿意去，那寡人可真要生气啰！”

白起“扑通”一声跪在地上，给秦昭王磕了一个头，说：“我知道，这个时候出战，纵使不能成功，也可以免于获罪；不出战，则是死路一条。但我还是要劝谏大王，听我的意见，放弃攻打赵国，让百姓养精蓄锐，让部队恢复生气。同时利用诸侯之间的利益冲突，安抚胆小的，讨伐胆大的，消灭昏庸无道的，这样来号令诸侯，则霸业可成，天下可定。”

秦昭王皱着眉头，没有发作。白起不管那么多，既然说开了，就一竿子捅到底，又说道：“您为什么一定要这个时候消灭赵国呢？难道就是为了让我白起屈服吗？可那样做，您获得了一时的痛快，却失去了号令诸侯的大好机会，值得吗？我听说，明君热爱他的国家，忠臣爱惜他的名誉。国家灭亡了，不可能再复原；将士们无辜地战死了，不可能再复活。我甘愿得罪大王而死，也不会做一个让战士们白白送死的将军，请大王慎重考虑。”

至此，谈判破裂。秦昭王没有再说什么，转身就走。

白起看着他渐行渐远的身影，脑子里闪现的却是长平之战后赵军被坑杀的场景，耳朵里充斥着秦军的呐喊和赵军的惨叫。他自言自语地说道：“也许，这就是我白起的宿命吧！”

第六章

信陵君救赵

秦赵邯郸消耗战

公元前259年，秦军包围邯郸。到了公元前257年，邯郸仍然牢不可破，秦、赵双方都被这一场旷日持久的战争拖得疲惫不堪。

对于秦昭王来说，这已经不只是两个国家的战争，也是他和白起之间的战争。他不断地给王龁派去援军，送去军粮，命令他不惜一切代价攻破邯郸。他必须证明给天下人看，没有白起，秦军照样可以攻城略地，无往不胜。

在这场较量中，范雎是个揣着明白装糊涂的人。他心里很清楚，白起所言不虚。这场战争从一开始就没有胜算，秦国增兵换将，无异于扬汤止沸，不可能对战局产生根本性的影响。他心里还清楚，秦昭王虽然对他保持了信任，但是君臣之间已经产生了裂痕。而且随着战事的拖延，这种裂痕将越来越大；一旦战争失败，对于他来说就是灭顶之灾。为了确保自己在秦国的地位不动摇，他必须硬着头皮打下去，即使是打到两败俱伤，也要拿下邯郸城。

秦国拼死进攻，赵国拼死抵抗，邯郸之战的激烈程度，甚至超过了当年的长平之战。攻守双方就像两大武林高手对阵，在把那些花里胡哨的招式用尽之后，进入了凝神贯气比拼内力的决战时刻。

这个时候，如果有第三方力量介入，战局的平衡立马会被打破。因此，在战场之外，秦、赵双方又展开了另一场较量。秦国威逼利诱，虚与委蛇，力图说服韩、魏等国附秦伐赵，从中渔利；赵国动之以情，晓之以理，竭力阻止韩、魏两国被秦国收买，呼吁各国建立抗秦统一战线，挽救赵国于危亡。

平原君赵胜临危受命，扛起了合纵的大旗。

平原君赵胜

关于平原君这个人，范雎是颇有微词的。

据《战国策》记载，范雎曾经讲过这样一个故事。郑国人把没有经过加工的玉叫作“璞”，周朝人把没有经过加工腌制的老鼠叫作“朴”（可见吃老鼠的事，古已有之，而且不是广东人干的）。有一次，一位周朝农民用袋子装着“朴”，遇到一位郑国商人，问道：“您要买朴吗？”郑国商人以为是卖“璞”的，便说：“想买。”结果拿出来一看，原来是几只死老鼠。

范雎讲完这个故事，接着说道，现在平原君自认为自己很有才能，在天下享有盛名。可是当年李兑在沙丘杀害了赵主父，他和赵惠文王作为主父的儿子不报杀父之仇，平原君还有脸做了赵惠文王的大臣，天下诸侯还很尊敬他。由此看来，天下诸侯还不如这位郑国商人——人家好歹还分得清璞和朴，诸侯却把死老鼠当成了美玉。

这个比喻委实刻薄。范雎早年怀才不遇，中年惨遭凌辱，到了秦国之后突然飞黄腾达，性格颇为扭曲，看平原君这类含着金钥匙出世的公子哥儿难免会戴上有色眼镜。因此，他的评价可以作为参考，却不能视为权威。

客观地说，平原君名满天下，并非浪得虚名。

战国四公子共同的爱好就是“养士”。相比孟尝君的食客三千，平原君也不遑多让，“喜宾客，宾客盖至者数千人”。

千万别以为，养这些门客，只要好吃好喝侍候着就行了。吃喝当然要提供，但更重要的是尊重。按照马斯洛的需求层次理论，战国时期的门客，已经是达到第四层次，即需要受到尊重，待遇高过现在的白领和公务员。

有一件事可以说明尊重对门客来说意味着什么。

《史记》记载，平原君家有一座临街的楼房，下临一户普通百姓的房子。这户人家有个瘸子，每天一拐一拐地到井边去打水。某一天，平原君的一个小妾在楼上看到这副场景，觉得十分好玩，忍不住大笑起来。

第二天，瘸子就来求见平原君，说：“我听说很多贤人不远千里投奔您，就是因为您能够尊重人才而轻贱女色。我不幸得了残疾，而您的小妾竟然公开耻笑我，这种耻辱，只要是男人都无法忍受，我请求您把那女人的人头砍下送给我。”

瘸子说着，向平原君磕了一个头。

听到瘸子一本正经地说“请求您把那女人的人头砍下送给我”，平原君心里忍不住好笑。他微笑着答应了瘸子的要求，说："好吧，你回去等着。"

瘸子走后，平原君对左右门客说："你们看看，这小子不过是一介平民，居然因为笑了他一下，就想要我杀死小妾，也太把自己当回事了！"

过了几天，平原君便把这事给忘了。瘸子也没有再上门来要人头，小妾仍然在府上过着无忧无虑的生活。可是，过了一年多，平原君发现一个怪现象——他的门客不断流失，不知不觉竟然已经走了一半多。他百思不得其解，只好向身边的门客请教："我对他们不薄啊！可他们为什么都要离开我呢？"

大伙都不回答。平原君一再追问，终于有个人说："还不是因为瘸子那件事？您无视别人的尊严，又出尔反尔，不遵守自己的诺言。大伙认为您重女色而不重人才，所以就离开您了。"

平原君这才认识到问题的严重性，赶紧杀了那个女人，亲自提着人头上门去给瘸子赔罪。这之后，那些走了的门客才又渐渐回到他身边。

邯郸被围后，赵孝成王命平原君全权负责办理外交事务，游说各国诸侯合纵抗秦。平原君受命后，将公关的重点放在齐国、魏国和楚国。

齐国已经有虞卿前往交涉，不用平原君太过操心。

魏国和赵国唇齿相依，平原君的妻子又是信陵君的同胞姐姐。因为这层关系，平原君多次以私人名义写信给魏安僖王和信陵君，请求魏国迅速发兵救援邯郸。

至于楚国，平原君觉得有必要亲自走一趟，于是将门客召集起来，想从中挑选二十人作为随从。

平原君的想法是，如果能够顺利完成任务，说服楚考烈王（楚顷襄王于公元前263年去世）出兵救援赵国，自然是再好不过；万一楚考烈王不答应，他就准备学蔺相如，用武力逼迫其在朝堂上签订盟约。总之，不达到要楚国派兵的目的，他就不打算活着回来了，因此必须挑选文武兼备之士作为随从，以备不时之需。

可是，按照这一要求，他挑来挑去，只挑出十九个人。剩下的一个名额，无论怎么挑选，都找不到合适的人选，而他又不愿意降低门槛随便找个张三李四王五麻子替代。

正在郁闷，有一个人站出来说："您不用再挑了，就我吧！"

平原君循声望去，看了好一阵子，才想起那人的名字叫毛遂。这也难怪，他的门客实在是太多了，如果不是出类拔萃之士，他一般是不太记得人家的名字的。

平原君问道："您在我家里住了几年了？"

毛遂说："三年。"

平原君说："恕我直言，一位有本事的人在这个世界上，就好比一把锥子装进口袋里，很快会露出锥子尖来。可您在我这里三年了，我一直没有发现您有什么过人之处，也没有人向我说过一句赞美您的话，这就说明您并不比别人突出。现在我要做的事情，关系到赵国的生死存亡，不可儿戏。您的报国之心我领了，但您还是留在家里吧！"

毛遂说："我今天站出来，就是要请您把我这把锥子装进口袋啊！您如果早那么干了，我早就脱颖而出，何止露个尖尖？"

此言一出，众人皆笑。平原君心想，实在找不到合适的人选，就把他带去吧，至少他脸皮厚，于是同意了毛遂的请求。

一行人从邯郸出发，绕过秦军的封锁线前往楚国。那十九个人本来都看不起毛遂，一路上通过交谈，却都对毛遂刮目相看，大有相见恨晚之意——其实早就见过，而且朝夕相处了三年，只不过毛遂深藏不露，以至于大伙都视而不见罢了。

到了郢都（楚国迁都于陈之后，便将陈改称为郢，此后楚国数次迁都，都保持了这个习惯），平原君朝觐楚考烈王，向他痛陈秦国的危害，请求楚国与赵国结盟，发兵救援邯郸。会见从早晨开始，谈到中午还是没有结果。无论平原君从哪个角度劝说，楚考烈王就是不松口。

平原君的门客坐在殿下，焦急地看着殿上，虽然听不到说什么，但是都知道谈得不顺利。那十九个人你看看我，我看看你，都是一副想上去帮忙而又“臣妾做不到啊”的表情。唯有毛遂半眯着眼睛，无动于衷。

有个人试探着说道：“毛先生，您出一下面怎么样？”

毛遂说了一句“好”，马上站起来，手按剑柄，三步并作两步走上了大殿，对平原君说：“合纵抗秦这么简单的事情，三两句话就可以说清，你们怎么说了半天还决定不了呢？”

在场的人听了，无不大惊失色。楚考烈王抬起头来，盯着毛遂看了一阵子，然后转过脸去问平原君：“这是什么人？”

平原君说：“他是我的门客。”

楚考烈王大怒，呵斥道：“你给我滚下去！我和你家主人谈论国家大事，哪里轮得到你这个下人来插嘴？”

毛遂做了个拔剑的姿势，向前走了一步说：“大王敢这样对我说话，无非是仗着楚国人多势众。可现在我离您不到十步，您的性命就在我手里，楚国的人再多，也无济于事。我家主人从来不敢这样呵斥我，您怎么敢当着他的面不顾礼节呵斥我呢？”

楚考烈王一下子愣住了，强自镇定道：“你有什么话就说吧！”

毛遂说：“当初商汤以七十里之地，消灭夏桀而称王天下；周文王以数百里之地，消灭商纣而建立周朝。难道他们靠的是人多吗？不是。他们只不过把握住了当时的形势，借机发挥了他们的能量而已。现在楚国地方五千里，军队上百万，本来完全可以称霸天下。谁知道就凭白起这么个小子，带着几万人马讨伐楚国，居然一战攻克鄢郢，再战烧毁夷陵，三战辱及楚国的先王。这样的耻辱，一百辈子都不能忘记，连我们赵国都为你们感到羞耻，可是您自己一点都不觉得惭愧，这可真是咄咄怪事！”

楚考烈王说：“瞧你说的！寡人无一天不为这件事感到羞愧，无一天不想报仇雪恨。”

毛遂说：“那就好说了，赶紧和赵国联合起来，共同抗击秦国。如果您今天对赵国坐视不救，等秦王灭了赵国，下一个就轮到楚国。我家主人不远千里跑到这里来，也是为了楚国的安危，您这样无礼地呵斥我，心里觉得过意得去吗？”

楚考烈王哑口无言，老半天才说：“好，好，就听先生的，寡人愿以楚国和赵国结盟，共抗强秦。”

毛遂说：“您可想清楚了？”

楚考烈王说：“想清楚了。”

毛遂这才将按在剑柄上的手放下，对楚考烈王左右说：“你们还愣着干什么？赶紧儿拿鸡、狗、马血来啊！”

毛遂双手捧着盛血的铜盆，跪行到楚考烈王面前说：“请大王先歃血，定下合纵大计，其次是我家主人，最后轮到我。”

歃血仪式完成后，毛遂左手端着铜盆，右手指着殿下那十九个人说：“你们好歹来了一趟，也在殿下歃血，算是参加了订盟。咳，你们这些人啊，碌碌无为，也就是吃现成饭的家伙！”

那十九个人一声不吭，不敢正视毛遂。

从楚国回来后，平原君逢人便说：“我再也不敢自称识人了。我见过的人成百上千，总以为不会看走眼，没想到错失了毛先生，惭愧啊惭愧！”

平原君从此奉毛遂为上宾。而楚国方面果然也不失约，没过多久便以春申君黄歇为将，率领大军援救赵国。

与此同时，魏安僖王派来的援军也已经上路了。

鲁仲连义不帝秦

魏安僖王派出了十万大军，由老将晋鄙率领，浩浩荡荡地前往救援赵国。

然而，这个好消息刚给邯郸人带来一丝拨云见日的希望，另外一个坏消息就接踵而来，反而又加重了笼罩在邯郸上空的乌云。

原来，秦昭王听到魏国出兵的消息，派人给魏安僖王送去一封信。信上说：“寡人攻下邯郸，也就是朝夕之间的事。诸侯有谁敢来救援，城破之后，寡人第一个拿他开刀！”

魏安僖王胆小，被秦昭王一吓，立马腿软，赶紧让晋鄙停止前进，驻扎在邺城待命。

平原君气得虚火上升——你干脆不派援兵倒也罢了，我们没有希望就没有失望，现在援兵刚走到半路就停下，你知道对邯郸城的士气是多大的打击吗?

他一连写了几封信，催促魏国迅速进军。过了十来天，援军没等到，倒是等到了魏安僖王的一名使者，客将（外籍将领）新垣衍。

新垣衍向赵孝成王和平原君转达了魏安僖王的意思：秦国之所以围攻邯郸这么急，就是因为原来与齐王相约称帝，后来又没有如愿；如今齐国已是强弩之末，不足为道，秦国却是蒸蒸日上，雄霸天下；秦国这次攻赵，未必是一定要得到邯郸，真正的目的还是想称帝，赵国如能主动派使者尊秦王为帝，秦王一定会很高兴地撤军而去。

这就好比甲乙两个人决斗，已经到了生死关头，乙请丙来助拳，丙却劝乙给甲磕个头了事。对于处于劣势的乙来说，如果真能磕个头就万事大吉，那便磕也无妨，何必死要面子活受罪？但问题是这个磕头的建议，究竟是甲的真实意愿，还是丙的一厢情愿？就算是甲的意愿，可万一磕了头甲还是不满足，岂不是丢人现眼？

赵孝成王和平原君都很纠结，拿不定主意。

这时有位齐国来的云游之士，名叫鲁仲连，听到这件事后，便去求见平原君，问道："您打算怎么办？"

按照《史记》的记载，鲁仲连是那种喜欢给别人出些奇怪的主意，但又不愿意任职为官、自命清高的人，在当时大概很有些名气，因此平原君见到他也很客气，回答道："唉，我现在哪里敢说话！"

平原君说："前些年赵国在长平损失了四十万人，现在邯郸又遭到围攻，有人归咎于我当年劝大王接收上党，说'如果不是因为平原君，就不会有后面这些事'。如今魏王派新垣衍来做说客，说只要我们尊秦王为帝，便可消解刀兵，化险为夷。您说，我哪里敢发表意见？万一说错了，岂不是又成为了赵国的罪人？"

鲁仲连连连摇头："我原来以为您是一位英雄，至少也是一位贤人，今天看来，连个普通人都不如，难怪应侯会看不起您。魏王派来的新垣衍在哪？我替您去会会他，跟他计较计较，让他也长点见识。"

平原君脸红到脖子，不敢反驳鲁仲连，只敢说："那我就把先生介绍给新垣衍。"

平原君来到新垣衍下榻的宾馆，对新垣衍说："齐国有位高士，名叫鲁仲连，目前正在邯郸，我想介绍您跟他认识。"

新垣衍一听就摇头，说：“这个名字我很熟！他是齐国的高人，而我是魏国的将军，负有使命到此，不想见他。”

平原君看到这架势，心里便明白了三分，看来你也怕他！于是说道：“您还是见见吧，我已经答应将他引见给您了。”

新垣衍没办法，只好答应。

鲁仲连进来之后，看着新垣衍，半天没有说话。新垣衍被盯得心里发毛，说道：“现在这种状况，还留在邯郸城里的外国人，都是有求于平原君的。我看先生您的神态，却是没有任何事情要求平原君办，为什么还留在这座围城中不走呢？”

鲁仲连说：“很多人以为鲍焦（周朝初年隐士，因不满时政，遁入山林，抱树而死）是个心胸狭窄的人，因为过得不如意才自寻死路，那是不了解他。同样道理，您也很难了解我为什么会在这个特殊的时候出现在邯郸城里。我告诉您吧，秦国是个不讲礼义而只注重功利的国家，它通过玩弄权术来使唤士人，像对待奴隶一样来对待百姓，秦王一旦悍然称帝，进而统治天下，我宁可跳海而死也不愿做他的子民！我今天到这里来见您，就是要告诉您我想帮助赵国抵抗残暴的秦国。”

新垣衍耸耸肩：“您打算怎么帮助赵国呢？邯郸城外有数十万秦军，您难道想凭一张嘴赶走他们吗？”

鲁仲连说：“齐国、楚国已经答应帮助赵国，我想让燕国、魏国也行动起来救援邯郸。”

新垣衍笑了：“您说您能让燕国出兵，我姑且相信，至于魏国，我就是魏王派来的全权代表，我倒是看看您怎么说服我？”

鲁仲连说：“魏王是不知道秦王称帝的后果，所以还抱有幻想，按兵不动。假如他知道秦王称帝之害，就不会那么三心二意了。”

新垣衍说：“秦王称帝，不就是多了一个名号嘛，有什么危害？”

鲁仲连说："当年齐威王想称霸天下，号召诸侯都朝觐周天子。当时周朝已经是积贫积弱，诸侯都不把它放在眼里，唯独齐国还把它当一回事。一年之后，周烈王死了，齐国没有派人去参加葬礼，周朝便派使者去谴责齐威王，说：'现在山崩地裂，天子逝世，东部藩国的小臣田因齐竟然不来会葬，论罪当斩！'齐威王一听，勃然大怒，说：'你个丫头养的！'（题外话，今人爱说"你丫的"，可能即出于此）这事被天下人当成笑话，说了好几年。为什么活着的时候去朝觐他，死了之后就骂他呢？是因为受不了他那高高在上的样子嘛！可是人家是天子啊，本来就应该高高在上，所以也就没什么好奇怪的了。没有实力的周天子尚且如此，如果让虎狼成性的秦王当了天子，魏王岂有好日子过？天下诸侯岂有好日子过？"

新垣衍冷笑了一声，说："十个仆人侍候一个主人，难道是因为智慧和力量不如主人吗？不是，是因为他们怕他。"

鲁仲连大吃一惊："您是说，魏王和秦王的关系，就像是仆人和主人吗？"

新垣衍摆出一副死猪不怕滚水烫的样子，说："是的。"

鲁仲连说："如果是这样，那您等着，我会让秦王把魏王煮成一锅肉粥的。"

新垣衍说："您别吹了，那怎么可能呢？"

鲁仲连说："您不相信？那我来跟您讲点历史吧！当年九侯、鄂侯和西伯侯（周文王）都是商纣王的臣子，位列三公。九侯将女儿嫁给纣王，纣王对她不满意，一怒之下就把九侯剁成了肉酱。鄂侯极力劝阻，想救九侯，也被纣王杀死，做成了人肉干。西伯侯聪明，只是叹息了一声，被纣王听到了，关了一百天的禁闭。那三位都是王侯一级的人物，还不是说剁就剁、说关就关？"

新垣衍皱了皱眉头，若有所思。

鲁仲连说："这是远的，我还可以给您讲点近的。乐毅进攻齐国的时候，齐闵王先是逃到鲁国，要求鲁国人以天子之礼对待自己，还要鲁侯亲自侍候自己吃饭。鲁国人一听，干脆关起城门，不让他进来。齐闵王只好改道去邹国，正好赶上邹君去世，他要求邹国人把棺木头朝北摆放，好让他以天子的身份，坐北朝南去吊唁。邹国人说，如果是那样，我们不如自杀！于是也拒绝他入境。鲁国和邹国穷得叮当响，但是谁敢在他们面前摆天子的谱，他们就会奋起反抗。现在魏国好歹也是个万乘之国，因为看见秦国打了一个胜仗，就吓得要尊人家为帝，岂非连邹、鲁这样的小国都不如？再说了，秦王一旦称帝，就会给诸侯派执政大臣，监视诸侯的一言一行；还会把大量的女人派到各国当王后，主宰后宫。到那时，魏王还不是砧板上的肉，秦王想怎么剁就怎么剁？您作为魏王的臣子，好意思让魏王吃这种苦吗？"

一番话说得新垣衍无地自容，当场表态："我现在就回魏国去，再也不提尊秦王为帝的事了。"

平原君在一旁听了，也深受感动，对鲁仲连说："我原先担心的是，如果尊秦王为帝，秦国会不会退兵。现在我明白了，无论如何我们都不能尊秦王为帝，这件事没有讨论的余地。"后来，平原君还想把鲁仲连留下做官，被婉言谢绝；又想送鲁仲连千金为谢，也被推辞。

用鲁仲连的话说，如果办点事就收钱，那不是成了商人做生意了？

鲁仲连离开赵国后，再也没有回来。

信陵君窃符救赵

鲁仲连的介入，打消了赵孝成王君臣向秦国妥协的念头。然而，新垣衍回到魏国后，并没有说服魏安僖王进军。晋鄙的十万大军依然留驻邺城，而南方也传来不好的消息，春申君率领的楚军由于路途遥远，一时抵达不了邯郸。

平原君心里清楚，路途遥远只是一个借口。春申君不过是在观望，如果晋鄙进军，楚军很快就会抵达；如果晋鄙继续静坐，楚军也就永远在路上了。

拯救邯郸的关键还是晋鄙的十万魏军。

可是，无论平原君写多少信，派多少使者，魏安僖王就是无动于衷。

怀着悲愤的心情，平原君给信陵君写了最后一封信。他这样写道："当年我之所以和您结为亲戚，不就是因为您品德高尚、乐于助人吗？如今邯郸危在旦夕，魏国的大军却停步不前，您解危救困的本领都到哪里去了呢？再说，您即便不在乎我也没关系，我大不了做亡国奴，给秦国人去做牛做马，可您难道忍心让您姐姐也受这种苦吗？"

信陵君看完这封信，拳头狠狠地砸在桌子上，难过得半天没有说话。

他何尝不想晋鄙快点进军？如果晋鄙不愿意跟秦军交战，派他出征也可以。战国四公子中，孟尝君和平原君善于纵横捭阖，春申君爱玩弄权术，信陵君的特长却是兵法。

《史记》里记载了这样一个故事。

有一天信陵君和魏安僖王下棋，突然从北部边境传来烽火警报，说是"赵军入侵，很快要进入魏国国境"。魏安僖王赶紧推开棋盘，下令召集大臣开会研究对策。

信陵君却十分淡定地说道："这只不过是赵王在打猎罢了，不是入侵。"

他若无其事地继续在棋盘上落子，仿佛什么都没发生。

看到信陵君如此镇定，魏安僖王情不自禁坐下来，拿起棋子，却又心不在焉，连出昏招，本来大好的棋势急转直下，被信陵君夺去大片地盘。

不久之后，警报解除。内侍进来报告，原来是赵王在打猎，并非入侵我国。

魏安僖王大惊，问信陵君："你是怎么知道的？"

信陵君轻描淡写地说："下臣的门客中，有人专门负责打探赵国的情报。赵王的一举一动，随时都会传到下臣的耳朵里。"信陵君说着，又下了一颗棋子。

"您输了。"

果然，信陵君的棋势完全占了上风。

这件事成为了魏安僖王的心病，从此对信陵君处处防范，明知他有带兵的才能却故意不让他接触军务。有人认为魏安僖王小气，那倒也是事实，但是站在统治者的角度，手下有这么一个人，足不出户便知天下事，还要故意摆出一副"不过是些雕虫小技"的样子，怎能不让他失落、嫉妒、猜疑，甚至必欲除之而后快？

因此，每次信陵君主动请缨，要替代晋鄙救援赵国，魏安僖王总是不置可否，或者顾左右而言他。

"你有本事？那很好，可我就是不让你发挥，你又能怎么样？"魏安僖王从信陵君急切而又失望的眼神中，找到了一丝报复的快感。

信陵君知道，即便拿着平原君的这封信去找魏安僖王，结果也还是和从前一样。在对着那封信思考了一个晚上后，他做了一个大胆的决定——自己率领门下三千食客去救援邯郸。

三千这个数，放在“食客”前面当然很大，放到秦赵决战的邯郸城下，却不过是汪洋里的一瓢水。

毫无疑问，这是自杀。

但是，当门客们听到信陵君的这一决定，没有一个人退缩，反而群情振奋，都在为自己终于有一个机会为信陵君送命而兴高采烈。

“士为知己者死”。战国初年的勇士豫让说过这样的话。这句话便成为了后来数百年中国士人信奉的最高价值观，仿佛唯有一死，才能证明自己曾经活过似的。

这些人说去就去，有的驾车，有的骑马，还有的步行，举着各式各样稀奇古怪的兵器，跟在信陵君后面，吵吵嚷嚷地经过大梁的街道。每一个人脸上都带着慷慨赴死从容就义的表情，赢得了大梁城二十万居民的围观和喝彩。

队伍经过夷门（大梁东门）的时候，信陵君看到侯嬴正端坐在城门口，便下车来向他告别。

侯嬴已经七十多岁了，正式的身份是大梁夷门的“监者”，也就是看门人。

数年前，信陵君听说侯嬴是个人才，便想将他纳入门下，不料被其断然拒绝。

侯嬴这样说：“我洁身自好几十年了，现在虽然贫困，也不敢接受公子的救济。”

这几乎是拒人于千里之外。

信陵君想出了非常的手段，在家里摆下筵席，大会宾客，亲自驾车到夷门去接侯嬴，侯嬴才勉强接受邀请，大大咧咧坐上信陵君的车，说道："我有一个朋友，在菜市场当屠夫。公子如果不赶时间的话，咱们顺道过去看看他吧！"

其实一点也不顺道，但是信陵君还是态度很恭顺地将车赶到菜市场。侯嬴的那位朋友名叫朱亥，长得满脸横肉，见到信陵君都没正眼看一下，只顾与侯嬴说话，而且一说就是半个时辰。

信陵君一直端坐在车夫的位置上，面带微笑，饶有兴致地看着他们说话。

把一些市井之徒的八卦聊完之后，侯嬴才心满意足地坐下来，对信陵君说："现在可以去公子府上了。"

当时信陵君家里早已高朋满座，魏国的文武大臣和宗室贵族齐聚一堂，正等着信陵君回来主持饭局。

信陵君进门后，领着侯嬴径直往上座上坐。当时有个讲究，主人请客，如果有一个人坐上座，这个人就是主宾，其余的都是陪客，也就是现在俗称的"饭桩子"。众多饭桩子一看这架势，惊奇得不得了。这侯嬴谁都认识呀！不就是夷门口那看门的老头嘛！他凭什么坐主座啊？

酒过三巡，信陵君起身，亲自为侯嬴敬酒。

侯嬴拉着信陵君的手，附在耳边说："我能为公子做的也就这些啦！"

侯嬴接着说："我不过是魏国官僚体系中最低贱的一员，勉强算个国家公务员，根本没有资格跟公子说话。可今天公子亲自驾着车到家里来迎接我，我干脆就把公子带到菜市场，故意让大伙都看到公子是怎么样礼贤下士的。经过今天的事，世人都会说侯嬴是个不知好歹的小人，也会说公子是个真心实意尊重长者的好人，那也算是我的回报吧。"

自打这一天起，侯嬴还是坐在夷门当他的监者，但在身份上，也算是信陵君的人了。信陵君每逢大事，总要把侯嬴请过来，询问一下意见。那年魏齐和虞卿逃到魏国，他也是听了侯嬴的意见之后，才同意接见他们的。

这一次信陵君带着三千门客去救援赵国，特别在夷门口与侯嬴告别，就是想听听他对此行有什么好的建议。没想到侯嬴脸上没有任何表情，只是拱拱手说："公子努力吧！我这把年纪，是没办法给公子帮什么忙了。"

二人就此别过。

信陵君走了几里路，心里越想越不是滋味。按理说，侯嬴不应该对他如此冷漠啊！即便是平时出门，也应该有个嘘寒问暖，何况现在他是去上战场呢?

"也许我有什么地方做得不对吧！"信陵君想到这里，马上命令门客们暂缓前进，自己驾车又回到大梁。

侯嬴一看到他便大笑，说："我知道公子会回来的。"

信陵君说："哦？"

侯嬴说："这些年来，您一直对我照顾有加。现在您要带着食客们去赴死，我却没有任何表示，我知道您心里肯定放不下，一定会回来找我问个明白。"

信陵君赶紧下拜，问侯嬴有什么高见。

侯嬴将信陵君带到自己居住的小屋子里，关上门，问道："您究竟是想建功立业呢，还是想去送死？如果仅仅是想送死，我也没什么好说的了。如果是想建功立业，我就为您指一条路。"

信陵君脸一红，说："当然是想建功立业。"

侯嬴说："那就不要蛮干。"

当时各国对于军队调动都有严格的控制，最简单也最有效的办法是采用兵符制。兵符常为虎形，所以又称为虎符。一道兵符分为两半，国君手里一半，带兵的将领手里一半。国君如果有什么命令要传给将领，除了交付书信，还要将自己手里那一半兵符交给使者带去，作为信物查验。侯嬴的计划是，把魏安僖王那一半虎符盗出来，让信陵君带到晋鄙军中假传圣旨，将十万魏军抓在自己手里再去救援赵国。

侯嬴说："以公子的兵法，加上十万大军，破秦不是难事。"

可是怎么把虎符盗出来呢？

侯嬴早就打听到，魏安僖王有一个极其宠幸的妃子，名叫如姬。很多年前，如姬的父亲被人杀害，凶手三年逍遥在国外，连魏安僖王也没办法。后来如姬跑到信陵君府上哭诉，信陵君派食客潜往外国，将凶手杀死，并将其人头装在盒子里献给如姬。因为这层关系，信陵君要如姬做任何事，她都不会拒绝。

信陵君采纳了侯嬴的意见。

如姬果然不负所托，将虎符盗给了信陵君。

信陵君怀里揣着虎符，再度出发。侯嬴又说："晋鄙是个稳重的人，就算有了虎符，他也不一定听命。请公子把朱亥带上吧。"

朱亥就是侯嬴的屠夫朋友。自从第一次见过后，信陵君多次请朱亥到府上，都被他拒绝，因此也没打过多少交道。但是在侯嬴的坚持下，信陵君还是亲自到菜市场，请朱亥同行。

这一次，朱亥很爽快地答应了。

侯嬴在夷门送别了信陵君和朱亥，估算着他们已经抵达邺城的时候，就向着邺城的方向自杀了。

自杀的理由很简单：我既然不能陪同公子去冒生命危险，那就主动结束自己的生命，作为对公子的临别赠礼吧！

信陵君带着三千门客来到邺城，进入晋鄙军中。不出侯嬴所料，晋鄙将虎符反复查验了几次，然后说道："虎符是真的，但是老臣仍然觉得不放心，想派人回大梁核实之后，再将军权交给公子。”

当时朱亥就站在信陵君身后，袖子里藏着一根四十斤重的铁椎。听到晋鄙这样说，朱亥便上前一步，举起铁椎猛砸下去，将晋鄙砸得脑浆迸裂，当场死亡。

信陵君大吃一惊，但事已至此，也只好将晋鄙安葬，然后把将士们召集起来，宣布：“父子两人都在军中的，父亲可以回家，儿子上战场；兄弟两个都在军中的，兄长可以回去，弟弟为国尽忠；如果是独生子，马上回去奉养父母，这儿没你的事了。”

经过这样一整编，十万大军还剩下八万人。这八万人都已经将家里的后事安顿好，了无牵挂，怀着必死之心跟着信陵君来到邯郸城下。

春申君得知魏军挺进的消息，立刻派将军景阳率楚军主力前来会合。平原君在城里看到楚、魏两国的旗帜，拿出自己的家财犒赏军队，提高士气，并且组织了一支三千人的敢死队出城接应。赵、魏、楚三军里应外合，不到一日工夫，便将王龁苦心经营了三年的邯郸大营攻破，将赵国从濒临灭国的险境中解救出来。

赵孝成王和平原君亲自出城迎接信陵君。平原君将信陵君的箭袋背在身上，在前面引路。赵孝成王向信陵君行跪拜之礼，说：“从古到今的贤人，还没有谁能够比得上公子！”

且说大梁方面，魏安僖王对信陵君盗窃兵符、杀死晋鄙一事极为恼火，听到邯郸解围的消息，表面上额手称庆，心里却妒忌得直咬牙。信陵君当然也知道这一点，在把秦军完全驱逐出赵国境内之后，便让其他将领将八万大军带回了魏国，自己则带着门客在赵国居住下来。

赵孝成王和平原君商量，打算封给信陵君五座城池。信陵君听说后很高兴，认为这也是理所当然的。这时朱亥对他说了一番话，意思是，但凡人有恩于己，应该永世不忘；如果是己有恩于人，则应该将它尽快忘掉。您假传王命夺取兵权以救援赵国，对于赵国来说当然是有功的，可对于魏国来说，就很难说是忠臣了。可您现在只记得自己有功，不记得自己有过，我认为是不可取的。

要说信陵君的脸皮，那也不是一般的薄。听到朱亥这番话，立刻无地自容。这时赵孝成王命人洒扫街道，亲自将信陵君迎接到王宫，而且请他从西边的台阶上殿以示尊贵（此乃接待诸侯之礼）。信陵君赶紧推辞，弓着身子从东边的台阶走了上去，对赵孝成王说："下臣不胜惶恐，下臣此举，有负于魏国，无功于赵国，怎么敢接受这么高规格的礼遇？"

听到信陵君这么说，赵孝成王越发佩服他了，最后虽然没有将五座城池封给他，但也封了一座鄗（hào）城（今河北省邢台），以供他和门客日常生活开销，而魏国也保留了信陵君的封地和待遇。从此，信陵君就留在赵国定居，一留便是十年。

唐代诗人李白有一首著名的《侠客行》，写的就是信陵君等人当年的事迹。

赵客缦胡缨，吴钩霜雪明。银鞍照白马，飒沓如流星。
十步杀一人，千里不留行。事了拂衣去，深藏身与名。
闲过信陵饮，脱剑膝前横。将炙啖朱亥，持觞劝侯嬴。
三杯吐然诺，五岳倒为轻。眼花耳热后，意气素霓生。
救赵挥金锤，邯郸先震惊。千秋二壮士，烜赫大梁城。
纵死侠骨香，不惭世上英。谁能书阁下，白首太玄经。

伴君如伴虎：白起、范雎的结局

邯郸之战，无疑是自阏与之战以来，秦国遭受的最大军事失败。

王龁溃败的消息传到咸阳，秦昭王的第一反应仍是——非白起不可收拾残局。不过这次他没有亲自到白起府上去请，而是派人给白起下了一道强硬的命令：大王命武安君为大将，全权指挥远征赵国的秦军，即日启程，不得有误。

言下之意，去也得去，不去也得去，没得商量了。

白起躺在榻上接待了使者，说："请转告大王，不是白起不接受命令，而是实在病得太重，去不了那么远的地方啊！"

秦昭王又派范雎前往劝说，又是无功而返。

秦昭王一怒之下，免去了白起武安君的封号，命他即刻迁出咸阳。白起接受了命令。当他出了咸阳的西门不到十里，来到一个名叫杜邮的小地方的时候，范雎向秦昭王建议："白起对于这次流放肯定是不服气的，这样的人一旦对国家不满，留着就是祸害！"秦昭王于是派人给白起送来一把宝剑。

春秋战国时期，国君给臣下赐剑，通常就只有一个意思：你自行了断吧!

白起捧着宝剑，喃喃自语道："长平之战中，赵国几十万人投降了我，我却将他们都活埋了，确实该死。"

说完这句话，他便横剑自杀。

据《史记》记载，秦国人对于白起之死，普遍持同情态度，认为他死得冤枉，很多人都自发起来祭祀他。于是，白起之死，将一直深受秦昭王信任的范雎推到了风口浪尖。

话说秦国围攻邯郸的时候，为了支援前线，在河东的汾城（今山西省临汾）建立了一个后勤基地。

河东郡守不是别人，就是范雎的恩人王稽。

这一安排显然出自范雎的主意。王稽坐镇河东支援王龁，既不用亲临前线冒险，又可坐收攻破邯郸之功。退一万步说，即便前方战事失利，挨板子的也是王龁，与负责后勤的王稽没有任何关系。

范雎的另一位恩人郑安平则被安插在王龁军中，担任了指挥两万人马的将军。

王龁被击败后，基本上还能临危不乱，一边派遣将军张唐率军攻取魏国的新中（今河南省安阳），以防止魏军包抄后路；一边指挥部队向汾城撤退。大部分秦军最后都抵达了汾城，唯有郑安平指挥的两万人阵脚大乱，在邯郸城下就投降了赵军，郑安平本人被赵国封为武阳君。

魏、楚联军追击而至，围攻汾城。王龁率军出城反击，一度取得斩首六千人的战绩，后来又遭到失败，被魏军斩首两万人。

在这种战况下，王稽害怕了。秦国律法极严，一旦汾城失守，他作为河东太守，是要受到严惩的。而此时郑安平又受赵孝成王之命，从赵国写信来策反王稽。王稽留了一个心眼，既没有立即响应，也没有将这件事上报，而是密切关注着战局的发展，准备随机应变。

靠着王龁的英勇奋战，秦军最终守住了汾城防线，但是丢失了太原、上党以及河东的大部分地区。魏国还攻占了秦国的东方领土陶地。韩国看到这种形势，也趁机起兵收复失地。范雎的封地应城（今河南省宝丰，当时在汝水之南，因此又称汝南）本是韩国领土，就是在这个时候被韩国夺回。

邯郸战败，第一责任人当然是秦昭王，范雎作为相国也难辞其咎。但是君王是不能指责的，而范雎举荐的郑安平又是这场战役中唯一投降的高级将领，再加上白起的死，人们便不可避免地将矛头都对准了范雎。

有一天秦昭王问范雎："您在汝南的封地被韩国占领了，您难过吗？"

范雎回答："我不难过。"

秦昭王说："为什么呢？"

范雎便讲了一个故事："从前魏国有个叫东门吴的人，他的儿子死了，他却一点也不难过。他的管家说：'您爱您的儿子，天下无人能及。现在他死了，您为什么一点也不悲伤？'东门吴回答：'以前我没有儿子，并不觉得难过。现在儿子没了，不过是回到从前，有什么好难过的？'

"想我范雎，原来不过是一介平民，也从来没有觉得难过。现在失去了封地，不过是回到从前的地位，我又有什么好难过的？"范雎这样说道。

人不分贵贱，都是赤条条地来，又赤条条地走，本来无一物，何处惹烦忧？

秦昭王听了，将信将疑，将这事告诉了上卿蒙骜。蒙骜是齐国人，本来在齐国做官，后来投奔了秦国，因善于用兵，深得秦昭王宠信。秦昭王对蒙骜说："如果我有一座城池被围，我就会吃不香、睡不稳。可现在应侯失去了封地，却说不难过，你觉得这事靠谱吗？"

蒙骜说："且让下臣为大王去了解一下实情。"

蒙骜就去拜见范雎，见面就说："我想去死！"

范雎没搞清楚他的路数，说："哎哟，你这是啥意思啊？"

蒙骜说："大王把您当作老师一样尊敬，天下人皆知。现在我以上卿的身份，为秦国带兵打仗。小小的韩国，竟然敢明目张胆入侵您的领地，我还有什么面目活在这个世界上？让我去死吧！”

范雎听明白了，敢情是来表忠心的啊！这小伙子不错，比白起聪明，大有前途。于是拜谢道：“如此，老夫就把夺回汝南的事托付给你了。”

蒙骜回去向秦昭王汇报。几天之后，范雎在秦昭王面前提起韩国的事，秦昭王一个字也没听进去，心里想：“这老头在拐弯抹角要求寡人夺回汝南啊！”

经过这件事后，范雎在秦昭王心目中的地位开始以一种加速度下滑。不久之后，另外一件事将范雎彻底推向了深渊。

有人举报王稽私通诸侯，有逆反之心。

举报人不是别人，正是王稽手下的军官，而且是几十个人联名举报，个个都按了血指印。举报的内容也有板有眼，某年某月某日某时河东守王稽在某地会见赵国使臣，都写得清清楚楚，毫不含糊。

根据《左传》记载，王稽之所以得罪手下众多军官，原因只有一条——刻薄寡恩。

汾城保卫战期间，有一位姓庄的校尉曾经提醒王稽：“现在大伙压力都很大，您应该好好赏赐一下军官们。否则的话，他们会有意见。”

王稽回答：“我只听大王的，不用听别人的。”

姓庄的说：“话不能这样说。做父亲的可以命令儿子抛弃老婆，卖掉爱妾，但是不能要求儿子‘连想都不能想她们’，因为这事是无法控制的。而且儿子还会想着办法去找其他女人，偷偷地带着女人回家。如果这种事情被看门的老婆子看到了，她肯定又会忍不住讲出去，您说对不对？”

姓庄的话说得绕，意思却很明白：你可以不给大伙发奖金，但你不能防止大伙心里有意见；你可以偷偷摸摸去见赵国使臣，但你不可能做到天衣无缝、不让别人说。

王稽的脑袋显然不太好使，黑着脸说：“那又咋的？”

姓庄的说：“传播小道消息，乃是人之常情。您受到大王宠信，总不会超过父子之情；军官们虽然地位不高，总低不过看门的老太婆。再说了，您就没听过三人成虎的故事吗？我劝您赶快改变态度，对军官们好一点，更尊重他们一点，这样他们才不会乱说话，您的地位才安稳。”

人家把话都挑明了，就是要你花钱封嘴，破财消灾。王稽却仍然执迷不悟，无动于衷。于是，他手下的军官们来了一次集体反叛，把他告到了秦昭王那里。

秦昭王派人一查，证据确凿，事实清楚，于是将王稽抓起来，判了死刑。

按照秦国的律法，大臣犯有重罪，举荐人要负连带责任。王稽事发后，秦昭王想按照规定治范雎的罪，但又于心不忍，于是在堂上叹息。

范雎听到了，主动上前说道：“我听说君主忧虑，是臣子的耻辱。您现在这么唉声叹气的，我身为相国，应该请罪。”

意思是您就别为难了，动手吧！

秦昭王想了半天才说：“我听说楚国人铸造的铁剑很锋利，而歌舞艺人很拙劣。铁剑锋利则部队战斗力强，艺人拙劣则主君不会沉迷于其中，有时间去思考国家大事。我是在担心楚国打秦国的主意啊！现在武安君死了（范雎赶紧把头低下），郑安平降了（范雎连大气都不敢喘），国内没有良将而敌军压境，我是因为这件事才叹息。”

秦昭王的话虽然不严厉，但是句句指向范雎。范雎出了一身冷汗，感觉到眼前的对手厉害，干脆把话挑明，说道：“我本是卑贱之人，因为得罪了魏齐才投奔到秦国。我没有诸侯作后盾，也没有朋友支持，大王却大力提拔我，让我执掌秦国的政务，这是举天下皆知的事。现在因为我的愚昧昏惑，举荐了罪人王稽，按照秦国的律法，我应当接受惩罚。我所担心的是，如果大王公开处死我，那么天下人会认为您也看错了人，遭到诸侯的非议，那我就罪上加罪，死几次都不够了。我请求服毒自杀，希望大王恩准用相国的礼仪埋葬我。这样的话，我受到了惩罚，大王也不会遭人非议。”

范雎说着，拜伏在地上不肯起来。秦昭王心想，好嘛！你这哪里是认罪，分明是把责任推到我身上。他干咳了两声，用一种极其冷漠的语气说道：“丞相多虑了，寡人没有要惩罚您的意思，先退下吧。”

没等范雎回答，秦昭王已经起身，在内侍的簇拥之下回内宫去了。

此时范雎脑海里浮现的，却是当年秦昭王第一次见到他，跪在他前面请教问题的情景。

几个月后，范雎因病辞去了相国的职务，推荐从燕国来的政客蔡泽继任相国。

同年冬天，范雎病重，死于咸阳。

第七章

荀子说人性

最爱才的战国公子：信陵君

邯郸之战的失利，是秦国兼并天下过程中的一次重大挫折，它不但使得秦国丧失了前几年辛辛苦苦占领的众多领土，还间接造成了白起死于非命和范雎的黯然退场。数年之内，秦国没有发动大规模军事行动，山东各国特别是三晋获得了短暂的喘息机会。

这一场战争的明星，无疑是魏国的信陵君和赵国的平原君。除此之外，秦国的王龁虽为败将，但是表现可圈可点。还有一位重要人物是楚国的景阳，从《荀子》《淮南子》和《汉书》的记载中，后人不难得知，景阳经此一战，在当时威震诸侯。赵孝成王曾经亲自向景阳请教兵法，而景阳以孙武、吴起等人的军事思想应对，令赵孝成王折服。至于《史记》和《战国策》为什么都没有过多描述景阳的功绩，笔者以为，是因为笼罩在信陵君、平原君头上的光环太耀眼了，以至于景阳相对失色，只能屈为配角。

有意思的是，在信陵君和平原君之间，也有一种谁更有才有德的议论。前面介绍过，信陵君长于军事，而平原君长于外交，因此在才能方面很难进行比较，那就只能比“德”了。但是“德”很不好比，尤其是对于两个同等重要的人物来说，如果没有量化的指标，是很难区分高下的。

还好，他们有一个共同的爱好——养士。

“士”这种人很不好养，他们不像阿猫阿狗，有得吃有得喝就行了，他们更看重主人的品德。一个人品德越高尚，就越能吸引士人来投奔；而当这个人的品行出现污点的时候，即使已经依附于他的士人，都会决然离去。平原君当年因为看不起一个瘸子而失去了一半的门客，便是极好的例证。

现在问题变得简单了，当信陵君和平原君同在一个国度的时候，他们虽然不会互相较劲，但是士人们心里都有一杆秤，而且会用两只脚投票来选择自己的主人——谁的品德更优秀，一目了然。

《史记》里记载了这样一个故事。

信陵君刚到赵国的时候，听说有位才德过人而洁身不仕的毛先生混迹于赌场，还有一位薛先生流连于酒馆，便想结交他们，请他们到府上来做客。没想到这两个家伙不识抬举，故意躲着不见。信陵君也不生气，故意把头发搞得乱蓬蓬的，几天没刮胡子，换上平民的衣服，跑到那些声色场所去接近他们。

这两个人也没见过信陵君本人，只知道新来的这个家伙很豪爽，挥金如土，饮酒如牛，掷骰子、玩女人样样精通，而且只要一说话，就知道不是普通人。这样胡天胡地过了些日子，毛先生和薛先生对信陵君是佩服得五体投地了，可是当平原君听说这件事，便对自己的妻子说：“原来我听说你弟弟天下无双，现在才知道他喜欢跟一些下三烂的人厮混，真是荒唐！”

平原君夫人见到信陵君，把这些话告诉了他。这女人的本意是劝信陵君检点自己的行为，注意社会影响，不要太放浪形骸，给魏国丢脸。信陵君听了，马上向姐姐告辞，说：“原来我听说平原君是个贤人，所以才宁可背叛魏王也要来救援赵国。我不是为着别人来的，就是为姐姐和姐夫来的。可是现在看来，人们说平原君广交天下朋友，只不过徒有虚名，并非真正想得到人才。我早在大梁的时候，就听过毛、薛两位先生的大名，到了赵国之后唯恐见不到他们，所以才主动去他们容身的场所去接近他们。可是平原君居然认为这是荒唐，我不想再跟他打交道了。”

信陵君说完，命令门客们收拾行李，准备离开。平原君夫人赶紧跑回家向丈夫汇报。平原君一听就急了，赶紧摘了帽子登门谢罪，好说歹说，终于把信陵君留了下来。

平原君门下的宾客听说这件事之后，差不多有一半人去投奔了信陵君。而普天之下的英雄豪杰投奔信陵君的也越来越多，以至于信陵君的门客很快大大地超过了平原君。

公孙龙：白马非马

《史记》还记载了这样一件事。邯郸之战后，虞卿想在赵孝成王面前为平原君请封，理由很简单，信陵君是平原君请来的，如果没有平原君，赵国肯定就灭亡了。

平原君当然不会反对这一提议。

就在这件事情要上朝讨论的前一天晚上，有人匆匆忙忙从外地赶回邯郸，将平原君从睡梦中拉了起来。

这个人名叫公孙龙，是平原君很敬重的一名门客。

公孙龙是赵国人，他与惠施齐名，是战国时期诸子百家中名家的代表人物，早年游说诸侯，四海为家，后来投奔到平原君门下才安定下来。

据说公孙龙云游天下的时候，有一次骑着一匹白马经过秦国的一座关卡。按照当时的规定，骑马过关是要交税的，相当于今天高速公路的通行费。

公孙龙不愿意交这个钱，便对守关的官吏说："我骑的是白马，不是马，所以不用交钱。"

官吏说："你看清楚了，只要是马，都要交钱。"

公孙龙说："我看清楚了，可我骑的是白马，不是马。"

官吏的脑子一下子拐不过弯来了："难道白马不是马？"

公孙龙说："当然不是，白马是白马，马是马，分明是两码事嘛！"说着就大摇大摆地过去了，只留下那个官吏还在抓耳挠腮，想了半天都没想明白他说的是啥意思。

这位官吏不知道，公孙龙抛给了他中国哲学史上一个著名的命题，叫作“白马非马”。

后来，在平原君家里举行的辩论会上，公孙龙是这样论证“白马非马”的。

“马”是称呼形体的，“白”是称呼颜色的，“白马”则是颜色和形体都称呼了，所以“白马”不是“马”。

他的辩论对手名叫孔穿，也是平原君的门客。

孔穿说：“既然你骑了白马，就不可以说是没骑马，对不对？不可说没骑马，那就是骑了马，对不对？因此，骑了白马就是骑了马，对不对？”

公孙龙说：“不是这样的。你假如要一匹马，我给你牵黄马、黑马过来都可以；可是你要一匹白马，我再给你牵来黄马、黑马就不对了。如果白马是马，那上述两种需求就没区别了——你要一匹白马，我也可以给你牵来黄马、黑马，对不对？”

孔穿一下子愣了，但他的反应也很快，说：“按照你的说法，只要有颜色的马就不是马。可这个世界上没有无颜色的马。也就是说，这个世界上根本不存在马，是吗？”

公孙龙笑了：“马本来就是有颜色的嘛！所以才有白马。如果马没有颜色，那就只有马罢了，还到哪里去找白马呢？所以说，白马非马，就是因为那个白的缘故。所谓白马，是白和马的结合，或者说是马和白的结合，当然不是马。”

辩论到这里，孔穿已经穿孔，晕过去了。

公孙龙究竟在玩什么游戏？如果实在听不懂的话，让我们用西方逻辑学的术语解释一下。

首先，他说明了马的内涵是一种动物，白的内涵是一种颜色，白马的内涵是一种动物加一种颜色，三者内涵各不相同，所以白马非马。

其次，他又说明了马的外延包括一切马，白马的外延就只是白颜色的马，二者的外延不同，所以白马非马。

第三，马这个概念，是关于一切马的本质属性，与颜色无关，仅仅是“马之所以为马”的概括，所以白马非马。

综上所述，白马和马的内涵、外延都不同，完全是两个概念，你还敢说白马是马吗？

公孙龙还有一个著名的命题，叫作“离坚白”。简单地说，那里放着一块白色的石头，人眼睛看到的是白色，手摸到的是坚硬的感觉。眼睛只能感觉到白而不能感觉到坚，手只能感觉到坚而不能感觉到白。所以，石头的坚和白这两种属性是分离的。而各自分离，是天下万物的共同性质，独立自存才是事物正常的状态。

“白马非马”也罢，“离坚白”也罢，公孙龙实际上已经接触了哲学史上一个重要的问题，也就是所谓的名实之辩，或者通俗一点说，就是关于存在与语言逻辑的学问。

正是这位公孙龙，在听到虞卿要为平原君请封之后，日夜兼程赶回邯郸，对平原君说：“我听说虞卿因为信陵君救了邯郸这事为您请封，有这回事吗？”

平原君打着哈欠说：“有。”

公孙龙说：“这绝对不行！请恕我直言，当初赵王让你做相国，不是因为您的才智在赵国独一无二；把东武城封给您做领地，也不是因为您立下了什么汗马功劳。归根结底，那不过是因为您是主父的儿子，赵王的近亲。”

平原君红着脸说：“是这样的，可那又怎么样？”

公孙龙说：“可是，当您接受相印的时候，并没有推辞说自己无能；

接受封地的时候，也没有说自己无功。那就说明，您心里很清楚，您之所以能够得到这些待遇，不过是因为自己是王亲。现在您因为请来了信陵君就请求封赏，就是既要凭着王亲的身份要待遇，又要像普通人一样去和大王计算功劳，您心里过意得去吗？”

平原君默然不语。

公孙龙接着说：“如果是虞卿主动提出来要这么做，您更要考虑清楚。他为什么无缘无故要给您献殷勤啊？还不是想左右逢源？这事成了，您得感谢他；不成，您也会念着他的好处。以您的智慧，不会上他的当吧？”

平原君这才醒悟，拒绝了虞卿的建议。

公元前251年，平原君死于邯郸。战国四公子中，平原君赵胜按年龄排于第二，后人对他的差评也排于第二，仅次于春申君黄歇。司马迁对他的评价是：乱世中的一位翩翩公子，然而不识大体，“利令智昏”。

所谓利令智昏，指的是他极力主张接收上党，导致秦国进攻长平，造成四十余万赵军死亡的重大悲剧。

墨子：兼爱与非攻

邯郸之战让东方各国得到了喘息的机会，也让天下诸侯认识到，秦国并不像想象中那么强大，只要大家团结起来，制止秦国的扩张不是难事。然而令人遗憾的是，诸侯们并没有抓住这个机会建立合纵抗秦联盟，反而是各自图谋兼并土地，谋取眼前利益。“各人自扫门前雪，哪管他人瓦上霜”的习惯，古已有之。

公元前255年，楚国攻鲁，占领曲阜，将鲁国社稷迁于莒县，两年后又迁于钜阳。此后又过了四年，末代鲁侯鲁顷公被楚考烈王废为庶人，鲁国从此灭亡。

魏国不仅攻取了秦国的陶地，还趁机进攻卫国，夺取了卫国的大部分领土。

燕国见赵国连年战争，且“壮者皆死于长平”，企图兼并赵国，于公元前251年倾全国之力，发兵六十万攻赵。赵国以廉颇为将，大破燕军于鄗邑，杀燕相栗腹；又使乐乘大败燕军于代，并趁势攻燕，一度包围燕国的首都蓟城。

燕国在攻赵的同时，还派遣部队进攻齐国。楚国在消灭鲁国之后，也继续北进，进攻齐国的南阳地区（泰山西南，汶水以北）。魏国则在灭卫之后继续东进，攻取了齐国的平陆（今山东省汶上）。

最搞笑的是雒邑城里的周天子。邯郸之战后，汾城战事吃紧，周赧王派使者入秦，表示愿意为秦国打探东方诸国动静，帮助秦国向三晋发动反攻。秦昭王对此深表欣慰，于公元前256年派兵入侵韩国，斩首四万；接着入侵赵国，斩首九万；再顺势入侵西周，迫使周朝将三十六座城镇和三万人口全部献给秦国。同年，周赧王去世，西周灭亡，从此连有名无实的周天子也没有了。

在这个战乱纷纷、无处安放灵魂的年代，有一群人始终保持着简朴的生活态度，力图用自己微薄的力量给天下带来和平，他们被世人称为“墨者”。

墨者的祖师爷，是生活在战国前期的宋国人墨翟，人称墨子，他创立的学派就叫墨家。

关于墨翟的身世，史上有多种说法。

一种说法，墨翟的祖上是周朝的武士，专门负责训练军队，类似于“东京八十万禁军枪棒教头”。随着周朝的衰落，这些身怀绝技的武士丧失了地位，流散各地，谁雇佣他们就为谁服务，相当于欧洲封建时代的雇佣军或者日本战国时期的浪人，而在《史记》中则将他们归于“游侠”。游侠不是流民，更不是流氓无产者，他们“其言必信，其行必果，已诺必诚，不爱其躯，赴士之厄困”，有很强的职业操守。

另一种说法，墨翟的先祖是春秋时期宋国的公子目夷。目夷又名墨夷须，其后人遂以墨为氏。到了战国时期，墨氏已经衰落，沦落为平民。

还有一种说法，墨翟是奴隶出身。奴隶是没有姓氏的，所以墨翟并非姓墨，而是因为受过墨刑（脸上刺字，如同牲口打烙印），便被称为墨翟了。

最为新奇的说法是，墨不是姓氏，翟也不是名，“墨翟”其实是“蛮夷”的谐音，而且还不是一般的蛮夷，是翻越了喜马拉雅山，从印度来的阿三。

战国时期的诸子百家中，墨家是组织最为严密的一家。它对成员的要求是朴素、坚忍、忠诚、无条件服从组织的命令，而且具备一定的军事素质。墨者的首领称为“巨子”，对于所有成员具有决定生死的权威。从这种情况看，第一种说法应该是比较靠谱的。

墨翟自然是这个组织的第一任巨子。

公元前445年，那还是楚惠王的年代，楚国向东扩张势力，企图进攻宋国，为此请了当时的名匠鲁班制造攻城器械。墨翟得知后，走了十天十夜来到郢都求见鲁班。

鲁班当然也听过墨翟的大名，很谨慎地问道：“先生不远千里来见我，请问有什么指教呢？”

墨翟说：“北方有人欺负我，我想请您帮我杀掉他。”

鲁班很不高兴，板着脸不回答。

墨翟又说："事成之后，我自有重酬。"

鲁班忍无可忍，说："我是讲道义的人，决不能无故杀人。"

墨翟赶紧站起来，拜了两拜说："我听说您造了很多攻城的工具，要拿去进攻宋国。可宋国有什么罪呢？楚国有的是土地，缺少的是民众，牺牲自己缺少的民众而争夺自己并不缺少的土地，这算是哪门子道理哦？"

鲁班这才知道他来的真正目的，说："您说得对，可是攻宋的大事已经定下来，不是我能够阻止得了的。"

墨翟便要求鲁班介绍他去见楚惠王。他对楚惠王说："我们老家有个人，抛弃自己的豪华马车去偷邻居的破车，扔掉自己的丝绸衣服去偷邻居的粗布衣裳，倒掉自己碗里的白米肥肉去偷邻居的粗粮野菜，您说这人是怎么回事呢？"

楚惠王说："偷惯了呗！"

墨翟说："楚国地方五千里，河湖众多，物产丰富，人民富足；宋国面积不到楚国的十分之一，连个野鸡兔子都很难看到。可现在您却派兵去攻打宋国，难道您也偷惯了吗？"

楚惠王脸涨得通红，老半天才说："就算你说得有道理，我也不会停止攻宋。大军都准备出发了，哪能说停就停？"

墨翟说："那就让我们演习一下这场战争吧。"说着用腰带摆成一座城池，让鲁班用他的攻城器械模型发动进攻。

鲁班开始是用投石，墨翟立马指出它的弱点以及如何应对，击退了进攻。接着鲁班又出动了冲车、云梯、巨弩等八种武器，都被墨翟一一击破，而且墨翟的防御手段还没用完。

于是鲁班说道："我知道怎么打败你，只是我不愿意说出来。"

墨翟回答："我知道你的意思，只是你不说，我也不说。"

楚惠王听得一头雾水，一定要墨翟把谜底揭开。墨翟说："鲁班是想杀掉我。但是我的弟子禽滑厘等三百多人，早已拿着我设计制作的防御器械，在商丘城头等着大王的军队。他们不但精通攻守之道，而且赴汤蹈火在所不辞，就算杀了我，你们也不可能攻下宋国。"

楚惠王听了，嚷了起来："好啦好啦，寡人不要攻宋了！"

由此可见，墨者是具备很强的战斗力的军事团体。但是他们不以此为追求荣华富贵的手段，反而甘于清贫，过着苦行僧似的生活。而且他们受雇于人，严格限于帮助防御的一方，不参与任何进攻性的军事活动。

换句话说，他们的理想是消除战争，实现和平。这也许是天下百姓对春秋战国延绵数百年的战乱发出的共同呼吁吧。

墨翟的政治主张，浓缩起来只有四个字：兼爱，非攻。

兼爱本来是墨者组织内部提倡的一种精神，也就是所谓的"有福同享，有祸同当"，后来扩展到"天下"这个范围，认为天下每一个人都应该同等地、无差别地爱别的一切人。

非攻则是兼爱的必然要求。墨翟曾经这样说道："仁人志士，应该致力于兴天下之利，除天下之害。"当今之世，天下之害谁最大？不外乎大国进攻小国，大家欺凌小家，强者欺负弱者，狡诈之徒欺骗愚昧之人。兼爱天下，必须放弃使用武力来征服别人，这就是"非攻"。

从某种意义上讲，墨翟的兼爱，与孟子的"老吾老以及人之老，幼吾幼以及人之幼"是相通的，都是主张用一种仁爱之心对待这个世界。然而，墨家和儒家在历史上却是水火不容的两个学术派别。墨翟本人认为，儒家有四害。

第一，儒家不相信鬼神。儒家显然是过于早熟，头顶上从来没有一把高于人世权威的利剑，因此也无所畏惧，做事没有底线。

第二，儒家坚持厚葬，父母死后还要守孝三年，啥事都不干，把人民的财富和时间都浪费了。

第三，儒家爱好音乐，同样是浪费。

第四，儒家不信鬼神，却相信命运，造成人们的懒惰，不肯与命运抗争。

这样的批评，见仁见智。用现代哲学家冯友兰的话说，墨翟对儒家的批评，体现了儒墨社会背景的不同。儒家饱读诗书，通过学习和思考，放弃了对天帝鬼神的信仰。而墨家居于社会下层，对于鬼神的怀疑，总是要来得晚一些的。

《墨子》中记载了一个有趣的故事。墨翟得了病，有一个名叫“跌鼻”的人知道了，幸灾乐祸地说：“哎哟，您不是说鬼神赏善罚恶吗？如今您得了病，难道是因为您不善良，或者说鬼神不明是非？”墨翟回答：“我是得了病，但跟鬼神没关系。人得病有多种原因，有的是因为寒暑不适，有的是因为过于辛劳，得罪鬼神只是其中一种。这就好比你的房子有一百扇门，只关好了其中一扇，就想让盗贼无从进入？”

如此说来，鬼神不是不管事，只是不能全部都管。用西方逻辑学的话语，鬼神的惩罚，是一个人得病的充足条件，而不是必要条件。

墨翟死后，巨子由孟胜接任。孟胜和楚国的阳城君是至交，带领弟子一百八十人为阳城君守城。吴起之乱中，阳城君参与伏击吴起，涉嫌侮辱王尸，因此被追究责任。阳城君畏罪逃亡，楚国派兵接收阳城。孟胜坚守自己对阳城君的诺言，明知阳城乃弹丸之地，不可抗拒楚国大军，仍然拼死抵抗。孟胜和弟子最终全部战死。其中有两个人奉命逃出来，将象征巨子身份的令牌传给齐国的田襄，然后这两个人又返回了阳城为孟胜殉葬。

这一件事使得墨者名声大震，大小诸侯都以结交墨者为荣，希望墨者能够成为自己的支持者。而关于墨者的活动记载，却越来越少。只知道有一任巨子名叫腹，在秦惠王年间居住在秦国。腹的儿子杀人，按律当斩。秦惠王考虑到腹年事已高，又只有一个儿子，就想赦免他，但是腹坚决不同意，说："杀人者死，伤人者受刑，这就是墨者的纪律，也是天下的大义，不能违反。"于是大义灭亲，把儿子给杀了。

到了战国晚期，受到名家思想的影响，墨家开始关注所谓的名实之辨，发展了知识论和逻辑学的理论，以对抗公孙龙式的诡辩，捍卫常识。

有人用"杀盗，杀人也"来向墨家挑战，意思是你们主张兼爱非攻，就不能杀人，可你们又主张杀盗，杀盗就是杀人，这不是自相矛盾吗？

对此，墨者回答："白马是马，骑白马是骑马。黑马是马，骑黑马也是骑马。奴婢是人，爱奴婢是爱人。奴仆是人，爱奴仆也是爱人。可是，奴婢的双亲是人，奴婢侍奉他的双亲，不能等同于'侍奉人'；奴婢的妹妹是美人，奴婢爱其妹妹，不能等同于'爱美人'。车是木头做的，坐车不等于坐木头。同样道理，盗贼是人，'盗贼多'却不等于'人多'；没有盗贼，也不等于没有人。讨厌盗贼多，并不是讨厌人多；希望天下无贼，也不是希望天下无人，这就是世人公认的常识。搞清楚了这个道理，就不难明白，盗贼是人，但爱盗贼不是爱人，不爱盗贼并不意味着不爱人，杀盗贼也不是杀人，这难道不对吗？"

毫无疑问，墨家看到了日常语言在逻辑上的似是而非，通过一步一步的论证，剔除掉了语言的歧义，让正确的思想从诡辩中走出来。他们曾经这样写道：人们都说马有四蹄，意思很明确，就是一匹马有四个蹄子。可是名家之徒抓住语言的空子，说"那两匹马也是马，是不是也只有四个蹄子"，又有什么意义呢？

确实没什么意义。墨家对名家的抨击，那是相当的有力。可是，螳螂捕蝉，黄雀在后，一位思想更为犀利的人物很快出现，将墨家和名家的这些名实之辩统统归于谬论。

荀子：人性本恶

这位牛人名叫荀况，世称荀子。

荀况是赵国人，大约生于公元前300年前后，自幼学习儒术，五十多岁来到齐国的稷下学宫讲学。

当时是齐襄王当政，历史悠久的稷下学宫，在经历过齐闵王时代的低谷之后，一定程度上又恢复了往日的热闹。学宫中的著名人物，有善于谈天说地的邹衍、文采斐然的邹奭、油嘴滑舌的淳于髡，时称“谈天衍，雕龙奭，炙毂过髡”。齐襄王还恢复了齐宣王时期制定的政策，给予学者们一定的官爵待遇，让他们养尊处优，好潜心研究学问。

荀况到来之前，稷下学宫中年纪最大的学者名叫田骈，以讲授黄老之术而闻名。

所谓黄老之术，是道家学问的一个分支，尊黄帝和老子为先祖，将道家思想与法家思想结合，兼采儒家、阴阳家、墨家等诸家学问，主张通过法治来实现社会的和谐。

众所周知，道家原本是出世的，老子和庄子都不问世事，也不愿意出来做官。《战国策》记载，田骈亦以不屑于仕而自居，于是有人找到他说：“先生品德高尚，不愿意做官，我十分佩服，想到您门下当个仆人。”田骈很高兴，问：“你是怎么知道的？”那人说：“我是听邻居的女儿说的。她自小发誓不嫁人，现在快三十岁了，确实没有出嫁，可是已经生了七个孩子。先生不愿意做官，可是待遇很高，家里的奴仆就有一百多人，我也想成为他们当中的一员。”

由此不难看出，在稷下学宫当老师，日子过得还真是蛮惬意。荀况来到稷下学宫的时候，田骈已经去世，荀况作为学宫中年龄最大的学者，很快以其渊博的知识和雄辩的口才赢得了学子们的尊重，先后三次担任祭酒（学宫的祭祀官，非德高望重者不能担任）。

和当时大部分思想家一样，荀况也对公孙龙的“白马非马”产生了兴趣，并由此引发了他对名实之辩的思考。荀况的理论基础来自于孔丘的正名学说，也就是本书前面多次说到过的“君君，臣臣，父父，子子”。

所谓正名，是要使得名与实相符，即君父要符合君父的规范，臣子要遵循臣子的准则。不难看出，这是一个政治伦理问题，但是到了荀况手里，便将正名作为语言逻辑学的一个命题提出来，用来对付名家和墨家的理论了。

荀况这样说道：“‘名’是用来指称‘实’的，上明贵贱，下辨同异。”意思是，名的作用对上是伦理的，对下是逻辑的。他认为，世间万物数不胜数，不能一一列举，所以统称为“物”，这就是“大共名”。大共名之下，还有小共名，如果要列举一部分事物，那就要用到“别名”，比如鸟兽就是一个比较大的别名。大别名之下还有小别名，小别名下还有更小的别名，直到不能再分为止。

荀况还认识到，一切名都是人造的，至于为什么要用这个名而不是用别的名，其实并无道理可讲。比如说，狗这种动物，如果当初不叫它狗，而叫它猫，那也没有任何问题。当然，如果一个名已经约定俗成地用于某一种事物，那就很难更改了，所以狗是狗，猫是猫，不能混淆。

以上述理论为基础，荀况对名家和墨家进行了批判。他指出，公孙龙之流的“白马非马”命题，实际上是用名称来扰乱事物，只要追本溯源，验证一下人们对名称的共同约定，把白马和马这两种别名的概念厘清，就没有什么好迷惑的了。至于杀盗贼并不是杀人，不过是用名称来扰乱名称，那就要分析一下为什么要有这种名称的原因，然后观察一下在现实生活中，哪一种道理行得通，问题也就解决了。

荀况还借题发挥说，之所以出现这些混乱，是由于当今天下没有“圣王”，人心无所维系。如果有了圣王，他就会用政治权威统一思想，引导人们走向正道，那就没有争辩的必要了。这自然是在贩卖他的儒家学说，但是不可否认，这也代表了生活在那个动荡不安的年代的人们对于结束战乱的渴望。

先秦儒家的三位重量级人物，前面已经介绍过两位，即孔丘和孟轲，荀况是第三位。

有意思的是，虽然同为儒家，荀况的思想几乎和孟轲针锋相对——孟轲最有名的观点是“性善论”，认为人性本善，只要加以充分发挥，就会形成仁、义、礼、智四端；而荀况则持“性恶论”，认为人的天性就是恶，必须依靠智慧和后天的学习，才能使人向善。

由此引发了一个问题：既然人性本恶，那么为什么还要宣扬道德呢？循着本性生活难道有什么可以指责的吗？

荀况从两方面解答。首先他指出，人们要生活得更好，必须合作互助，形成社会组织。有了社会组织，必须要有行为准则，也就是所谓的“礼”。

荀况认识到，人是有欲望的。如果甲之所欲和乙之所欲不是同一物——比如说，有人喜欢征服别人，有人喜欢被征服——那就没有问题，可以和谐相处。或者说，人人所欲都不是稀缺之物，可以像空气一样自由呼吸，不用争夺，那也没有问题。又或者说人们可以孤立生活，互不相干，问题也会简单很多。可是世界并非如此，人们必须在同一片天空下生活，为了在一起生活而不用每天争斗，那就必须对自己的欲望进行约束。礼的功能就是确定这种约束。有了外在的礼，才会有内在的道德，这是从功利的角度来解释人为什么要向善。

荀况还从另一个角度，也就是非功利的角度来论证善的必要性。他认为，人之所以为人，不是因为能够直立行走而且无毛，而是因为“有辨”。禽兽虽然有父子却没有父子之情，畜生虽然有雄雌却没有男女之别，就是因为无辨。

换句话说，动物有父子，有雄雌，这是自然。至于父子之情、男女之别，则是社会关系，是文明的体现。

后世有人这样认为，孟轲的性善论，代表了先秦儒家思想的左翼；荀况的性恶论，代表了先秦儒家思想的右翼。这种说法当然有些牵强，却形象地说明了二者之间的对立。事实上，荀况对于孟轲，是极其看不起的。

他曾经这样写道：“粗略地效法先王却不了解他们的纲领，一副志大才高、见多识广的样子，照搬古代的旧闻编造出新的学说，非常邪僻而不合礼法，晦涩而无法言说，闭塞而难以理解，却毫不脸红地说：‘这才是古代圣人的言论啊！’——这就是孟轲之流倡导的学问，世间那些愚昧的儒生跟着起哄，浑然不知他们的错误。”

性善论和性恶论的理论分歧不言而喻，在实践上又会产生何种区别？这也许是大多数人关心的问题。

简单地说，性善论往往导致人治，因为它将社会稳定的希望寄托在个人特别是领导者的品德上；性恶论一般导致法治，因为它认为人性一定要受到约束才有可能向善转变，国家要安定，社会要和谐，关键是人人守法，而不是期望出现什么包青天、康熙大帝这样的贤臣圣帝。

不难看出，荀况的学术主张，实际上已经滑向了法家。那个年代，实行法治最彻底的国家就是秦国。从《荀子》的记载中可以得知，荀况去过秦国，而且会见过秦昭王和范雎，就秦国的内政外交发表了自己的意见。

荀况认为，秦国已经十分强大了，地理位置优越，百姓驯良，风俗简朴，下层官吏办事勤恳，上层官僚奉公守法，这都是由于推行了法治。但是秦国还有前进的余地。荀况理想中的政治首先是“王道”，其次是“霸道”。按照霸道的标准来说，秦国已经登峰造极，无可挑剔，但是离王道还有一定的距离。他劝秦国的当权者，武力的威力是有限的，使用武力一定要有节制，要回过头来重视文德，只有文治武功相结合，才能达到王道的理想境界。

在这里，荀况和孟轲的分歧又体现出来了。

孟轲也讲王道与霸道，他认为王道和霸道是完全对立的。荀况则认为，王道和霸道是一类东西，只不过王道比霸道更高一点、更彻底一点而已。

这种分歧也表现在他们对于齐桓公的评价上。

孟轲对于齐桓公是很轻视的，曾经说过这样的话：“仲尼的门人不提齐桓、晋文之事。为什么？因为齐桓公和晋文公都推行霸道，崇尚武力，和孔丘的政治主张格格不入。”

荀况则认为，齐桓公有天下大节。齐桓公任用管仲，大胆改革时弊，增强国家实力，提升军队素质，然后尊王攘夷，称霸难道不应该吗？

那么，从霸道到王道，需要如何完善呢？荀况指出，就是要“修礼”，包括文化、道德、意识形态等多方面齐头并进，达到“服人之心”的目的。可以这样说，霸道就是以力服人，王道就是以德服人。在荀况的思想里，以力服人是必要的手段，以德服人则是更高的追求。

荀况在齐国生活了很多年，后来由于有人在齐王面前说他的坏话，便离开齐国去了楚国。春申君对荀况很佩服，让他做了兰陵（今山东兰陵）县令，从此荀况便在兰陵定居下来，在那里开馆授徒，传播自己的学问。

荀况的弟子中，最有名的两位是李斯和韩非，这也是战国末期两个重量级的人物。关于他们的故事，本书很快会讲到。另外还有几位虽然不如李、韩二人出名，但也不是寻常之辈。

其中有一位张苍，师从荀况学习《左传》，秦国统一天下后，曾经担任秦朝御史，后来跟随刘邦打天下，汉文帝时期官至丞相。张苍的学生贾谊，是汉初著名文学家。

还有一位浮丘伯，是战国与秦汉之交有名的教育家，他的学生中有一位刘交，是刘邦的弟弟，在楚汉战争中立下过赫赫战功，汉朝建立后被封为楚王。

第八章

吕不韦的生意经：做买卖赚到了当世第一强国

落魄王孙嬴异人

公元前251年，在位五十六年的秦昭王去世了。

回顾秦国的历史，秦孝公变法图强，奠定了秦国强大的基础；秦惠王文韬武略，高歌东进，成功地将秦国的势力扩展到关外；秦昭王远交近攻，打断了山东六国的脊梁，使秦国统一天下的局面变得不可逆转。可以这样说，无论是谁来接替秦昭王的位置，秦国最终都要一统江山，这是毫不含糊的。

秦昭王在位的时候，曾经立自己的长子为大子。无奈此人福薄，于公元前267年先秦昭王而去，竟没在历史上留下一个名字，仅以“悼大子”称之。公元前265年，秦昭王又立悼大子之弟安国君嬴柱为大子。

前面说到，公元前273年华阳之战后，秦国对赵国采取拉拢策略，双方互派人质。秦国派出的人质即嬴柱之子异人。

嬴柱有二十多个儿子，异人在兄弟中年龄居中。异人的母亲夏姬，不受嬴柱宠爱，因此异人也不受待见，平时承欢膝下没有他的份，遇到要派人质的差使，便被嬴柱挑选出来，以王孙的身份送到了邯郸。

从那时候开始，异人便仿佛与这个显赫的家族断绝了联系。

秦国方面，每年分两次给他送来一些微薄的津贴和少许物资，而且只是例行公事。负责押运的小吏彬彬有礼地给他磕头，请他在清单上签字，然后转身离去。态度之冷淡，以至于他想问一两句国内的情况都觉得难以启齿。

赵国方面，由于不断遭到秦国的进攻，对异人的态度也越来越恶劣。特别是长平之战后，赵国上下都弥漫着一种仇恨秦国的情绪，异人的日子就过得更艰难了。

总而言之，异人在赵国的境遇只能用“落魄”来形容。

据说他出门的时候，连辆像样的马车都没有，只能乘坐牛车。一个又老又驼又聋又哑的仆人拿着鞭子，为他赶着牛车，在商贾云集的邯郸大街上慢吞吞行走，谁也想不到车上坐的竟然是秦国王孙。

异人的穿着，不用说，也是相当的朴素，和平民百姓无异，除了腰间还挂着一支能够象征贵族身份的宝剑。

由于长期在赵国生活，他已经讲得一口流利的邯郸话，坐在车上和摆地摊卖水果的人讨价还价，居然能够不吃亏，偶尔还能占点小便宜。

有时候他下车来走几步，那也是正宗的邯郸步，比土生土长的邯郸人有过之而无不及。

如果不是遇到那个名叫吕不韦的商人，他的人生或许就将这样暗淡下去，后人甚至不会得知有这么一个人，曾经在这个世界上生存过。

吕不韦的买卖

吕不韦是卫国人，自幼随父亲经商，积累了不少财富。

那个年代，商人地位低下，在士、农、工、商四大阶层中居于末位，钱赚得再多，也得不到社会的尊重。当然，如果是一般人，白天在外面受了憋屈，晚上回到家里搂着几个妻妾乐一乐，把几个奴仆叫来训斥几句，心理也就平衡了。问题是，吕不韦不是一般人，精神胜利法对他几乎不起作用。这主要是因为他读过几本书，知道一些人世间的大道理，不甘于被命运摆布，总想着有一天能够出人头地，而不是躲在家里偷偷地找乐子。

有一次在邯郸做生意的时候，他遇到了异人。这位落魄的王孙立刻引起了他的注意。当他从朋友那里得知异人的身份后，便站在商人的角度，产生了一个大胆的想法。

"此奇货可居也！"

吕不韦的意思是，异人是一颗蒙尘的珍珠，只要打磨干净，好好包装一下，必定能卖个大价钱。至于利润究竟有多大，他心里还是没底，于是回去问自己的父亲："耕田卖粮，能够获利几倍？"

老头子白了他一眼："你做了那么多年生意，连这点常识都没有吗？"

吕不韦说："您说嘛！"

老头子说："年成好的话，十倍的利润总是有的。"

吕不韦又问："那经营珠宝能够获利几倍呢？"

老头子说："百倍……我说你这浑小子，做了几十年生意，敢情都不算账的？”

吕不韦没有回答，又问道：“那如果帮助人家当上一国之君呢？”

老头子愣了一下，说：“那是没法计算的，无数倍吧！”

吕不韦听了，敲着自己的脑袋喃喃自语道：“我知道该怎么做了。”

他主动接近异人，不久便邀请其到家里来做客。

对于异人这种身份的人来说，接受一位商人的邀请自然不太合适。但是他落魄久了，早将那种等级观念抛到一边，想着可以饱食一顿大餐，便欣然应允。

三五杯酒下肚，吕不韦拍拍手掌，屏风后音乐响起，只见一位绝色女子袅袅娜娜走出来，和着音乐跳了一段欢快的胡人舞蹈。

赵国地处河北，与胡人的居住之地交界。赵武灵王开风气之先，实施了历史上著名的胡服骑射，要求赵国人都改穿胡服，学习骑射之术。自此，胡、赵风俗融合，赵地女子兼有中原的温雅和胡地的豪放。而眼前的这一位，更是风情万种，轻而易举便点燃了异人心中的热情。

或许，异人落魄太久了，府上不但没有一辆像样的马车，也没有一个像样的女人。总之，自从见到吕不韦家里的那位舞女，他一连几天都魂不守舍。再见到吕不韦时，异人便主动提出：“把她让给我吧！”

原以为吕不韦会很生气，没想到对方很爽快地说：“好。”而且倒贴了一大笔嫁妆，将那个后来在史书上被称为“赵姬”的女人送到了异人府上。

异人知道，吕不韦是个商人。商人做什么事情，都是要讲回报的，但是他究竟有什么地方值得吕不韦投资呢？虽然他是秦国的王孙，可自打出生开始，他的行情就不太好。被送到赵国做人质之后，更是雪上加霜，而且丝毫没有向好的迹象。

有一天他委婉地对吕不韦说：“吕兄，您的大恩，我可真是不知道该如何报答。”

吕不韦赶紧说：“瞧您说的！我不就是请您吃了几顿饭，给您送了个女人吗？”

异人不好再说下去。过了一阵子，吕不韦却突然反问道：“您说，如果我能够让您回到秦国去，您会怎么报答我？”

异人觉得很惭愧：“即便我回到秦国，也是无法报答您的。”

异人的意思是，就算回国，他也不过是个不受待见的王室子弟，不可能有什么成就。

吕不韦笑了：“如果我让您当上秦王呢？”

异人说：“那我就给您一半秦国的土地。”

很显然，异人觉得吕不韦在开玩笑，因此也用一句玩笑话来回答。吕不韦却一本正经地说：“一言为定。”

此后的数年中，异人亲眼目睹了这位商人无与伦比的经营能力。

吕不韦拿出一千两黄金作为资本金，一半给了异人，让他装点门面，广交朋友；一半由吕不韦本人拿去秦国公关。

那时候，异人的父亲嬴柱刚被秦昭王立为太子。嬴柱的正室华阳夫人原本是楚国人，深受夫君宠爱，然而一直未曾生育。

吕不韦来到咸阳，先是找到华阳夫人的弟弟阳泉君，通过阳泉君引见，以异人使者的身份见到了华阳夫人。

吕不韦向华阳夫人献上许多赵国的特产。这些礼物，虽然谈不上十分名贵，但也价值不菲，最重要的是可以看出送礼人的煞费苦心。

毫无疑问，这些东西都是以异人的名义送给华阳夫人的。

“王孙在赵国，无一日不念叨您的恩情。”吕不韦这样对华阳夫人说，言辞十分恳切，看不出半点捏造的痕迹。

几个月后，吕不韦再度来到咸阳，同样是向华阳夫人送上一大批礼物，外加异人亲笔写的一封嘘寒问暖的信。

当他第三次来到咸阳，华阳夫人基本已经相信，在遥远的邯郸，有那么一位不是自己亲生的儿子，对自己怀着深深的眷恋，无时无刻不在想念着她。突然间，她身体里的母性被激活了。异人前往赵国的时候，还只是一个少年，她仅仅见过几面。“现在，他应该已经是位风度翩翩的青年了吧？”“是的，王孙举止从容，辞令诙谐，在任何社交场合都是最引人注目的一位。”“他长得像他父亲吗？”“像的。”吕不韦肯定地回答。“他娶妻生子了吗？”

吕不韦犹豫了一下，很快掩饰过去：“是的，王孙去年娶了一位赵国姑娘，他们生了一个儿子，取名赵政。”

前面已经介绍过，春秋战国时期，姓和氏是两码事。异人的儿子自然是嬴姓，由于在赵国出生，便为赵氏，因此可以称为赵政，当然也可以称为嬴政。

吕不韦告辞之后，陪同来访的阳泉君留了下来。

阳泉君对华阳夫人说：“姐姐不如将异人收为义子吧！”

这个提议有点突兀，因为从法律上讲，华阳夫人就是异人的母亲，这是毫不含糊的。既然是这种关系，又何必画蛇添足，收他为义子呢？

阳泉君解释道：“姐姐虽然贵为夫人，然而膝下无子，如果有朝一日色衰失宠（这是可以肯定的），有谁来照顾您呢？我看异人这小伙子不错，是个有情有义的真君子，如果大子即位为王之后，能够立异人为大子，他必定会像对待亲生母亲一样对待您，您的一生就有保障了。”

华阳夫人听了，连连点头。

阳泉君出来后，便将这个消息告诉了吕不韦。

从这一天开始，异人的行情突然高涨起来，吕不韦半眯着眼睛，几乎可以看到异人股份的红色箭头直冲云霄。

公元前259年，秦军攻赵，包围邯郸，史上著名的邯郸之战爆发。秦国的目的是一举消灭赵国，赵国当然也倾尽全力来抵抗，双方僵持不下，战争一拖就是两年。公元前257年，赵孝成王决定杀死异人。吕不韦得到消息，以重金收买赵国军士，偷偷将异人送回了秦国军营。

至于赵姬母子，则被安排在一位富户人家躲藏起来，也逃过了搜捕。

这一年，嬴政刚满两岁。

异人回到秦国，第一件事便是去见华阳夫人。

因为华阳夫人是楚国人，吕不韦特意为异人定做了一身楚国的衣服。这一招使得华阳夫人大为感动，当场便认异人做了义子，还给他改了一个名字，叫作嬴楚。

公元前251年秦昭王去世，嬴柱即位，也就是历史上的秦孝文王。

在华阳夫人的极力推荐下，嬴楚被立为大子。这时秦、赵两国关系已经有所缓和，秦国向赵国提出归还赵姬母子，赵国不敢拒绝，便派人将他们送到了咸阳。

秦孝文王即位的时候已经五十三岁，只当了不到一年国君便去世了。

吕不韦苦心经营的这单生意，终于到了收获的时刻。

信陵君：实至名归的战国英雄

公元前249年，大子嬴楚即位为君，也就是历史上的秦庄襄王。

华阳夫人被尊为华阳太后，秦庄襄王的生母夏姬则被尊为夏太后。

吕不韦被任命为相国，封文信侯，食邑十万户，成为一人之下、万人之上的炙手可热的人物。

令所有人感到惊奇的是，这位在三晋地方做了几十年生意的卫国商人，对于改行搞政治似乎驾轻就熟。他一上台，便毫不手软地发动对外兼并战争，先是将建都于巩的小国东周灭掉，接着又派大将蒙骜攻韩，连下成皋、荥阳数城，连同原先西周和东周的故土，合并建立了三川郡。

这样一来，魏国的首都大梁便处于秦军的直接威胁之下。

公元前248年，赵、魏两国联合攻燕。燕国派使者入秦，将河间十城献给吕不韦作为封邑，于是秦国发兵攻赵。在蒙骜的率领下，秦军势如破竹，连取榆次、新城、狼孟等三十七城。

同年，秦又伐魏，攻取高都（今山西省晋城）和汲（今河南省汲县）。

公元前247年，秦将王龁率军攻打韩国，再度占领上党，在那里设立了太原郡。

同年，蒙骜攻魏，直逼大梁。

面对秦军咄咄逼人的攻势，魏国的将军们束手无策。魏安僖王惊慌之余，想到了客居在赵国的信陵君。他派人给信陵君送去一封情真意切的信，恳请信陵君回国主持抗秦大局。

这时候，信陵君已经在赵国生活了十年。看完魏安僖王的来信，他面无表情地扔到一边，没有作任何答复。

魏国的战局，他一直是关注的，而且也愿意拿起武器为魏国而战斗。可是他很担心，自己当年为了救援赵国，盗虎符，杀晋鄙，极大地触怒了魏安僖王，如今这样回去，魏安僖王会不会秋后算账呢?

以他对魏安僖王的了解，这种可能性很大。

为了防止门客们劝谏，他下了一道命令：谁要是敢再为魏王派来的使者通报，我就处死他!

这道命令其实有点多余。因为他的门客大部分是跟着他背叛魏国到赵国来的，也怕回去受到惩罚，在这件事情上都保持了沉默。

只有那两位喜欢在声色场所出没的毛先生和薛先生站出来说：“您之所以在赵国受到尊重，而且能够名扬诸侯，就是因为有魏国存在。如今秦国攻打魏国，形势已经十分危急，您却在这里瞻前顾后，犹豫不决。万一要是秦军攻破了大梁，铲平了魏国的宗庙，您又有何面目立于天地之间呢？”

话未说完，信陵君已经脸色大变，吩咐手下赶紧收拾车马起程回国。

那个时候中国人的精神世界中，被人扒了祖坟，毁了宗庙，比天塌下来还严重。在这件事面前，什么个人恩怨，什么明哲保身，统统不值一提。

信陵君回到魏国，受到魏安僖王的热烈欢迎。兄弟俩见面，什么话都没说，先拥抱着哭了一通，算是把过去的事做了一个了断。在场的人见了，无不掩面拭泪，心里都在想：毕竟是兄弟啊！

魏安僖王当场将大将军的大印授给信陵君，让他统帅全国军队。

信陵君的回归，无疑大大提高了魏国军民的士气，也使得“国际”上那些本来处于观望状态的势力发生了改变。楚考烈王听从了春申君黄歇的建议，决定组织合纵联盟，联合天下诸侯共同抗击秦国入侵。赵孝成王也接受了宠臣建信君的建议，积极谋划与楚、魏合纵抗秦。于是，以楚、赵、魏三国为主体，再加上燕国和齐国，组成了新的合纵联盟。楚考烈王担任合纵长（盟主）；春申君负责联络诸侯，协调关系；信陵君则被公推为盟军统帅，带领五国联军向蒙骜率领的秦军发动反攻。

双方在河外地区展开大战。联军不但在人数上超过秦军，在士气上也显然比秦军旺盛，再加上信陵君指挥有方，很快攻破秦军防线，打得蒙骜弃甲而逃。

联军乘胜追至函谷关下，蒙骜闭关不出。太原郡的三晋遗民趁机起事，赶走秦国官吏，与信陵君遥相呼应。

回想起来，这也是战国时期函谷关第三次遭受到联军的攻击。第一次是公元前318年公孙衍组织五国伐秦，秦军出关迎击，大破联军；第二次是公元前298年孟尝君发动齐、魏、韩三国伐秦，驻军于函谷关下两年，后挥师入关，迫使秦国割地求和；这一次，信陵君又将自己的旗帜插到了函谷关下，虽然没有能够攻克这座雄关，但也让秦国人心惊胆战，信陵君因此威震天下，被世人誉为“军神”。

当时各国谋士纷纷跑来向信陵君进献自己写的兵法，信陵君一一指点，并令门客进行整理，编撰了一本《魏公子兵法》。可惜的是，这本书未能流传于世，后人只能凭空想象。

秦国方面，不消说，将信陵君当成了眼中钉、肉中刺。

信陵君的可怕之处，不只在于用兵如神，还在于他有很强的人格魅力。魏国人对他奉若神明自不待言，天下诸侯本来有如一盘散沙，只要他振臂一呼，便可抛除异见，团结一致对付秦国。信陵君的声名之旺，委实比当年孟尝君有过之而无不及。

但是，信陵君的这种人格魅力，也是他的致命伤，尤其是当他的对手不是别人，而是善于洞察人情世故的吕不韦的时候。

前商人吕不韦有这样一种信念：“自从世界上有了钱，就没有摆不平的事。”他一面命令蒙骜严守函谷关，不得出关迎战，一面拿出一大笔黄金（他现在比原来阔多了，一出手就是万两以上），让人带着去魏国活动。

这笔黄金，当然不是去收买信陵君，这是吕不韦想都不敢想的。他派出的间谍潜入魏国后，很快和晋鄙的门客，也就是魏国唯一对信陵君持仇视态度的小团体接上了头。

不久之后，一些令人不安的消息便传到了魏安僖王的耳朵里。

“公子（指信陵君）在外流亡了十年，如今军权在握，各国将领也听从他指挥。天下诸侯，只知有公子，不知有魏王。”

“公子早有不臣之心，之所以同意回国抗战，是想抓住这个机会自立为王。天下诸侯害怕公子的威势，也准备一起拥立他。”

“据说，连秦王都派了密使到公子军中，向公子表达了和解之意。只要公子称王，秦国便愿意与魏国和平共处，共治天下。”

魏安僖王从骨子里说，对信陵君是不信任的。这种不信任基于两个方面：一是他本人的庸碌无能，二是信陵君的德才兼备。原来大敌当前的时候，他或许曾经为兄弟重逢流过两行眼泪；现在形势好转，联军直逼函谷，他便难免又起了嫉妒之心，对那些道听途说的消息便变得敏感起来。

就在这些谣言传播之际，秦国派使臣来到魏国，见到魏安僖王，便摆出一副吃惊的样子，随便敷衍几句了事。回到宾馆，才偷偷摸摸向魏国的工作人员打听：“咦，贵国不是已经立信陵君为王了吗？怎么还是他呀！”

工作人员自然把这些话都向魏安僖王作了汇报。魏安僖王再也沉不住气了，不由分说，派人到前线宣布免除信陵君的大将军之职，改派他人接替。

信陵君接到命令，长叹一声。他知道，这一次被褫夺兵权，意味着他再也没有出头之日了。

回到大梁之后，他就称病不朝，躲在家里日夜与门客饮酒作乐，沉溺于醇酒妇人之中。这样胡天胡地过了四年，最终竟因酗酒而死。

至于围攻函谷关的多国部队，自从信陵君被撤换，也就失去了主心骨。没过多久，就各自撤军回国了。蒙骜出关追击，迅速扑灭了太原郡的三晋遗民起义，重新将太原郡置于秦国的控制之下。

特别值得一提的是，正当联军和秦军在函谷关相持不下的时候，在魏国沛县，本书前面提到过的那户姓刘的人家诞生了一个男婴，取名刘邦。

那个年代，信陵君的故事在天下广为流传，刘邦便是听着这些故事长大的。当了皇帝后，每次经过大梁城，他都要亲自祭祀信陵君。由于寻找不到信陵君的子孙后代，刘邦还专门指派了五户人家负责为信陵君守坟，让他们世世代代一年四季按时祭祀信陵君。由此可见信陵君对刘邦的影响有多深。

司马迁写战国四君子，对其他三人多有微词，唯独对信陵君赞不绝口，说他“名冠诸侯，不虚耳”，是那个年代一个实至名归的真英雄。

吕不韦和赵姬的故事

秦国王室显然流年不利。继秦孝文王只做了一年国君便去世后，公元前247年，在位仅三年的秦庄襄王也去世了，继承王位的是年仅十二岁的嬴政。

十二岁的孩子，自然不懂得如何治理国政，只能依靠相国吕不韦替他打理一切，并且尊称其为“仲父”。

仲父，从字面上解读，就是叔父。当年齐桓公为了尊重管仲，也曾称之为仲父。因此，嬴政称吕不韦为仲父，也无可厚非，毕竟，秦庄襄王和他之所以能够先后坐到这个位置上，全拜吕不韦所赐。

而且，通过这三年的工作，吕不韦已经完全在秦国站稳了脚跟。换句话说，就算没有扶立秦庄襄王之功，吕不韦也是一位合格的相国，比之当年的商鞅、张仪、范雎，丝毫不逊色。他这个“仲父”的称号，既是嬴政给的，也是秦国全体文武大臣心悦诚服给他的。

唯一让人感到有点不对劲的地方，就在于他和嬴政相处得实在是太好了，好到君臣二人在任何场合出现都毫无违和感，让人觉得吕不韦不是仲父，而就是嬴政的父亲。如果再加上太后赵姬到场，场面就更加温馨，简直是吉祥三宝了。

原来嬴政和吕不韦长得还真有几分相似之处。那方方的脸形，浓密的眉毛，生气时横眼看人的眼神……如果是不认识的人，将他们看成两父子也毫不奇怪。

如果考虑到太后原本是吕不韦家的歌妓，而且转送给异人之后不久便怀孕生子，少数别有用心的人难免私下议论："大王该不会是相国的儿子吧？"

事情如果真是这样，吕不韦就不只是给秦庄襄王戴了一顶绿帽子，而是鸠占鹊巢，李代桃僵，终结了自传说中的非子（秦人先祖）以来嬴氏家族对秦国的六百多年的统治。

时至今日，后人也无从考证吕不韦与嬴政的真正关系，他们或许是父子（这是最富有戏剧性的，也是老百姓最愿意相信的），或许仅仅是君臣。但可以肯定的是，自从秦庄襄王去世，吕不韦和太后之间，就存在着某种说不清道不明的联系。

太后毕竟是个女人，而且是个精力旺盛的年轻女人，自有她的风情。而吕不韦呢？不知是否出于对自己权力的自信，他不太避讳自己与太后的私情。

一开始，吕不韦挺享受这种"黑心宰相卧龙床"的乐趣，隔三岔五往宫里跑，跟太后研究国家大事到半夜，甚至通宵达旦不亦乐乎。可是时间一长，问题就来了。太后青春年少，正是如狼似虎年龄，而吕不韦呢，据后人考证，应该出生于公元前290年前后，至此已经是年过半百，就算成天喝鹿血服虎鞭，也不可避免要走下坡路。

面对太后的娇躯和越来越炽热的情欲，看着铜镜中越来越深的眼袋和黑眼圈，吕不韦竟然产生了一种“有心杀贼，无力回天”的悲凉感。

他主动减少了去太后寝宫的次数。

这种变化立刻引起了太后的不满，她几乎是毫不矜持地派出自己亲信的宫女前往相府，命令吕不韦前来“相商要事”。

吕不韦不得不解释，国家大事繁忙，太多政务等着他亲自去处理，每天接见外交使团都要耗费他半天光阴，军队在前线打仗也要他拿主意，他已经严重分身乏术。再重要的事情，能不能等他稍微空闲点再去商量?

吕不韦说的全是实情。可是在心急如焚的太后看来，所谓国家大事，统统不过是男人另有新欢的借口。或者换一个角度说，她就是国家大事啊！难道还有比她更重要的事情吗?

太后一发飙，吕不韦就很紧张。这个女人一旦疯起来，什么事情都做得出，万一哪天说出“大王是相国的儿子”这样的话，他可就真是要吃不了兜着走了。

正当吕不韦为了太后的性欲问题头焦额烂之际，一个名叫嫪毐（lào ǎi）的男人进入了吕不韦的视野。

嫪毐原本是个穷苦人，以在咸阳街头游走卖艺为生。

既然卖艺为生，必定有自己的特长。这位仁兄的特长就是特别长，在《史记》中被称为“大阴人”，也就是生殖器特别巨大。

大到什么程度？大到可以“阴关桐轮而行”（以生殖器为轴，转动桐木车轮）。那是何等景象，读者自己去想象吧！

事实上，嫪毐卖艺的项目就是转车轮，每次表演都能获得满堂喝彩。那个年代民风淳朴，大伙儿对男女之事都不觉得神秘，大姑娘小嫂子看到嫪毐的表演，也不觉得脸红，反而指指点点，评头论足，高兴了便朝他扔两个铜钱，不高兴就羞他两句。总之，嫪毐凭着自己的特长，在咸阳城里混得还小有名气，以至于相国大人都听说到他的故事了。

一天傍晚，嫪毐收拾好卖艺用的车轮，正准备回自己投宿的客栈，突然有两名文官模样的人在路上拦住了他，将他带到了吕不韦的府上。

吕不韦正和宾客们共进晚餐。

嫪毐战战兢兢地走进那间巨大的会客厅，被安排到一个不起眼的角落坐下。

很快，有人给他端来一只香喷喷的羊腿和一坛老酒。

嫪毐偷偷看了一眼，只见吕不韦远远地坐在主位上，正和几位文武大员高谈阔论，相谈甚欢。也许是因为紧张，他们谈的什么内容，嫪毐一概充耳不闻，只听见一个名字被反复地提起。

“原来这就是相国文信侯啊！”

他还在发愣的时候，旁边有人低声喝了一句：“快吃！”他才赶紧抓起羊腿，狼吞虎咽起来。

过了一阵子，听到吕不韦说：“带来了吗？”

门客回答：“带来了。”

吕不韦说：“那就让他表演一下吧！”

嫪毐这才意识到，敢情相国大人也听说了他的大名，要看他转车轮啊！他不禁抖擞精神，加上又酒足饭饱，就在相府大厅的空地上卖力地表演起来。

毫无疑问，他这次表演比以往任何一次都更精彩，更让人瞠目结舌。在场的数百名客人看了，都忍不住爆发出阵阵喝彩，将晚宴的气氛推向了高潮。

这些客人中，包括太后宫中的两名宦官。他们虽然已经胯下无物，但是看到如此精彩的表演，也忘却了自己生理上的不足所带来的苦楚，高兴地拍起掌来。

吕不韦微微眯着眼睛，嘴角露出一丝不易察觉的微笑。他知道，这两名宦官回去后，一定会添油加醋地将今晚看到的节目讲给太后听。

只要把太后的胃口吊起来了，什么事情就都好办了。

宴会后，吕不韦命令将嫪毐留下来，在自己府上当了一名门客。

据《史记》记载，当时战国四公子风靡天下，吕不韦艳羡之余，认为以秦国之强，不应该在这件事上输给任何人，于是也礼贤下士，招致宾客，很快使自己的门客达到了三千人的规模。这些人有的饱读诗书，有的身怀绝技，三教九流，无所不包。但是，像嫪毐这样的民间艺人，还真是很罕见。

人们难免议论："相国的爱好广泛，求贤若渴，已经到了爱才如命的境界啊！"

不久，太后果然召见吕不韦，拐弯抹角地向他问及转车轮的艺人。

吕不韦便将当日的情形向太后绘声绘色地说了一遍，道："这位艺人现在还在老臣府上，太后如果想接见他，老臣可代为安排，送他进宫。"

太后脸刷地一下就红了，说道："这怎么可以？"

吕不韦说："太后是秦国的太后，连大王都要听您的，有什么不可以？"

太后说："我怕人家说闲话。"

吕不韦恍然大悟般"哦"了一声，说："老臣一时糊涂，没有想到这一层。他是个没名没分的布衣，贸然进宫觐见太后，确实不太合适。这样吧，老臣找个借口，将他问个腐罪，再送入宫中如何？"

所谓"腐罪"，就是当处宫刑之罪。也就是说，要把嫪毐阉割了再送进宫，这样自然没人能够说闲话了。

太后听了，“啊”了一声，便抿着嘴不说话。

吕不韦心里暗自发笑，故意等了老半天才说：“看来太后误会老臣的意思了。老臣只管判他腐刑，至于怎么执行，那还不是太后说了算？”

太后说：“咦？您这话是什么意思？”

吕不韦将嘴附到太后耳边，嘀嘀咕咕地小声说了一阵。太后听得脸一阵红一阵白，那不甚娇羞的样子，使得吕不韦不禁心旌神摇，差点把持不住。好不容易控制住自己把话说完，太后娇喘一声，柔若无骨地说道：“那就照相国的意思办呗。”

吕不韦赶紧说：“是。”心里暗自骂道，便宜嫪毐那小子了！

没过多久，嫪毐因为偷窃之罪，被吕不韦判了腐罪，送到宫中去执行。太后派人暗中赏赐了施刑官许多财宝，让他们假装给嫪毐施了刑，又给他拔了胡子、眉毛，使他看起来就像一个宦官，然后送到后宫去服侍太后。

从这时候开始，太后就不再缠着吕不韦了。嫪毐像一阵风般闯进她的生活，占据了她所有的时间、感情、身体。由于缺乏必要的避孕措施，她很快怀孕了。这当然不能让外人知道。她撒了个谎，说算命之士告诉她将有血光之灾，破解的办法是搬离咸阳，到外地躲避一段时间。自然没有人怀疑太后，于是她带着自己的随从，搬到故都雍城的离宫中去居住了。

太后在雍城生了一个儿子，后来又生了一个，全是嫪毐的种。消息被严密封锁，只有太后身边最亲信的人知道这些事。当然，还有一个人也知道，那就是吕不韦。这个国家已经被牢牢地控制在吕不韦手上，如果没有吕不韦的保护，太后也无法保存自己的秘密。她和吕不韦之间，达成了这样一种默契，吕不韦支持她享受身为女人的乐趣，她则支持吕不韦享受身为男人的乐趣。

对于吕不韦来说，所谓男人的乐趣不只在于权力，还在于获得更大、更长久的名声。

《吕氏春秋》

吕不韦不是一般人。

当他还是小商人的时候，想着要做大商人；当他是大商人的时候，想着要当大官；当他已经是大官的时候，他便开始考虑身后之事了。

所谓身后之事，不是给子孙留多少财产——当然，如果嬴政是他儿子，这个问题就另当别论——而是在历史上书写重墨的一笔。

吕不韦最大的野心，是超越诸子百家的门户之见，编著一本“备天地万物古今之事”的百科全书，名字就叫《吕氏春秋》。

这在当时是前无来者的大事。之所以原来没人做，不是因为别人不如吕不韦读的书多，也不是因为别人不如吕不韦的见识广，而是因为别人的条件不如吕不韦好。

只有在秦国这种强大的国家，经济、政治、文化都发展到一定水平，再加上主事者具备掌握国家命脉的权力，有足够的人力和物力去从事这项工作的时候，才有可能动手编撰《吕氏春秋》这样的皇皇巨著。

吕不韦最初有编这本书的想法，主要是受到荀况的刺激。《史记》记载，当时诸侯多辩士，像荀况这样的人，著书立说，四海皆知。吕不韦认为，荀况不过是通一家之言，就能获得如此鼎盛的名声；而他手下门客三千，其中不乏饱学之士，为什么不能在“立言”这方面超过荀况呢？

从另外一个角度来说，秦国现在兵强马壮，吞灭天下只是迟早的事。吕不韦认识到："胜非其难者也，持之其难者也。"也就是后人常说的，打天下容易，坐天下难。打天下可以依靠武力，坐天下则需要更为强大的思想武器。当时诸子百家争鸣，你不服我，我不服你，相互攻讦，但同时也表现出一种融合的趋势。比如说，荀况的儒家学说，其实就融合了阴阳家、名家和法家的思想，因而能够风行一时，成为显学。吕不韦从中受到启发，对秦国自商鞅变法以来就奉为圭臬的法家思想进行了反思，认为应该博采众长，加以融会贯通，从而消除各家的纷争，建成一套统一的理论。因此，他命令门客"人人著所闻"，把自己知道的知识都写下来，再进行编辑和加工。

可以这样讲，吕不韦编著《吕氏春秋》，也是在为日后秦国统一天下进行理论准备，可谓是未雨绸缪。

按照吕不韦的构想，《吕氏春秋》全书分三个部分。

第一部分是"纪"。按春、夏、秋、冬四季分为十二纪，每纪包括五篇文章，总共六十篇。

第二部分是"览"。根据不同内容分为八览，每览八篇，总共六十四篇。

第三部分是"论"。根据不同内容分为六论，每论六篇，总共三十六篇。

全书总计一百六十篇，写成后共计二十余万字，在那个用竹简书写文字的年代，简直是一个天文数字。

在这部当时看来包罗万象的书中，编著者提到了自己对宇宙本原的认识。他们认为，世间万物的根本是一种极其精细的物质，也就是所谓的精气，又叫作太一，或者叫作道。正是由于这种精气的运动和结合，才产生了我们这个丰富多彩的世界。

不难想象，吕不韦和他的门客们都是不相信鬼神，也不承认天命的。这是“子不语怪力乱神”的儒家传统的延续，同时也是一种朴素的唯物主义思想的体现，以此为出发点，《吕氏春秋》用大幅篇章谈到了他们的政治主张。

吕不韦认为，治理国家的原则就是“法天地”，只能顺应天地自然的本性，才能达到天下大治的目标。

在此基础上，他们提出了“君道虚，臣道实”的理论。

天无形而化生万物，君主就应该如同天一样，养性保真，实现无为而治。这自然是道家思想的体现。可是君主为何要无为呢？因为君主也是普通人，也会受到外界的制约和影响，容易产生判断失误。要克服这种不足，就必须充分发挥臣民的才能，让他们各司其职。如果君主有所为，就会让臣民找到缺点，对他喜欢的事物阿谀奉承，对他讨厌的事物口诛笔伐，这样就很容易成为臣民的玩偶。因此，君主最重要的工作就是戴上面具默默观察，不要乱说话乱表态，不让臣民有任何机会钻他的空子。

换而言之，吕不韦心中的理想社会是这样：谁来当君主，一点也不重要，因为国家总会在既定的轨道上正常运行。这就有点类似于法家的思想了。

当然，君主也不是什么都不干的。为了无为而治，君主其实需要付出很多的努力。首先最根本的，为国之本，在于为身，要加强自身的修养，治其身，反诸己。这基本上是儒家“修身、齐家、治国、平天下”的翻版。其次是求贤用贤，君主的任务是用人，而不是做事。把人用好了，事情也就做好了。最后是“知百官之要”，要根据国家的实际情况设立不同的官职，使百官各司其职，齐心协力为君主服务。

吕不韦不失时机地提出，“乱莫大于无天子”。现在周王室已经灭亡，天子也不存在了，必须要有新的天子来稳定局势，结束大乱。他认为，天下人民过得越是水深火热，越是“王者”救民、创建新王朝的绝好机会。而“欲为天子，民之所走不可不察”，也就是要理解人民的意愿，顺势而为，用实际行动来获取民心。而他的《吕氏春秋》，就是为了“示民不可不异”，以便“王者”采用的。

这位“王者”自然就是当时的秦王嬴政。

从以上主张可以看出，吕不韦的政治主张，在很大程度上已经滑向儒家的“王道”之说，离秦国现行的法家政策大相径庭了。这种政治风向的变化，直接体现在对外战争的具体细节上。

上文提及，秦国自商鞅变法以来，一直按斩首的数量来计量军功，因此每次大战都会留下斩首多少万的记录，甚至出现了白起这样闻名遐迩的“人屠”。但是，自吕不韦上台以来，这种情况出了比较大的改变。

公元前249年，秦灭东周，蒙骜攻韩，设三川郡，没有斩首记录。

公元前248年，蒙骜攻赵，取三十七城，没有斩首记录。

公元前247年，王龁攻韩，占领上党，还是没有斩首记录。

《吕氏春秋》中，用了相当多的笔墨来谈论“义兵”。什么是义兵？就是要“诛暴君而振苦民”，因此在战争中要讲究对待敌军和俘虏的策略，要建立更广泛的统一战线。于是，吕不韦反对在战争中杀害俘虏，认为这是“无道与无义”的行为。

对外尚且如此，对内就更是讲究德治与仁政了。吕不韦主张统治者要爱护人民，适当减轻税赋，减少刑罚，争取民心。可以说，吕不韦统治时期，是秦国自进入战国以来少有的政策宽松时期。生活在咸阳的人们，感到了一丝久违的惬意与舒适。

除了吕不韦的政治主张，《吕氏春秋》中还有很多富含哲理的故事，至今仍然引人深思。

比如，有人从江边走过，看到一位父亲正准备把刚出生的婴儿扔到水里，便上前制止。那位父亲说：“没关系，我是这村里的游泳健将！”《吕氏春秋》由此感叹，难道父亲善于游泳，儿子就一定也善于游泳吗？用这样的态度来对待事物，是不是太荒谬了呢？

且先别笑这位父亲的无知，事隔两千多年，这种“老子英雄儿好汉”的逻辑，不照样大行其道吗？

还有一个故事说，楚国人打算渡河袭击宋国，预先派人测量了河水的深度，并且在水浅的地方做好标记。但是没想到，上游大雨，河水暴涨，楚国人还是按照原来的标记渡河，结果淹死者不计其数。这个故事告诉人们，世界在发展，时代在进步，你还抱着原来的老黄历不放，迟早是会摔跟头的。

据说，《吕氏春秋》完稿之后，吕不韦曾经将其悬挂在咸阳的城门上，请天下学子来挑毛病，说如果有谁能够改动一字，即赏千金。然而几个月过去，没有人能够提出任何修改意见，所谓“不能易一字”，说的就是这样的文章吧！

第九章

李斯的仓鼠哲学

秦修郑国渠：利在长远

公元前247年，秦庄襄王去世。

根据传统，先君去世的当年，仍然用先君年号。从次年的正月开始，才改用嗣君年号。

因此，嬴政正式即位为王，已经是公元前246年春季的事了。

那一年他十三岁，虽然只是个孩子，神情中却自有一股肃杀之气。

在他前十三年的人生岁月中，有九年是在赵国度过的。邯郸的冬天异常寒冷，造就了他坚忍的性格与冷峻的气质。仲父吕不韦的谆谆教诲，又让他学会了在众人面前隐藏自己的感情和想法。初看他的眼睛，是少年特有的清澈；再仔细看，则是深不见底的渊深。连吕不韦看见他，都感到一丝战栗。

“大王的眼神深不可测啊！”

吕不韦发出这样的感叹，心里既高兴又忐忑不安。

为了庆祝嬴政登基，天下各国都派来了使臣。其中韩国的使团中，有一位特别的成员，他的名字叫郑国，职业是水工。

所谓水工，不是送水的工人，也不是水管工，而是水利工程师。

郑国给吕不韦提了一个建议：“关中平原虽然经过这么多年的开发，但是单位粮食产量相比中原地区，一直处于比较低的水平，主要原因是雨水稀少，灌溉不到位。如果开凿一条水渠，将泾水引至栎阳，与洛水连通起来，则整个关中地区的农作物都可以得到灌溉，粮食产量将得到大幅度提高。”

郑国在一张布帛上画出了他的设想——水渠以仲山（今陕西省泾阳）为起点，引泾水向西到瓠口，利用西北微高、东南略低的地势，流经向东，经三原、富平等地，从大荔注入洛水，全长三百多里，可灌溉面积约为四万余顷。

吕不韦认真地听着郑国的介绍，心里想，这真是一个大胆的计划！但是，如果这个计划得到实施的话，对秦国的好处是显而易见的。

那个年代，农业增产或减产，主要取决于老天爷的脸色。而老天爷的脸色往往是不太好的，他不想下雨的时候，就算你求爷爷告奶奶，也得不到一滴水。好好的庄稼地，因为旱灾而颗粒无收，这样的悲剧过不了几年就上演一次，甚至是连年上演。如果挖一条人工水渠，将泾水和洛水连通起来，那两条河中间的广大地区，就可以获得充足的水源，即便是干旱之年，对农业生产也不会有大的影响了。

“根据下臣在韩国的经验，水渠修好之后，每亩地的年产量可以提高一钟（六石四斗）左右。”郑国说。

吕不韦卖过粮食，跟农民打过交道，知道郑国所言不虚。他在心里盘算，四百万亩土地，亩产增加一钟，总共就是四百万钟，这件事情大有可为！

于是，吕不韦将郑国留了下来，让他组织实施这一引泾入洛工程，也就是后人所称的郑国渠。

工程全面铺开，进行了一年之后，吕不韦才发现不对劲——相对当时的生产力而言，这项工程实在是太大了！就算秦国将所有的人力物力都投入进去，没有个三五年是完成不了的。而且那还只是主体工程。要想水渠完全发挥灌溉作用，还要继续修建大大小小的分渠，这又得花个三五年时间。

根据萨缪尔森的经济学原理，一国的经济总量和资源是有限的，加大生产黄油的投入，势必减少大炮的产出。秦国分派了大量的人力物力去修水渠，自然在短期内不能发动大规模对外战争。山东各国至少可以安生几年，特别是饱受秦军侵略之苦的韩国可以松一口气了。

很显然，这是韩国人的阴谋。

吕不韦十分生气，命人将郑国抓起来，准备以间谍之罪将他处以死刑。

郑国说："我确实是韩王派来的间谍，您要杀死我，我没有任何怨言。但我能不能说一句话？"

这个要求当然获得了批准。

郑国说："韩王因为害怕秦国进攻韩国，才想出这个计谋。可是，这项工程本身并没有任何问题，修好之后，对秦国的利益是长远的。我作为一个水工，不过是让韩国多存活了几年，却为秦国建立了泽被万世的功勋，您难道就不能等着水渠修好之后再杀我吗？"

吕不韦听了，犹豫不决。

一直在堂上不说话的嬴政却突然说了一句："寡人免你死罪，继续为寡人把水渠修好吧！”

此言一出，满堂皆惊。郑国赶紧下拜称谢。吕不韦也就顺水推舟，没有发表异议。

嬴政的表态，正好是吕不韦心里所想，二人可谓心意相通。然而，当吕不韦想到这个年仅十四岁的孩子就敢如此果断地自作主张时，心里的忧虑隐隐多于喜悦。

仓鼠哲学

郑国渠前后修了将近十年才彻底完工。修好之后，“关中为沃野，无凶年，秦以富强”，将秦国的综合实力提升到一个新的高度。而郑国最终也没被斩首，反而受到秦国的重用，一直在秦国的朝廷中为官，直至去世。

然而，因为郑国这件事，当时引起了轩然大波。秦国宗室的诸位大臣纷纷上书，说：“但凡外国人到秦国来谋求官职，多是诸侯派来的间谍，请将他们统统驱逐出境！”

这是典型的借题发挥。

秦国自秦穆公以来，就以广纳天下贤士而闻名。秦国之所以能够强大，也与那些外籍人士分不开。如果将为秦国作出过突出贡献的外国人名罗列起来，将是一份令人炫目的名单——百里奚、蹇叔、由余、公孙枝、商鞅、张仪、甘茂、范雎、蔡泽……当然，还有吕不韦。

问题也许就出在吕不韦身上。

自从这个卫国商人到了秦国，就以极其强势的手段将国家大权抓在自己手中，连当年权倾一时的商鞅、范雎都望尘莫及。他不但当了相国，还号称仲父；他不但控制了军政外交，还在编撰《吕氏春秋》，企图控制秦国人的头脑；他不但在各个重要岗位上安插自己的人员，还豢养食客三千，形成了只效忠于他一人的小团体；最为严重的，他不但和太后有一腿（这是众所周知的），还很有可能是大王的生父（这只是猜测）。这样一个人的存在，如何能让以守护社稷为己任的宗室大臣们不感到寝食难安？

所谓“外国人到秦国来谋求官职”，表面上是说郑国这样的外籍人士，暗中遥指的就是当朝相国吕不韦，大有逼宫之意。

他们预料吕不韦会有强烈的反攻，也做好了准备迎接一场暴风骤雨。

但是出乎所有人的意料，当嬴政就这件事征询吕不韦的意见的时候，吕不韦很平静地说道：“既然诸位宗亲都有此议，那就下一道逐客令，让那些在秦国为官的外国人都卷铺盖走人呗！”

然后又补充了一句：“老臣我不在被驱逐的范围之内吧？”

嬴政没有回答，在场的宗室大臣们赶紧将头低下，齐声说：“不敢！”

他们心想，就这样赶走吕不韦显然不太现实，可是如果能够清除他在朝中的党羽，下一步就好办了。这个结果应该说很不错，已经超出了他们的预期。

嬴政果然下了一道逐客令，命外籍官员在限定的时间内离开秦国，自谋出路。

被驱逐的人员当中，有一位客卿李斯。

李斯原本是楚国上蔡人，年少的时候，在上蔡担任了一名管理粮仓的小吏。

在后人看来，管粮仓是一项肥差。进粮的时候，秤上面做做手脚，一百斤粮食当作八十斤进仓，多出来的二十斤就可以带回家。纳粮的老百姓还得想方设法讨好你，否则的话，一百斤粮食就不是八十斤，而是六十斤了。平时再动动脑筋，时不时拿点官粮回家，一家老小吃喝都有着落。遇到朝廷派人来检查，一方面拿钱打点，一方面拆东墙补西墙，摆出一副粮食满仓的样子，也就蒙混过关了。碰到软硬不吃的也没关系，一把火烧掉几十座粮仓，推说是风干物燥，认个看管不力之罪，大不了撤职回家，前些年贪的钱粮也够安度余生了。

可是，在李斯所处的那个年代，此风还不至于如此盛行。作为一名小吏，他只能老老实实靠着一份工资养家糊口，日子过得紧巴巴的。一个月三十天，倒有二十天要在管理所全天候值班，不敢偷懒，生怕被上司看到丢了饭碗。

无聊的时候，李斯就给自己找点乐子——看老鼠。

人与人的不同之处在于，别人看老鼠就是老鼠，李斯看老鼠却发现了一种生存的哲学。

小吏宿舍和厕所里的老鼠，只能吃点残渣剩饭，个个骨瘦如柴。听到人的脚步声或是狗叫，就吓得魂不附体，赶紧缩到洞里躲起来。

可是粮仓里的老鼠呢，吃着白花花的粮食，上无风雨之忧，下无人犬之扰，个个肥肥壮壮，过得甭提多惬意了。

李斯由此得出一个结论：所谓人有贤能或是不肖，其实和老鼠差不多，就看他是处在什么环境中。

这句话乍一听，挺没志气的，可是仔细一想，又很有道理。否则的话，为什么有的小孩一出生就可以享受各种社会福利，在蓝天白云下过得无忧无虑；而有的小孩一出生就要挤破脑袋去学这个学那个，把好好的童年过得无比惊险呢？不就是因为所处的环境不同嘛。

李斯下定决心要做一只粮仓中的老鼠。

怀着这样的想法，他投奔于荀况门下，学习帝王之术。关于荀况的学问，前面已经介绍过，在此不再赘述。当时，荀况桃李遍天下，弟子成百上千，其中最得意的门生却不过两位。一位是李斯，另一位则是来自韩国的公室子弟，名叫韩非。

韩非自幼患有口吃，说起话来结结巴巴，但是写得一手好文章。论及学术水平，李斯自认为不如韩非。

所谓帝王之术，学成后自然是卖给帝王家。从荀况那里毕业之后，李斯考虑到楚国已经衰落，不值得他效忠，而其他各国也在走下坡路，只有秦国是他理想中的粮仓，便西入函谷关，来到咸阳，投奔到吕不韦门下。

这是公元前247年，秦庄襄王刚刚去世的时候发生的事。

吕不韦阅人无数，通过一下午的交谈，便认识到了李斯的价值，推荐他当了郎官。

所谓郎官，就是国君的侍从，一般由博学多才的青年才俊担任。这是一个级别不高，但是可以经常接触到国君的职务。

在众多郎官中，李斯很快脱颖而出，赢得了嬴政的青睐。他曾经对嬴政说过这样的话："但凡干大事业的人，应该因时而动。过去秦穆公虽然强大，却没有想过要吞并天下，这是因为周朝没有彻底衰落，还必须尊重周天子的权威。自从秦孝公以来，周王室越发卑微，诸侯混战不休，秦国趁势而起，一跃成为天下第一强国，凌驾于诸侯之上，已经有六世之久了。现在山东六国都屈服于秦国，如同郡县。以秦国之强，大王之贤，统一天下有如扫除灶上的灰尘一般容易。如果不抓住这么好的机会，坐等各国恢复元气，又合纵起来对付秦国，就算是黄帝再世，也拿他们没办法了！"

嬴政听了，深受鼓舞，不久就拜李斯为长史。而吕不韦也采用李斯的计谋，派出大量间谍前往各国，以重金收买各国的名士，使他们暗地里为秦国服务。对于那些不愿意被收买的，则“利剑刺之”。

又过了一段时间，嬴政又拜李斯为客卿，也就是享受卿的待遇，但仍以客礼待之。毫无疑问，吕不韦在其中起了关键的作用，他对李斯一直是关照有加的。

正当李斯春风得意的时候，一道逐客令打破了他的粮仓美梦。

一开始他感到很惊慌，就像小吏宿舍里的老鼠听到有人走近一般，将心都提到嗓子眼了。但是，在喝完三大碗白开水之后，他就完全冷静下来了。

这么重大的事情，吕不韦为什么会毫无表示呢？逆来顺受可不是他的性格啊！

目前在秦国当官的外国人，十有八九曾经在吕不韦府上当过门客，甚至参加过《吕氏春秋》的编写。将这些人统统赶走的话，吕不韦颜面何存？更重要的是，日后还怎么开展工作？

李斯决定到吕不韦府上去问个究竟。

吕不韦显然料到李斯会来。他像往常一样接待了李斯，耐心地听李斯把话说完，然后问了一个问题：“你打算怎么办？”

李斯愣了：“我还能怎么办？大王已经下了逐客令，我总不能赖着不走吧？”

吕不韦脸上露出一丝不耐烦的神色，但很快掩饰过去。他轻描淡写地说道：“你难道就没想过，写封信给大王说说道理？”

李斯更迷惑了：“这，有用吗？”

吕不韦说：“当然有用。你是荀老先生的高徒啊，写篇漂亮的文章，说说咱们这些外籍人士对秦国的贡献，让大王明白秦国的发展离不开咱们，岂不是小菜一碟？”

吕不韦迟疑了片刻，又说道：“你要相信，大王是个明白事理的人。”

李斯恍然大悟，告辞回家，用了一个通宵的时间，写了一封《谏逐客书》，于第二天上朝的时候交给了嬴政。

文章开门见山地写道：“下臣听说有人劝大王逐客，私下以为不妥。当年秦穆公招贤纳士，从西戎部落得到由余，从楚国得到百里奚，从宋国得到蹇叔，从晋国得到丕豹和公孙枝。这五位都不是秦国人，而秦穆公重用他们，吞并了二十个国家，称霸西戎。秦孝公用商鞅变法，移风易俗，民富国强，辟地千里，奠定了秦国强大的基础。秦惠王用张仪之计，击破六国合纵，迫使它们西面事秦，至今都有深远的影响。秦昭王得到范雎，废除穰侯，驱逐华阳君，削弱私人的政治势力，一切权力归于公室，成就了秦国的帝业。这四位先君之所以能够取得这么大的成就，就是因为大胆使用客卿，让天下的人才为秦国服务。而这些客卿也没有辜负秦国，如果没有他们，您认为秦国会有今天的富强吗？

“大王冠上挂的明珠，腰上佩的宝剑，出门骑乘的骏马，都不是秦国的产品，但是大王十分喜爱它们，这是为什么？如果非秦不用的话，很多好东西您就没机会享受了。现在您听了人家的谗言，不分青红皂白，无论曲直是非，非秦者去，为客者逐，这又说明什么？说明您喜爱器玩之物胜过尊重人才。

“下臣听说，地大物博，国大人多，兵强士勇。泰山不挑剔土壤，所以有那么高大；河海不拒绝细流，所以有那么渊深；王者不排斥外人，所以能够弘扬美好的品德。地不分东南西北，民不分中国异族，兼容并包，共同进退，这就是三皇五帝无敌于天下的根本原因。如今您却把宾客都拒之门外，让他们去为诸侯服务，使天下人才畏缩却步，不敢入秦，难道不是所谓的‘借兵给敌人，送粮给盗贼’吗？”

文章最后指出：“器物不产于秦国，而可宝贵者有很多；士人不产于秦国，而能够为秦国作贡献的也不少。现在您下令逐客，是自剪羽翼，损己利人。这样下去，秦国就危险了！”

李斯的这篇《谏逐客书》，洋洋洒洒七八百字，在当时已经是长文了。嬴政看完，出了一身冷汗，当即下了两道命令：一、收回逐客令；二、晋升李斯为廷尉。

廷尉是秦国的九卿之一，主管司法。这样一来，李斯因祸得福，正式成为了秦国政治中心的一员。

当年上蔡小吏宿舍中的老鼠，终于在天下最大的粮仓中找到了自己的一席之地。

最后一次反秦联盟

公元前246年郑国渠的动工，无疑让秦国放缓了对山东六国的进攻。让人无语的是，秦国的压力稍有减退，六国之间的内斗马上开始。

魏国动作最快，派兵攻占了韩国的管城（今河南省郑州）。管城在荥泽（亦在郑州，当时为一片湖泊）东南，如果秦军占领管城，则可以引荥泽之水灌大梁，所以魏国攻占管城，也是出于对自身安全的考虑。楚国则趁魏国进攻管城之机，出兵淮北，企图将原来宋国的土地抢到手。魏国发兵相抗，先后在商丘、上蔡和召陵与楚军发生大规模战争，最终将楚军击退。

到了公元前245年，秦国已经调整过来了。郑国渠的工程仍在继续，但是工期被延长，投入的人力和物力大大减少。秦国的战争机器再度发动，向魏国发动了进攻，攻占卷城（今河南省原阳），取得斩首三万的战绩。

同年，赵孝成王去世，大子赵偃即位，也就是历史上的赵悼襄王。

赵孝成王去世之前，重新起用老将廉颇攻魏，取繁城。赵悼襄王即位后，命令乐乘取代廉颇。廉颇这老家伙一冲动，公然抗命，把乐乘赶回了邯郸。当然，这么一来，廉颇在赵国也就待不下去了，只能出逃大梁，投降了魏国。

公元前244年，秦国继续东进，又攻取了韩国的十三城，以及魏国的畅和有诡两城。

公元前243年，赵悼襄王命大将李牧攻燕，取武遂、方城。同年，魏安僖王和信陵君相继去世，大子魏增即位，即历史上的魏景闵王。

公元前242年，燕国派剧辛率军反攻赵国，遭到赵将庞煖（nuǎn）的迎头痛击，剧辛战死。

同年，秦国以蒙骜为统帅，兵分两路进攻魏国，先后攻取了酸枣、燕、虚（均在今河南省延津境内）、桃人（今河南省长垣）等二十城。次年，蒙骜又攻占了魏国的朝歌，便在上述地区设立了东郡。

东郡建立后，秦国的领土便与齐国接壤了，对韩、魏两国都形成了三面包围之势。山东各国一下子又紧张起来，于是由赵国牵头，组织了战国历史上最后一次合纵，庞煖被任命为合纵联军的统帅。

关于庞煖，有必要说明一下，他其实也是一位老将，年龄甚至比廉颇还大。虽然史上没有记载他的确切出生年月，但是据后人根据史料推测，他应当出生于公元前320年前后。也就是说，当他带着赵、楚、魏、燕、韩五国联军进攻秦国的时候，已经是八十岁高龄了。

这位老伯常年修习黄老之术，身体倒也硬朗，带着数十万大军一路向西，很快就攻到了蕞地（今陕西省临潼）。但是联军的攻势也就至此为止了。等到秦国出兵反击，五国联军便忙不迭地后退，退回国内以求自保。庞煖也许觉得就这样空手而归未免丢人，又率领赵军进攻齐国，夺取了饶安（今河北省盐山）才班师回朝。

就在这一年，楚国为了避开秦国的威胁，将国都迁到了寿春，但仍旧称为郢都。

公元前240年，秦国向赵国发动报复性攻击，连取三城，并且攻占了魏国汲地。但是，赵军在庞煖的率领下，也给予了秦军重创。秦国的名将蒙骜，就是在这次战争中被赵军的箭矢射中身亡。

公元前239年，秦国以长安君成峤为将，进攻赵国的上党。成峤是嬴政的弟弟，还不到二十岁。他率军攻至屯留（今山西省屯留），遭到了赵军有力反击，进而不得，退则担心受到军法处置，干脆叛变投敌。

当时秦国人才济济，名将荟萃，为什么会派一位没有作战经验的年轻人担任大将，颇耐人寻味。最大胆的猜测来自于明朝的冯梦龙，他认为嬴政是吕不韦的私生子，成峤则是秦庄襄王的亲生儿子，秦国宗室大臣均亲近成峤而疏远嬴政，因而吕不韦视成峤为心腹大患，必欲除之而后快，便想出了这么一个借刀杀人之计。

不管吕不韦安的什么心，秦王嬴政本人对于成峤的遭遇，是持同情态度的。这一年嬴政二十岁，已经到了振翅欲飞的年龄，他与吕不韦之间的隔阂，或许从这时开始产生。

公元前238年，秦国又发动一系列攻势。秦军以东郡为基地，先是攻克魏国东部的垣、蒲（均在今河南省长垣境内）等城，继而向东攻取仁、平丘、小黄、济阳、甄城，接着攻到濮水，大大扩大了东郡的范围，从而“断齐、赵之腰，绝楚、魏之脊，天下五合六聚而不敢救也”。

至此，山东六国已经没有机会再发动合纵抗秦，只能画地为牢，各自为战，在秦军的铁蹄下自求多福了。

嬴政亲政

公元前238年，嬴政二十一岁，已经到了行冠礼的年龄。

所谓冠礼就是成年礼。按照周朝的礼制，男子到了二十岁，就该在宗庙中行冠礼，标志着他已经成年，可以谈婚论嫁、独当一面了。而对于在吕不韦的羽翼下长大的嬴政来说，行冠礼的意义尤其重大——从此以后，他就要亲理朝政，正式行使秦王的权力了。

秦国的宗庙在故都雍城，也就是太后赵姬和嫪毐同居的地方。

这些年来，嫪毐凭借着与太后的关系，不但得到了许多物质上的赏赐，仕途上也顺风顺水，以宦官的身份受封长信侯，家里的奴仆多达数千人，门客也有千余人，每天求他办事的人络绎不绝，权势直逼吕不韦。

这是吕不韦始料不及的。

当初，他为了摆脱太后的纠缠，让嫪毐当了自己的替身，压根没有想到这个女人会如此疯狂地爱上那个下流胚，更没有想到下流胚还会有政治野心，也知道豢养门客，培植势力，甚至不把他这个介绍人放在眼里。

“这可真是养虎为患啊！”

最让吕不韦郁闷的是，他还拿嫪毐没一点办法。如果换了其他政敌，早被他打压或消灭了。唯独这个嫪毐，牢牢地抓住了太后这张王牌，摆出一副无赖的架势，搞得吕不韦投鼠忌器，束手无策。

不仅如此，他还必须替太后和嫪毐这对野鸳鸯保守秘密，生怕别人知道太后有两个私生子。因为事情一旦败露，嫪毐必死无疑。太后当然不会死，但她会发疯，肯定会把吕不韦送嫪毐入宫的事说出来（也许还会说出更糟糕的事）。那样的话，吕不韦也就完蛋了。

于是出现了这样奇怪的状况：吕不韦千方百计维护嫪毐的“清白”，嫪毐反而肆无忌惮，随意夸耀自己与太后的关系。他甚至在喝醉了酒之后对人说：“我是大王的假父。”

假，就是替代。假父，也可以说是代理父亲。秦国风气开放，寡妇有些风流韵事也不是什么大不了的事，当年宣太后就是先例。可是，睡了太后是一回事，睡了之后还要说出来，辱及先君，那就不是一般的罪过了。

听者大惊失色，示意他别再说了。嫪毐却一个劲地说：“没事，没事！”又神秘兮兮地将人家拉过来，附在耳边说，“太后说了，等大王死后，就立咱们的孩子为王！”

这些大逆不道的话，嬴政在咸阳没有听到。可是，当他来到雍城，准备举行冠礼的时候，有人便向他告密：“长信侯嫪毐其实不是阉人，和太后通奸多年，已经生下两个小孩，准备接替大王的位置！”

嬴政将信将疑，马上派人进行调查。从某种意义上讲，这些事情早已经不是秘密，只不过瞒着嬴政一个人而已，所以很快知道告密者所言不虚。

震怒之余，他做了一个正确的决定——一面加强自己所住的蕲年宫的警卫，一面密令仍在咸阳的吕不韦火速带兵赶到雍城。

事实证明，这两手准备做得很及时。雍城到处是嫪毐的耳目，他已经觉察到嬴政知道了事情的真相。仓促之间，嫪毐下令武装自己的门客与奴仆，又假传太后旨意调动雍城的警卫部队，纠集数千人向蕲年宫发动了进攻。

叛乱者人数虽多，却以乌合之众为主，在遭到有力的反击之后，便陷入进退维谷的困境。这时咸阳来的勤王部队又进入了雍城，当地百姓看到这副场景，也纷纷拿起武器去支援蕲年宫。没经过太激烈的战斗，叛军崩溃了。

嫪毐趁乱逃出了雍城，但是在“生擒嫪毐者赏钱百万，杀死嫪毐者赏钱五十万”的悬赏下，很快被抓了回来。他的主要党羽也被一网打尽，送到雍城受审。

嫪毐毫无悬念地被判处车裂之刑，并灭三族。死党二十余人被判斩首，门客和奴仆四千余人被判流放巴蜀地区垦荒。他和太后生的两个私生子也被杀，太后则被幽禁在雍城宫中，失去了人身自由。

对于一场叛乱而言，这样的判决委实不算太重。但是仍有人上书向嬴政提意见，说他不应该这样对待自己的母亲。这也是中华民族自古以来的“美德”之一，叫作子不嫌母丑，母亲不管干了什么丑事，终归是母亲，做儿子的只能原谅。嬴政正在气头上，下令：“谁敢再劝谏太后一事，斩首示众！”饶是如此，仍有二十七人冒死进谏，结果统统被杀。

后来，有一位齐国来的茅焦先生劝说道：“秦国马上就要号令天下了，现在大王却囚禁了自己的母亲，恐怕诸侯听说后，因为这件事而背叛秦国。”

这时嬴政气也消得差不多了，出于政治上的考虑，便亲自跑到雍城，将太后迎回了咸阳，仍旧住在甘泉宫。

对于刚刚亲政的嬴政来说，平定嫪毐之乱可谓一举两得。其一自然是荡涤了太后宫中的乌烟瘴气，排除了太后对政局的干扰；其二则是嫪毐被捕之后，将吕不韦如何送其入宫，又如何替他们掩藏私生子等事和盘托出，嬴政以此为由，罢免了吕不韦的相位，令他回到河南的封地上去养老。

据说，嬴政一度也想杀掉吕不韦，但是考虑到他为先王即位立下过大功，又有很多大臣为他求情，便产生了慈悲之心，放了他一条生路。

此后一年多里，各国的使者络绎不绝来到河南，想请吕不韦出来做官。吕不韦自然没有答应，但是嬴政很担心吕不韦为诸侯所用，于是写了一封信给他，说："您对秦国究竟有什么功劳，以至于可以享受十万户的封邑？您跟秦国有什么血缘，以至于让寡人称作仲父？为了秦国的安宁，您还是搬到蜀地去居住吧！"

所谓搬到蜀地去住，等于就是流放了。吕不韦将那封信放在案头，默默地看了一整晚。第二天早上，仆人们进去清扫，发现他已经僵硬地倒在地上。

官府验尸报告如是注明：吕不韦，男，原籍卫国，曾任我大秦相国，因被罢免，患有抑郁症，饮鸩自杀，年五十七岁。

耐人寻味的是，吕不韦刚死，嬴政便下令解除对嫪毐门客的流放令，让他们都回到咸阳，重新做人。这是对太后表示内疚，还是对吕不韦表示嘲讽？后人无从得知。

《史记》中，司马迁曾经这样描述嬴政："秦王为人，蜂准，长目，挚鸟膺，豺声，少恩而有虎狼之心。"翻译成现代文：秦王高鼻梁，细长眼，胸脯像猛禽，声音像豺狼，刻薄寡恩，心如虎狼。从他对待吕不韦这件事来看，嬴政确实没有什么感恩之心。这种虎狼性格使得他风卷残云一般收拾了山东六国，也为大秦帝国的灰飞烟灭埋下了伏笔。

廉颇老矣，尚能饭否

新的一天开始了，嬴政早早地坐在他的宝座上，接受文武百官的朝贺。

在他的左手边，站着廷尉李斯，不久之后，这个人将升任丞相，成为他最重要的助手——没错，是助手，不是仲父。他已经下定决心，不让任何大臣大权独揽，操控政局。整个王国，只有他本人才是最终的发号施令者。即便是丞相，也不过是在一定权限内行使职权，任何时候都必须对他唯命是从。

李斯的下首，站着年轻的武将蒙恬。蒙恬是蒙骜的孙子，当时没有功名，职务也不高，却因为自幼跟随嬴政，成为了他最信任的贴身侍从。

嬴政的右手边，是国尉尉缭。尉缭是大梁人，其实并不姓尉，只不过因其姓氏失传，后人便以其官名为姓氏，称为尉缭。他是那个年代较为杰出的军事理论家，所著兵书《尉缭子》被后人奉为“武经七书”之一，与《孙子兵法》《吴子兵法》等齐名。可以说，他就是嬴政的参谋总长。

还有一个卑微的人物，战战兢兢地立在嬴政背后的屏风旁边，皮肤白白净净，脸上没有一根胡须，眼睛只敢看着自己的脚尖。他的名字叫赵高，身份是宦官，官居中车府令，通晓秦国律法，负责为嬴政提供法律方面的咨询意见。

也是新人新气象，嬴政一上台，便改变了吕不韦时期的做法，重新将法治作为基本国策，恢复了自商鞅以来的各项严苛法律，甚至有过之而无不及。赵高作为宦官，本来是没有资格参政的，但是这位宦官身残志坚，苦心研习法律知识，能够将商鞅制定的秦律倒背如流，因此获得嬴政的青睐。

在对外方面，嬴政基本采取李斯与尉缭的策略，一方面威逼利诱，分化山东各国合纵；另一方面收买各国权臣，培养秦国的代理人；同时辅以军事进攻，既分化，又拉拢，又欺骗，又打击，其手段之高超，比当年张仪有过之而无不及。

公元前238年，赵悼襄王入秦朝觐，受到嬴政热情接待。

赵悼襄王此行，是想借吕不韦倒台之机，重新构建秦、赵两国关系，当然也不乏窥探嬴政气象之意。会见中，嬴政向赵悼襄王提出："燕无道，吾使赵有之。"

自长平之战后，燕、赵两国多次爆发大规模战争，积怨已久。从实力上看，赵强燕弱，每一次战争的结果，都是赵国获胜。赵国早有吞并燕国之心，但是受到秦国的牵制，不敢贸然行动。听到嬴政主动提出允许赵国吞并燕国，赵悼襄王不禁喜出望外，回国立马布置攻燕事宜，完全没有意识到这是秦国的调虎离山之计。

公元前237年，赵悼襄王派庞煖率领大军进攻燕国。几乎是赵军行动的同时，秦军也行动了。

秦军分成两路，一路由大将王翦率领，兵出上党；一路由桓齮（yǐ）、杨端和率领，直指河间。当赵军开始围攻燕国的勺梁（今河北省定县）时，王翦已经攻取了赵国的阏与、轑（lǎo）阳（今山西省左权）。当赵军攻克燕国的狸城（今河北省任丘）时，杨端和又攻取了河间六城。当赵军打到燕国阳城（今河北省保定）时，桓齮又攻占了邺（今河北省磁县）和安阳两城。等到庞煖回师南下救援的时候，秦军已经完全占领了漳水流域。

赵悼襄王悔恨交加，郁郁而终，王位由大子赵迁继承。

公元前234年，秦国大举进攻赵国，一路向北，攻占雁门、云中二郡；一路向南，由桓齮率领，在平阳、武城（均在今河北省磁县境内）大败赵军，杀死赵将扈辄，斩首十万。

公元前233年，桓齮又率军从上党出发，越过太行山进攻赵国的宜安（今河北省石家庄）。当时庞煖已死，秦军攻势凌厉，赵军节节败退，有人向赵迁建议请老将廉颇回来主持大局，抗击秦军。

嬴政得到这个消息，派尉缭的弟子王敖前往赵国，以重金收买了赵迁的亲信大臣郭开，让他想办法制止廉颇回国。

郭开本来就与廉颇有仇。至于为什么有仇，一种比较靠谱但不主流的说法是，郭开即郑朱，也就是长平之战中曾经代表赵国出访秦国那位"贵人"。由于郭开的糊涂，赵惠文王产生了错误的判断，让只会纸上谈兵的赵括取代了经验丰富的廉颇。为此，廉颇对郭开意见很大，曾经公开羞辱他，二人由此结怨。

在收到秦国的重金贿赂后，郭开对赵迁说："请廉颇将军回来当然是个好主意，不过他已经七十多岁了，又在国外生活了那么久，不知道还能不能胜任。不如先派人前往大梁看望一下再作决定。"

赵迁认为有道理，便派了一名使者前往大梁，赠送给廉颇骏马一匹和盔甲一副。

廉颇是个老江湖，一看赵迁的礼物，便明白这是想请他回去打仗。无论是出于对赵国的感情，还是作为一位武人的冲动，他对这一邀请都充满了期待。在拜谢了赵迁的好意后，他留使者跟他一起用餐，故意狼吞虎咽，吃了几大碗米饭和几斤肉。饭后还骑上赵迁赏赐的骏马，在门前跑了几个来回，对使者说："我这把老骨头，还能为国家效力哪！"

这名使者，不消说，已经被郭开收买了。他回到邯郸，对赵迁说：

"廉老将军身体还是蛮硬朗，一次可以吃好几斤肉，可就是肠胃有点问题，跟下臣坐了半个时辰，竟然拉了三次大便。"

赵迁一听，半个时辰拉三次大便，肯定是没法带兵打仗了，当即放弃了请廉颇回来的念头。

这时，有人又推荐了驻守代地的大将军李牧，赵迁接受了建议，火速召李牧南下救援宜安。

李牧果然不同凡响，在宜安大破秦军，杀死桓齮。

另外有一种说法，桓齮战败后，畏罪逃亡到燕国，其妻子父母均在咸阳被处死，嬴政还悬赏千金收购桓齮的人头。为了掩人耳目，桓齮便更名为樊於期（其实也就是桓齮的谐音），在燕国大子丹的府上当了一名武官。关于樊於期与嬴政之间的恩恩怨怨，后面还会讲到。

攻略赵国的同时，嬴政还鼓励魏国向楚国发动进攻。

魏国与楚国之间的矛盾，在于原来宋国的淮北之地。嬴政向魏景闵王提出，如果魏国想夺取楚国占领的宋国旧地，秦国愿意出"四郡之兵"相助。魏国得到这一保证，果然向楚国发动进攻，结果可以想象，魏、楚两国打得不可开交，嬴政许诺的四郡之兵却一直没有出现。

专制思想的源头：韩非论法、术、势

公元前234年，正当秦军攻占雁门、云中之际，有一天嬴政将李斯召进宫，指着案头上厚厚的一摞竹简说："你看过这些文章没有？"

李斯打开一看，只见其中一卷的标题是"孤愤"；再打开一卷，标题是"五蠹"；又打开一卷，标题是"说难"。他匆匆扫过那些竹简，对嬴政说："这些文章下臣看过，是下臣的同门师弟韩非所著。"

嬴政喟然长叹："如果能够结识此人，寡人也就不枉此生了！"

李斯说："大王想见韩非？那是他的荣幸。下臣马上写一封国书，大王盖个戳，令韩王将他送到咸阳来便是。"

嬴政说："这样的人才，只怕韩王不放。"

李斯笑了："据下臣所知，韩非在韩国并不受重视。他曾多次上书韩王请求变法图强，都没有被采纳。此刻，他正在家里坐冷板凳呢！"

嬴政也笑了："那你赶紧写信，万一哪天韩王回过神来要重用韩非，对我秦国可是大大的不利。此人一篇文章，顶得上十万大军，寡人要好好用他。"

李斯听到这句话，眼神中闪过一丝不安。

当时，韩桓惠王已经去世，在位的是他的儿子韩安。

如果我们回顾韩国的历史，会发现这个国家委实乏善可陈。战国七雄中，秦、楚、齐等大国自不待言，魏国有过百年霸权，赵国有过胡服骑射，即便是燕国也有乐毅破齐的光辉史。唯独韩国，有如一碗温吞吞的白开水，让人喝得没滋没味。整个战国时期，韩国就没有雄起过，它的战国史就是一部被侵略史。到了韩安上台的时候，韩国的面积已经大大缩水，国家积贫积弱，局势非常危险。

作为韩国的公室子弟，韩非是很想改变这种状况的。他自幼口吃，不善于言辞，便将自己的想法写在竹简上，多次上书韩桓惠王和韩安，希望韩国能够变法图强。然而这些信都石沉大海，不见回音。韩非失望之余，考察古往今来的历史，写出了《孤愤》《五蠹》《说林》《内外储》《说难》等十余万字的文章。

在中国哲学史上，韩非和李斯都被归于法家，而韩非更被认为是战国时期法家的集大成者。

从理论上讲，法家思想分为"法""术""势"三派，主张各不相同。

“势”派以慎到为代表，认为势是政治中最重要的因素。慎到是赵国人，大致与孟轲同时代，曾经在稷下学宫讲学。在慎到的思想中，势即统治者的绝对权威。君王的才能不一定比别人高，但是因为他有权威，能够叫人死、叫人活、叫人富、叫人穷、叫人贵、叫人贱，所以能够让别人为他服务。

“术”派以申不害为代表。申不害是新郑人，韩昭侯年间曾任韩国相国，他主张国君通过高超的手段来“玩转”政治，让臣下都围着国君转，让国君独断专行，也就是我们常说的玩弄权术，强调的是手腕。

“法”派以商鞅为代表，主张通过制定和颁布明确的法律条文，严格执行，达到天下大治的目的。

韩非则主张法、术、势并用。

他指出，国君如果不懂权术就很容易被臣下蒙蔽，臣下如果没有法律约束就很容易产生混乱，二者缺一不可，都是帝王统治天下的工具。他分析商鞅治秦的得失，认为商鞅法令森严，赏厚刑重，使秦国得以富强，然而“战胜则大臣尊，益地则私封立”，就是因为国君没有足够的权术来控制臣下。

除了驾驭臣下的术之外，国君还必须有势。韩非这样写道：“如果没有权威和严法，让尧、舜挨家挨户去宣传政策，说服老百姓，统治不了三户人家。”

因此，只有法、术、势三者兼用并施，才能国泰民安，从而成就帝王之业。

韩非进一步提出，君主用法、术、势治理国家，不需要特殊的才能和高尚的品德，也不需要像儒家主张的那样，自己作出榜样，或者通过个人的魅力来进行统治。换句话说，在一个法治国家，法律是一切的基础。

韩非知道，他的这些理论，对当时绝大多数诸侯来说，很难理解，因为别人很难达到他的高度，所以特别写了一篇《说难》。

所谓说难，就是游说别人很艰难。

他这样写道："游说的艰难不在于以我知道的知识去说服对方，也不在于能否用雄辩的口才来正确表达自己的思想，也不在于是否有强大的气场来压服对方。难就难在要揣摩对方的心思，使自己的话语符合他的心意。"

简单说，自己懂道理是一回事，让别人明白则是另外一回事。不能因为自己懂道理，就认为别人一定会接受，而是要想办法用别人能够接受的方式，用别人能够听得懂的语言，把复杂的道理简单化，诱使别人接受。

因此，在韩非的文章中，出现了很多精彩的寓言故事。其中有一段这样写道——

宋国有位富人，因为下大雨冲坏了家里的墙壁。他儿子说："如果不赶紧修好，恐怕会招致盗贼。"邻居家的老头也这么说。当天晚上果然被盗，丢失了很多钱财。这位富人称赞自己的儿子聪明，却怀疑盗贼是邻居老头引来的；从前郑武公想要讨伐胡人，便将女儿嫁给胡人首领。不久之后他问群臣："我想对外用兵，打谁比较好？"大夫关其思说："胡人可伐。"郑武公大怒，说："胡人和郑人亲如兄弟，你却说可伐，是何居心？"便将他杀了。胡人首领听到这件事，大为感动，从此对郑国不加防备。郑国趁机发动袭击，夺取了胡人的土地。

韩非问："这两个故事中，邻人老头和关其思说的话都是对的，他们都很有见识，可为什么他们的遭遇却是轻则被疑，重则被杀？"

答案是，对事物有认识不难，难就难在运用智慧去表达你的见解。

还有一个故事，卫国的大夫弥子瑕很受卫侯的宠爱。按卫国的法律，私自动用国君的马车，是要受刖刑的。有一次，弥子瑕的母亲生病，弥子瑕顾不上向卫侯请示，就驾了他的马车回家去了。卫侯知道后，称赞道："这可真是孝子啊，为了回家看母亲居然敢冒刖刑之险。"又有一次，弥子瑕和卫侯在果园游玩，弥子瑕爬到树上摘了一颗桃子，咬了一口觉得很甜，就直接拿给卫侯吃。侍卫们大惊失色，卫侯却说："弥子瑕真是爱我啊，好吃的东西顾不上自己吃，赶紧拿给我。"

后来弥子瑕年老色衰（*原来是男宠*），得罪了卫侯。卫侯便说："这个人曾经盗用我的马车，给我吃他吃剩的桃子，该当何罪？"

韩非感叹说："弥子瑕还是那个弥子瑕，他的行为并没有两样，当初受称赞后来却成了过失，是因为卫侯心里的爱憎发生了变化啊！所以，一个人受宠的时候，他的智谋都合乎君主的口味；一个人失宠的时候，他的每一句话都会成为罪证。"

可惜的是，以韩非的见识和文笔，仍然不能打动顽愚不化的韩桓惠王和韩安。倒是远在咸阳的嬴政看到后，立马被吸引过去了，惊为天人之作。

在秦国的压力下，韩安果然派韩非出使秦国。

嬴政带着一种见到偶像的兴奋接见了韩非，请教了很多关于帝王之术的问题。

所谓千里马常有，伯乐不常有。韩非和嬴政交谈了不到半天，便知道眼前这位年轻的秦王是他的伯乐。可是，韩非和李斯不同，韩非有着非常强烈的爱国心，将韩国的命运看得比自己的生命还重要。因此，当嬴政提出要他留在秦国做官的时候，他略带紧张地提到了另外一件事：

大王能不能不进攻韩国?

嬴政爽朗地一笑:“先生所说的帝王之术,不就是用来统一天下的吗?先生心系韩国,寡人理解,不急着现在就做决定,先在咸阳住些日子再给答复。”

此后,嬴政多次召见韩非。对于嬴政提出的问题,韩非总是尽心尽力,一一作答,每次都让嬴政满意而归。唯独对于做官一事,韩非总是有所顾虑。

“我难道要为韩国的敌人服务吗?将来有何面目见列祖列宗于地下?”

时间一长,嬴政倒没什么,李斯心里开始发毛了。他担心的是大王如果重用韩非,我岂不是要靠边站了?

自古文无第一,武无第二,尤其当一个文人的饭碗受到威胁的时候,是什么办法都想得出来的。

有一天,嬴政和李斯聊起韩非的事,李斯便说道:“韩非是韩国的公子,如今大王要吞并天下诸侯,韩非必定会忠于韩国而不会替秦国效力,这也是人之常情。大王如果用不了他,就把他杀掉,以除后患。”

但凡人才不能为我所用,也不能为他人所用,这个道理没错。可是对于韩非,嬴政始终下不了这个决心。他想了想,决定先把韩非下了大狱,关一段时间,看他能不能回心转意再说。

嬴政越是爱才,李斯越是担心。他暗中派人给韩非送去一壶毒酒,假传嬴政的旨意,令韩非自杀。韩非想找嬴政当面说个明白,但遭到拒绝。等到嬴政感觉到事情不对劲,赶紧派人去赦免韩非的时候,韩非已经死了。

第十章

荆轲刺秦王

首灭韩国，秦国加快统一步伐

战争仍在继续。

公元前232年，秦军攻赵，在番吾（今河北省灵寿）遭遇李牧阻击，大败而回。

公元前231年，秦国成功策反韩国南阳守将腾（姓氏不详），封其为内史（秦国官名，掌管京师民政），因此在历史上，此人又称为内史腾。

公元前230年，秦国以内史腾为将，发兵进攻韩国。嬴政弃本土诸多名将不用，而将此重任交给降将内史腾，自然是看中了他熟知韩国的情况，而且在韩军中有较大的影响力。内史腾果然不负厚望，一举攻克新郑，俘虏了在位九年的韩王韩安。秦国遂将韩国灭亡时的全部领土改建为颍川郡。

韩国成为了战国七雄中第一个灭亡的国家。

韩国的灭亡，自然是由于秦强韩弱，但更深层的原因是天下统一已是大势所趋。

战国的乱局源自春秋，但其战乱的规模和损害程度又远胜于春秋。《战国策》曾经这样生动地描述：一场大战下来，战死者的丧葬费和伤者的医药费，再加上车马武器的损失，“十年之田不偿也”。死伤的将士“刳腹折颐，首身分离，暴骨草泽，头颅僵仆，相望于境，父子老弱系虏相随于路”，战败的国家“族类离散，流亡为臣妾，满海内矣”。

而自三家分晋的两百多年以来，这样的大战连年不断，生灵涂炭，民不聊生。天下百姓对于结束战争的愿望越来越强烈，要求实现统一的呼声也越来越高。

如果说民心向背是决定战争胜负的关键，那么秦国凭借着先进的政治制度、强大的军事实力和灵活的外交手段，已经在这场漫长的拉锯战中获得了人民的支持，成为众望所归的“乱世终结者”了。

内史腾也许是出于顺天应民的想法，才主动投降秦国，并且甘为驱使，充当了灭亡韩国的捉刀人。

赵国名将李牧

嬴政的下一个目标是赵国。

也是天意使然，公元前230年，赵国的代地发生大地震。据《史记》记载，“自乐徐以西，北至平阴，台屋墙垣太半坏，地拆东西百三十步”，造成的破坏可想而知。

到了公元前229年，赵国又发生大旱灾，庄稼地里颗粒无收。民间传唱着一首歌谣："赵国哭，秦国笑，谁要是不相信，那就看看地上长不长草。"（赵为号，秦为笑。以为不信，视地上生毛）

秦国自然不会放过这样的机会，再度出兵攻赵。

秦军兵分两路，一路由王翦率领，兵出上党，直下井陉（今河北省井陉）；另一路由杨端和率领，兵出河内，进逼邯郸。

赵国则派李牧和司马尚率军抵抗。

中国古代有一篇《千字文》，是少年儿童通用的启蒙读物，其中有一句："起翦颇牧，用军最精。"

所谓起翦颇牧，就是指白起、王翦、廉颇、李牧。因为这八个字，后世也有人将四人称为"战国四大名将"。

这种说法有些片面。战国时期人才辈出，能够与这四人比肩的兵法家不在少数，吴起、乐羊、孙膑、庞涓、樗里疾、甘茂等人都可圈可点。所以将"战国四大名将"改为"战国后期四大名将"或许更为合适。

王翦是土生土长的关中人，自幼研习兵法，少年投身军旅，通过累积军功，一步一步做到将军的级别。据史料记载，王翦第一次独当一面，是公元前237年进攻赵国，取阏与、轑（liǎo）阳等地，为秦国攻占漳水流域立下大功。秦国诸多将领中，王翦以稳重而闻名，号称"不败之将"。

同样没有打过败仗的李牧是赵国柏仁（今河北省邢台）人，原本镇守代地、雁门一带，防备匈奴人进攻。

匈奴即春秋时期的戎人、狄人，战国时期的胡人，是当时北方游牧民族中势力最为强大的一支。他们逐水草而居，善于骑射，经常入侵秦、赵、燕等国北部边境，所到之处，屠杀平民，焚烧房屋，摧毁城池，劫掠财产，给这些国家造成巨大的困扰。

由于匈奴人骁勇善战，来去如风，防不胜防，各国都拿不出有效的办法来对付他们，只能抓紧修筑长城，企图依靠城墙将匈奴人拒之门外。

即便如此，匈奴人仍然能够突破长城的薄弱环节，抢到他们所需要的牛羊、粮食和俘虏。

然而，当他们遇到李牧的时候，发现自己遇到了最难对付的敌人。

李牧也是采取防守策略。但是和别人有所不同的是，他在雁门关外修筑了许多烽火台，又派大量骑兵出去侦察，因此每次匈奴人来进犯，他都能提前得知情报，及时将部队、百姓和牲畜、粮食统统撤入城内固守，坚决不出战。

匈奴人不善于攻城，也不善于打持久战，又抢不到粮食来补充军粮，只好在城外叫骂一番，空手而归。

匈奴人一走，李牧又活跃起来了，将部队拉到关外去练习骑射。战士们没有和匈奴人正面交过锋，因此没有军功，他就根据平时训练的成绩予以提拔，只要是他认为合适的，便安排到相应的位置上使用。雁门边境交易频繁，官府在市场上常常能够收到大笔税金。李牧将这些税金全部截下来，用于改善部队的生活和待遇。他几乎每天都要杀几头牛来犒劳士兵，还时不时让人买来好酒与将士们同饮。毫不夸张地说，雁门守军是全赵国——不，应该是全天下待遇最高的部队。将士们牛肉吃着，小酒喝着，日子一长，自己都觉得不好意思，纷纷主动要求出战。

李牧本来笑眯眯，很和气的样子，一听说有人要出战，立刻板起脸，下令说：“一旦匈奴人来犯，全体将士立即退进城堡，决不出战。如果有谁不听军令，擅自出战，斩首示众！”

就这样，他在雁门驻守了几年，赵军没有受到任何损失，匈奴人也没占到任何便宜。匈奴人每次冲到雁门关外，对着厚厚的城墙无可奈何，便极尽辱骂之能事，嘲笑李牧是胆小鬼。

城内的将士也有人暗中说："咱们的将军确实是个胆小鬼！"

李牧听到，只是笑笑，不当一回事。匈奴人撤走之后，他照样出关训练士卒，周而复始。

那时候还是赵惠文王当政。

赵惠文王在历史上口碑不错，但是有一个缺点，就是沉不住气。他听说李牧一直闭关不战，也认为这是一种胆怯的表现，多次派人去责备李牧。但是责备归责备，李牧照样是我行我素，甘当缩头乌龟。后来，赵惠文王干脆让李牧回来，另派他人去驻守雁门。

新守将一到雁门，便忠实地执行了赵惠文王的命令。匈奴人每次入侵，赵军都针锋相对，主动出击，结果一连打了几次败仗，部队伤亡惨重，边境地区的农牧业生产遭到毁灭性打击。

赵惠文王只好又厚着脸皮去请李牧出山。

李牧将家里的大门关起来，推说自己生病。但赵惠文王还是一再相请。李牧说："如果您一定要用我，那就允许我用我的方式，不要再进行干涉。"

在得到赵惠文王的保证之后，李牧又回到了雁门。他一到部队，又恢复了原来的做法，将雁门防守得像铁桶似的。一连几年，匈奴人都一无所获，他们半是失落、半是蔑视地说道："那个胆小鬼又回来了。"

就在匈奴人百无聊赖之际，李牧开始行动了。

他挑选了一千三百乘战车，一万三千名骑兵，披甲勇士五万人，弓箭手十万人，组成了一支强大的袭击部队。然后让百姓们出关去放牧，弄得满山遍野都是牛羊。

匈奴人得到情报，开始还很谨慎，派出小股部队去试探，结果斩获颇丰。单于（匈奴首领称谓）看到那上千头抢来的牛羊，禁不住大喜，亲自率领大军前来进犯雁门。

迎接他们的是铜墙铁壁一般的赵军部队。

单于看到这阵势，多少有点吃惊，但是不及细想，因为赵军突然阵门大开，一千三百乘战车在前，五万名弓箭手紧随其后，朝着匈奴军直冲过来。

平原上作战，战车的威力远远大于骑兵，但是灵活性就差很多。匈奴人对于赵军的车阵，早有一套行之有效的对付办法。单于一声令下，匈奴骑兵便向两侧移动，让开大路，准备从两翼进行包抄。

赵军显然早料到了这一招。只听得中军一通鼓响，一千三百乘战车放慢速度，排成了十余个环形车阵。这样一来，战车变成了临时堡垒，弓箭手则躲藏在车阵内，用强弓劲弩射杀敢于冲击车阵的匈奴骑兵。

匈奴军冲杀数次，都不能突破赵军环形车阵。此时赵军的步兵也排成密集队形，长戟在前，短兵在后，弓弩压阵，如同森林一般压过来。李牧的这种战法，使得匈奴骑兵的优势完全无法发挥。单于一看势头不对，连忙命令全军撤退。

但是已经来不及了。李牧的一万三千名骑兵从左右两翼包抄过来，如同两把铁钳，牢牢地封住了匈奴军的退路。

匈奴骑兵的优势在于机动以及游牧民族与生俱来的骑马射箭的本领。如果丧失了机动力而与装备精良训练有素的中原部队混战，基本上等于找死。

这一战的结果，匈奴军战死十余万人，单于侥幸逃得性命，从此十余年不敢靠近赵国的边境。

李牧因此名声大震，号称“北边良将”，并且在廉颇出走之后，成为支撑赵国大局的主要将领。

在秦国与赵国的战争中，只要李牧出马，结局必定是赵国获胜。当然，迄今为止，李牧和王翦还没有正面交锋过，究竟谁是当代天下第一兵法家，在即将到来的秦、赵两国决战中，答案似乎很快可以揭晓。

尉缭的反间计

公元前299年，秦国的不败之将王翦和赵国常胜将军李牧在战场上狭路相逢。双方都采取了谨慎的策略，开始构筑防御工事，一方面小心翼翼地看守着自己的一亩三分地，一方面贼溜溜地盯着对方，企图找到可以突破的弱点。

时间一长，嬴政有点着急了，他将李斯和尉缭叫来说："我军劳师袭远，补给线长；赵军以逸待劳，补给线短。如果战争这样长期拖下去，怕对我军不利。你们能不能想办法让李牧离开军队，为王翦搬开这块绊脚石？"

李斯和尉缭相视一笑，回答说："咱们不是有郭开嘛？"

自从嬴政亲政后，尉缭便成为了具体负责对各国实施反间计的总指挥。尉缭的弟子遍布天下，哪个国籍的都有，是一支名副其实的多国部队。他们奉命游走于诸侯宫廷和市井乡间，将秦国的谣言传播到各国朝野，同时拉拢和收买各国的"有志之士"，诱使他们为秦国服务。公元前233年收买郭开阻止廉颇回国，公元前231年策反韩国的内史腾，都是尉缭师徒的杰作。可以说，尉缭在正面战场之外，开辟了一个秘密的第二战场，这个战场上使用的武器不是矛戈剑戟，而是书信与黄金。

负责与郭开对接的间谍，是尉缭的得意门生王敖。

王敖轻车熟路，以商人的身份来到邯郸，顺利地将一万两黄金送到郭开府上。

这样的生意，郭开也不是第一次做了。他毫不客气地收下黄金，打了收条，却给了王敖一半回扣，说：“我为秦国做了这些事，赵国就要灭亡了，请您在秦王面前为我美言几句，让我做个秦国的臣子，我感激不尽。”

不久之后，谣言传开，说李牧、司马尚与秦军私通，将要倒戈一击，引秦军进攻邯郸。赵迁听到，便将郭开等重臣召来问个究竟。

郭开给了赵迁一个肯定的答复。

赵迁听信了谗言，派将军赵葱和颜聚去代替李牧和司马尚，并且要李牧赶回邯郸复命。

李牧收到命令，长叹一声：“赵国就要灭亡了！”

他不是目中无人，认为只有自己才能抵挡秦军，而是知道赵国已经被奸佞小人掌握，赵王又昏庸无能，即便有十个李牧，也无法挽回颓势了。

既然是那样，回去肯定也是死路一条，不如逃走。李牧这样想着，将大将军的印绶留在营帐中，悄然离去。

然而没走出多远，李牧就被赵葱派出的追兵抓住，送回邯郸斩首。同时司马尚也被罢免。

三个月之后，王翦攻破赵军，杀死赵葱，活捉颜聚。秦军还没打到邯郸城下，赵迁便被郭开挟持，开城投降了秦国。

据《史记》记载，赵迁的母亲，本来只是一名宫中女优，有宠于赵悼襄王。赵悼襄王本来已经立王后所生之子赵嘉为大子，后来经不住女优的软缠硬磨，便改立赵迁为大子。而这位赵迁，素来行为不端，轻信谗言，两次被郭开算计，最终自毁长城，当了亡国奴。

邯郸投降后，赵嘉逃到代地，在众位宗室大臣的拥戴下，自称赵王，也就是历史上的代王嘉。这个流亡政权存在了六年，于公元前222年被秦国大军所灭。

关于李牧的死，史上有多种说法。《史记》认为是郭开所害，《战国策》认为是一个名叫韩仓的人陷害了李牧而逼其自杀，还有一种说法是秦国的谋士顿弱设计杀害了李牧，《列女传》则称是赵迁的母亲（那位女优）接受了秦国间谍的贿赂而唆使赵迁诛杀李牧。

至于郭开的下场，正史中没有记载。据冯梦龙杜撰，郭开投降秦国，受到嬴政封赏，完成了他从赵国重臣到秦国大夫的华丽转身。然而好景不长，就在他回邯郸搬运黄金的途中，被李牧旧部截杀。这也许是小说家对于历史的一种良好愿望吧！

大子丹的怨恨

秦国灭掉赵国后，派王翦率军顺势北上，兵临易水，在易水以西打败燕代联军，直逼燕国的首都蓟城。

这时候燕国的君主，是燕惠王的曾孙姬喜，因为死后没有谥号，史上称为燕王喜。

前面提到，秦王嬴政出生在赵国邯郸，直到九岁才回咸阳。在邯郸生活的那些年间，嬴政认识了一位来自燕国的小人质，两个人身份类似，年龄相近，自然而然玩到了一块，可以说是总角之交，关系好得不得了。

这位燕国人质便是燕王喜的儿子姬丹，当时被称为赵丹，史上一般称为大子丹。

后来嬴政回到秦国，当上了秦王，大子丹又被改派到咸阳来当人质。燕王喜的本意，大子丹和嬴政两小无猜，将他派到秦国，也许有利于改善两国关系吧。然而让大子丹没有想到的是，儿时的玩伴长大之后便变得面目全非，从嬴政的眼中已经看不到丝毫昔日的友情，只有高高在上的倨傲和盛气凌人的蔑视。

大子丹受不了嬴政的气，一怒之下，便从秦国逃回了燕国。

自古燕赵多悲慷之士。大子丹此举，从好的方面说，是性格刚烈；从不好的方面说，是对国家不负责任的一种表现，让秦国有了进攻燕国的口实。回到燕国后，大子丹仍咽不下这口气，总是想找机会向嬴政报仇，然而秦强燕弱，完全不是一个重量级，大子丹只能空自嗟叹，无可奈何。

嬴政亲政后，频频重拳出击，蚕食山东各国土地，吞并天下之志昭然若揭。燕国和秦国之间，本来有赵国相隔，互不搭界，可是随着赵国一步一步走向衰亡，燕国人也感到危险越来越近。大子丹既怨恨嬴政的不仁不义，又担心燕国会遭到秦国的攻击，便向老师鞠武请教："我想向秦王报仇，请问您有什么好办法？"

报仇？鞠武被他这个想法震惊了，很干脆地说："现在秦国的土地遍天下，攻取三晋有如囊中取物。秦国北有甘泉、谷口等要塞，南有泾水、渭水灌溉肥沃的土地，并拥有巴蜀、汉中的富饶资源，西有陇山、岷山，东有函谷、武关，人多势众，武器精良，请问您用什么向秦王报仇？只要他心念一动，长城以南、易水以北的燕国就无法安生，我看您还是好好想想怎么样才能不遭受秦国的进攻，不要再为了当年所受的一点点侮辱就成天想着要去触他的逆鳞了！"

所谓"逆鳞"，据《韩非子》记载，是龙脖子下面的一小块白色鳞片，因为是全身血管总汇之处，特别敏感。龙虽然高贵，只要应付得当，也可以亲狎甚至骑玩。但是如果有谁不小心碰到这块逆鳞，就算龙的脾气再好，也会如同火山爆发一般暴怒，将此人杀死。

大子丹知道鞠武所言不虚，道："您说得对。可就算我不找秦王报仇，秦国也不会放过燕国，那时我们又该怎么办呢？"

鞠武长叹一声："让我好好考虑考虑吧！"便没了下文。

公元前233年，秦将樊於期（即桓齮）在宜安被李牧打败，逃亡到燕国，被大子丹收留。

鞠武劝大子丹："您这是自取灭亡！秦王的残暴天下皆知，他和您之间的恩怨又使得他对燕国极为不满，现在如果他知道您收留了樊将军，事情可就闹大了！您现在的做法，好比把肉扔在饿虎的必经之路上，即便是有管仲、晏婴这样的谋臣，也挽救不了燕国。"

大子丹说："樊将军既然来投奔我，我怎么能够将他拒之门外？"

鞠武说："您一定要收留他，就把他派到北方去出使匈奴，不要让秦国的间谍知道他在燕国。单靠燕国的力量，是无法抵御秦国的进攻的。请您向西联合三晋，向东联合齐国，向南联合楚国，再加上派樊将军去争取匈奴的支持，然后再考虑对秦国作战。"

大子丹跺脚道："老师您给我出的主意，总是旷日持久，而我内心的焦灼，连一天都不愿意再等。樊将军是在走投无路的情况下来投靠我的，我无论如何不能因为害怕秦国就把这样一位朋友扔到匈奴去，何况我现在正是用人之际，还是请您为我想想别的办法吧！"

鞠武苦笑："您做的是凶险的事，却想求得安宁；一面制造祸端，一面又祈求福分；对秦王怨恨颇深，却又不愿意深谋远虑；为了一个新来的人，竟然不顾国家的大害——这跟把鸡毛扔在火炉上烧有什么区别？罢了罢了，我是拿不出什么办法了。我知道蓟城有一位田光先生，此人智勇双全，您可以去问问他的意见。"

大子丹听到田光这个名字，眼前一亮，说："田先生的大名，我也有所耳闻。您如果跟他相熟的话，就为我引见一下，您看行吗？”

鞠武说：“当然可以。”

鞠武跑到田光府上，说道：“大子希望向您请教一些国家大事，希望您不要拒绝。”

田光很爽快地说：“这是我的荣幸。”

田光跟着鞠武来到了大子府。大子丹亲自出门相迎，倒退着为田光引路，进屋后又跪下去用袖子为田光掸了掸坐席——席子已经打扫得很干净，这不过是一种尊重的表示。待到田光坐定，左右都退下后，大子丹又离开自己坐席，像小学生一样坐到田光面前，说：“秦国和燕国势不两立，对于我们当前的局势，请先生指点。”

田光咳嗽了两声，说：“老臣听说，骏马年轻力壮的时候，可以一日千里；可是当它老了，连劣马也能跑在它前头。大子您听人说我能干，那是我年轻时候的事。可我现在已经年老体弱，恐怕是帮不到您什么忙了。您别失望，我给您推荐一个人，他必定能够派上用场。”

就这样，通过鞠武和田光的辗转介绍，一个名叫荆轲的人出现在大子丹面前。

荆轲传奇

荆轲是卫国人。

人们一提到荆轲，便会想到他是一名剑客。事实上，荆轲有两个爱好，读书和击剑，而且曾经游说卫侯，希望可以用他的治国之术使得卫国富强。然而卫侯没有接受他的建议，他便离开卫国，开始浪迹天涯。

荆轲的脾气有些古怪。

当他经过赵国榆次的时候，曾经和当地著名的剑客盖聂谈论剑术。两个人谈到兴头上，盖聂突然皱了一下眉头，斜着眼睛瞪了荆轲一眼。荆轲立刻停止说话，转身就离开了。盖聂的弟子在一旁侍候，不知道发生了什么事，问盖聂要不要把荆轲请回来。

盖聂摇头说："刚刚我其实是在和他在意念中比试剑术，他做了一个非常轻浮的动作，露出了破绽，所以我就瞪了他一眼，结果他就逃跑了。你可以去他住的地方看看，以我对他的了解，他应该已经离开榆次了。"

弟子将信将疑，跑到荆轲住的旅店一看，荆轲果然已经不在那里。据店主人说，荆轲急急忙忙回来，付了房租，收拾了行李，就驾着马车离开了，也不知道发生了什么事情。

弟子回去向盖聂一说，盖聂说："果然不出我所料，他是因为我瞪了他那一眼，就不愿意再跟我打交道啊！"

类似的事情又发生在邯郸。荆轲在邯郸城内，曾经和一个叫鲁句践的武林高手下棋，因为两个人争执着谁先走，鲁句践对荆轲生气地吼了一声。人们以为荆轲要拔剑杀人了，谁知道荆轲只是默默地起身，没有说一句话便走了，两个人从此没有再见面。

来到燕国后，荆轲爱上了吃狗肉，跟一个杀狗的屠夫打得火热。经常去那家狗肉店的，还有当地一位叫高渐离的乐师。三个人就着狗肉，喝了几碗烈酒，高渐离击起筑（古代一种乐器，有十三根弦，以竹尺击弦发音），荆轲就和着筑声引吭高歌，时而高亢，时而低沉，时而欢乐，时而悲鸣，成为了街头一景。

田光就是被荆轲的歌声吸引，看出他不是平庸之辈，因而与之结交，成为了至交好友。

大子丹听田光讲完荆轲的故事，已经知道他在打什么主意，就是利用荆轲去刺杀嬴政。这个主意甚合大子丹之意，第一，它来得快；第二，它能够为大子丹报仇。至于它能不能够保护燕国不受秦国的侵略，却不在大子丹的考虑范围之内。

大子丹当时就对田光说："我想认识荆轲，请您从中介绍。"

田光说："遵命。"

田光离开大子府的时候，大子丹送到门口，再三叮嘱："刚才您和我的谈话，事关国家机密，请您不要泄露给任何人。"

田光低头笑道："当然。"

田光见到荆轲，说："咱们俩关系很好，燕国无人不知。现在大子只听人说我有本事，却不知道我已经老到连行动都不方便了。他希望我为国家出力，当时我就不见外，把你推荐给了他。希望你也别见外，赶快去见见他。"

荆轲说："没问题啊，我愿意为燕国做点事。"

田光又说："俗话说得好，长者办事，不应该让人怀疑。我这把年纪了，做什么事情都非常谨慎，可刚刚大子再三嘱咐我不要泄露机密，那是对我不放心啊！请你见到大子之后，就说我已经死了，不会泄露任何机密。"

田光说罢，拔剑自刎而死。

荆轲原本以为，所谓为燕国做点事，就是带带兵，打打仗，或者出谋划策，出使诸侯。看到田光倒在血泊当中，他才感到这件事情不那么简单。

荆轲见到大子丹，告诉他田光已经死了，并且将田光的遗言对大子丹说了一遍。大子丹听罢，朝着门外拜了两拜，跪在地上痛哭流涕。过了好久，大子丹才缓过劲来，对荆轲说道："我当时之所以嘱咐田先生，是为了保证大事成功，没想到他竟然为了表明心迹而自杀，这哪里是我的本意呢！”

荆轲坐下后，大子丹又离开坐席，来到荆轲面前行跪拜之礼，说：“承蒙田先生看得起，让我能够在您这样的英雄面前表达心迹，这可真是上天可怜燕国而不想抛弃我们啊！”

大子丹越是谦卑，荆轲心里越是明白，自己已经走上了一条不归之路。他静静地坐着，听大子丹一把鼻涕一把泪地哭诉：“如今秦国贪得无厌，不把所有的国家都消灭，不把天下诸侯都变成他们的奴仆，是不会死心的。

“秦国已经吞并了韩国，俘虏了韩王，又向北逼近赵国。赵国抵挡不住，必然向秦国投降。赵国一投降，灾难马上就会降临到燕国。秦强燕弱，完全不可同日而语，即便我们倾尽全力，也抵挡不住秦国的进攻。诸侯都害怕秦国，也不会帮助我们。按照我的想法，如果能够找到一位勇士，派他出使秦国，带着重利去引诱秦王，秦王利欲熏心，就会让我们有接近他的机会。那样的话，我们就可以劫持他，逼他交还侵占诸侯的土地，就像当年曹沫劫持齐桓公那样，这是最好的结果。

“假如劫持不成，那就杀掉他。秦国的大将领兵在外，国内一旦出现动乱，他们的君臣之间就会出现猜疑，我们东方各国趁机合纵，肯定可以打败秦国。

“当然，这只是我的想法，因为一直找不到合适的人选，所以没有实施，现在请您也替我考虑考虑，看谁比较合适。”

大子丹说到这里，朝荆轲作了一个揖，低着头恭听荆轲的高见。荆轲却像石头人一般，半天没有说话。眼看大子丹等得着急了，荆轲才慢吞吞地说道：“这是国家大事啊！我能力有限，恐怕担当不起这样的大任。”

大子丹一听，赶紧又下拜，伏在地上不肯起来。过了一阵子，荆轲长叹一声，说："田光先生之所以自杀，其实不是向您表明心迹，而是在激励我接受重任。我和他相交多年，他一直对我这个外乡人照顾有加。现在他不吝惜自己的生命，我又岂敢独自偷生？承蒙大子厚爱，那我就自不量力，接受您的任务吧！"

大子丹大喜，于是奏请燕王喜封荆轲为上卿，并赏赐给他豪华的宅第。大子丹天天都到荆轲府上问候，时不时给他送去各种奇珍异宝。至于车马、美女等，更是让荆轲尽情享用，总之一切都是顺着荆轲的心意，只求他高兴。

这样养尊处优地过了一段日子，荆轲却没有动身的意思，大子丹也不好催促。这时候，秦国用反间计杀害了李牧，王翦大军灭掉了赵国，俘虏了赵迁，吞并了赵国的全部土地，接着向北进军，来到了燕国的南部边境。

大子丹沉不住气，跑去对荆轲说："秦军早晚要渡过易水，到那时蓟城陷落，就算我想长期这样伺候着您，恐怕也办不到了。"

这话已经说得颇为难听，言下之意是："你别光顾享受，该干活啦！"

荆轲回答："即便您不说，我也想找您汇报一下工作了。这些日子以来，我一直在考虑一件事，就算我到了秦国，如果没有秦王感兴趣的礼物，其实也很难接近他。我听说，秦王正用千金万户的赏格捉拿樊於期将军。如果我们能够带着樊将军的首级，再加上燕国督亢地区的地图去献给秦王，他必然会很高兴地接见我，到那时我才有为您效力的机会。"

大子丹连连摇头："樊将军因为走投无路来投奔我，我不忍心用自己的私事去害人家，请您还是想别的办法吧！"

荆轲没有强求。大子丹离去后，他私下找到樊於期，问了他一个问题："您想找秦王报仇吗？"

樊於期仰天长叹，涕泪交流地说："秦王杀我父母族人，又以重金收购我的人头。我每想到他们的悲惨遭遇，就痛彻骨髓。您说，我想找秦王报仇吗？"

荆轲说："可是秦王很强大，您的仇不是那么容易报的。"

樊於期沉默了半晌，说："难道您有什么好办法？"

荆轲说："有，不过要向您借一样东西。"

樊於期说："只要您能为我报这个仇，就算是要我的人头，您也可以拿去！"

荆轲听了，眼睛死死盯住樊於期，做了一个深呼吸，说："正是要您的人头。如果我拿着您的人头去见秦王，一定可以接近他。到那时，我左手抓住他的袖子，右手持利刃直刺他的胸膛。这样既为您报了仇，也可使燕国免受欺凌，不知道樊将军愿意吗？"

樊於期大笑，立刻解开衣服，露出一只臂膀，扼腕道："这正是我日夜咬牙切齿所希望的事情，今天终于可以实现了！"

樊於期说着，退后一步，拔剑自刎。大子丹得到消息，驾着马车火速赶来，伏尸痛哭。但人已经死了，哭也是无可奈何，于是将樊於期的人头砍下来，装在一个木头盒子里，用封条封上，交给了荆轲。

同时交给荆轲的，还有一把匕首。这把匕首是赵国名匠徐夫人的杰作，削铁如泥，锋利无比。大子丹花了一百两黄金将它买过来，又令巫医用毒药煮过，拿它对活人做试验，只要擦破一点点皮，便会立即死亡，可谓见血封喉。

大子丹还给荆轲安排了一位助手，名叫秦舞阳。此人年仅十三岁的时候就曾经在光天化日下杀过人，周围的人都不敢直视。大子丹认为他武勇过人，便网罗到自己门下，让他当了一名武士。大子丹的想法，刺杀秦王是一件有去无回的事，需要极大的勇气，万一荆轲临时怯场，秦舞阳或许可以作为替补队员顶上吧。

荆轲收下樊於期的人头和徐夫人的匕首，却仍然没有出发的意思。大子丹委婉地问起行程，他便目视远方，说："我在等一个人，一个可以和我一起去秦国的人。"

大子丹说："可我已经给你安排了秦舞阳了。"

荆轲说："再等等吧，刺杀秦王是大事，绝对不能失手，如果能够得到这个人配合，我方可确保万无一失。"

又过了几天，荆轲已经收拾好行装，他要等的那个人却一直没有出现。大子丹觉得荆轲是害怕了，上门催促说："时间已经很紧迫了，您到底想不想去呢？要不，我们先让秦舞阳一个人去如何？"

荆轲勃然大怒："用得着您这样催促我吗？我既然答应您去，就没有想过要活着回来。只不过拿着这样一把匕首去变幻莫测的秦国，不好好准备怎么能行？我不过是在等我的搭档，好把事情做得干净利落。既然您嫌我行动太慢，那我现在就出发吧！"

荆轲说着，就动身了。

荆轲刺秦失败的原因

荆轲和秦舞阳离开燕国，是在深秋的一个清晨。

大子丹和有资格知道这件事的几个人，都穿着白衣服，戴着白帽子，来给荆轲送行。他们送到易水岸边，祭祀过祖先后，荆轲等人登上西去的马车，准备出发。

这时高渐离击起筑，荆轲和着筑声，用苍凉的声调唱起了一支离别之歌，送行的人无不拭泪。接着荆轲又高声唱道：“风萧萧兮易水寒，壮士一去兮不复还！”

歌声慷慨激昂，在场的人听了，一个个都瞪大了眼睛，激动得根根毛发直竖。

荆轲唱罢，挥鞭西去，再也没有回头。

来到秦国后，荆轲先用重金买通了嬴政的宠臣——中庶子蒙嘉。蒙嘉于是向嬴政汇报：“燕王害怕大王的雄威，不敢抵抗秦国的军队，愿意举国投降为大王之臣，降级为秦国的附庸小国，得到像我们的郡县一样的待遇即心满意足，只求他们先王的宗庙不被摧毁。由于燕王害怕大王，不敢自己来，所以先派人带着樊於期的人头以及燕国督亢地区的地图来见您。下臣听说，他们把人头、地图装进匣子，使臣将要动身的时候，燕王还亲自对着使臣叩拜，叮嘱使臣好好向大王转达他的致意，请大王顾念燕王这份孝心，接见燕国的使臣。”

嬴政很高兴，说：“这是好事啊！如果天下诸侯都像燕王那么识趣，百姓们也可以少受些苦了。”于是换上礼服，以九宾之礼在宫中接见燕国使者。

此时秦国十分强盛，咸阳的宫殿修得又高又大，九宾之礼又被设计得极其森严隆重。荆轲等人一入宫门，便感受到了一种无比的威严，仿佛天下所有的权力都被集中到这座宫殿中，高高在上的嬴政已经不是人间的君主，而是天地万物的主宰。

这就是秦国啊！

荆轲暗自赞叹，同时提醒自己不要被这表面的繁华所震慑，要牢记自己的使命。他捧着装有樊於期人头的匣子走在前面，秦舞阳捧着地图匣紧随其后，在秦国众臣的注视之下依次拾级而上。

从宫门到主殿，要经过三段台阶，每段台阶都有七八十级。台阶两旁，是高大威猛的持戟之士，他们身上披着整齐的盔甲，头顶梳着同样的发髻，脸上带着凛然不可侵犯的神色。荆轲目不斜视，稳重前行。秦舞阳就没有那么淡定了，他时不时偷偷看看两旁的武士，又瞄瞄手中的地图匣，脑子里一片空白。来到主殿的台阶下，秦舞阳已经是脸色苍白，豆大的汗珠从脑门冒出来，脚步歪歪斜斜，仿佛就要摔倒。

这种反常的表现当然引起了宫中卫士的注意。

按照秦国的律法，主殿之上，只有秦王一个人可以佩剑，其余文武百官都不能携带武器，所以宫中卫士也只是在殿下执勤。荆轲被搜过身后，登上主殿台阶，刚走两步，听到卫士在身后断喝一声，回头一看，只见秦舞阳已经被拦住，不让上殿。

荆轲心里一惊，但是很快就镇定下来，朝着秦舞阳笑笑，又向前几步，高声向嬴政奏道："北部蛮夷之地的小人，从来没有见过天子的威仪，难免失态。恳请大王宽恕他，让他能够完成使命。"

嬴政倒也没有太在意，但是留了个心眼，说："他就不必上来了，你把他手里的地图和樊於期的人头一并拿上来给寡人看看。"

荆轲于是从秦舞阳手里拿了地图，连同人头匣子陈列到嬴政面前。嬴政验过人头，认得是樊於期，戒心去了一大半，命荆轲将地图展开给他看。

荆轲强压着内心的狂喜，将地图呈给嬴政。嬴政抓住卷轴的一头，荆轲抓住卷轴的另一头，缓缓展开。等到地图展至最后，藏在里边的徐夫人匕首就露出来了。

嬴政"啊"了一声，说时迟那时快，只见荆轲左手抓住他的袖子，右手抄起匕首向嬴政猛刺过去。嬴政本能地向后一退，袖子被扯断，然后伸手拔剑，不料佩剑太长，一下子竟然拔不出来。而荆轲一击不中，第二击又至。嬴政只好拿着剑鞘挡了一下，又拔剑，那剑却似被粘在鞘中一般，怎么拔也拔不出来。

嬴政只好围着柱子躲避，荆轲紧追不舍。由于事发突然，殿上群臣先是吓了一跳，接着便乱成一团。有上前帮忙的，手里又没有兵器，不是荆轲的对手；有呼叫武士上殿的，秦国的律法又明确规定只有秦王本人才能宣召武士上殿，武士们也不敢造次。眼看嬴政将要被追上，有个名叫夏无且的宫中医生冲上前去，用手里提着的药囊砸了荆轲一下。这时有人大喊："大王快把剑推到背后去拔！"嬴政猛然醒悟，将剑鞘往背后一推，顺势将剑拔出来了。

嬴政剑长，荆轲刃短，这一来主客易位，嬴政上前，一剑便砍断了荆轲的左腿。荆轲瘫倒在地，将手中的匕首向嬴政投过去。嬴政连忙闪身，匕首擦着头皮飞过，钉在身后的铜柱上。嬴政大怒，又连刺了荆轲几剑，将他刺成了一个血人儿。

这个时候，荆轲知道事情是办不成了，他强忍着伤痛，靠着柱子坐起来，对嬴政说："今天的事情之所以没有成功，是因为开始我想劫持你，逼你和我们签订合约以回报大子……"话未说完，已经气绝身亡。而殿下的秦舞阳早就被剁成了肉酱。

嬴政捡回了一条命，但是受了惊吓，很长时间都闷闷不乐。事后，他论功行赏，特别赏赐给夏无且黄金两百镒（一镒约二十四两）。

荆轲刺秦王，无疑是春秋战国时期最为精彩的刺客故事，没有之一。司马迁写《刺客列传》，先后写了曹沫、专诸、豫让、聂政和荆轲五个人的故事。但在中国历史上，荆轲的知名度远远高于前面四位，这也许和他那首传唱千古的"风萧萧兮易水寒，壮士一去兮不复还"有关。

荆轲刺秦王之所以失败，首先是因为大子丹操之过急，对荆轲不够信任。用人不疑，疑人不用。大子丹既然已经将重任托付给荆轲，又三番五次地催促荆轲动身，在很大程度上打乱了荆轲的计划，使他不得不仓促上阵，准备不够充分。

其次是担任副手的秦舞阳发挥失常。大子丹选择秦舞阳，是因为他“年十三杀人，人不敢忤视”，以为他是个天不怕地不怕的血性男儿，没想到只是个没见过世面的杀人犯，一进秦王的宫殿就腿软，根本没有发挥应有的作用。

最后是荆轲本人的问题：沉勇有余，武艺不精。地图展开的时候，嬴政并无防备，荆轲手持利刃，却错失良机，并不是因为所谓的想劫持嬴政，而是动作不够快。嬴政弹开后，一时拔不出宝剑，荆轲穷追不舍，却一直没有刺到对方，更说明荆轲其实武艺平平。

事实上，荆轲的老熟人、邯郸城里的鲁句践听说荆轲刺秦失败后，曾经感慨：“可惜啊，荆轲如果剑术再精进一点，就不会是这个结果了！”但他对荆轲的勇气还是表示了钦佩，说：“当初我不了解他是这样一条汉子，竟然还骂了他，也难怪他对我有意见。”

可以想象，经过这件事后，秦国加快了进攻燕国的步伐。

公元前226年十月，王翦大军攻破蓟城。燕王喜和大子丹弃城而走，退守辽东。秦将李信率军尾随而至，向燕国的残余部队发动猛攻。

燕王喜情急之下，听从代王嘉的建议，杀了大子丹，想以此向秦国换取和平。这当然是痴心妄想，嬴政连大子丹的人头都不愿意看，下令秦军照旧进攻。此后过了五年，秦军在王贲（王翦之子）的率领下，终于清除了辽东地区的燕国残余势力，俘虏了燕王喜。

但是，直到那时，嬴政对于荆轲刺杀他的事情，仍然心有余悸。秦朝统一天下后，他还下令搜捕大子丹和荆轲的同伙。高渐离作为本案第一号通缉犯，不得不隐姓埋名，躲藏在宋子县（今河北省赵县），给人家当长工。

有一天，高渐离干活累了，听到主人家有位客人在堂上击筑。高渐离听了半天，没舍得走开，突然说："这位客人击筑，还算中听，但是有好几个地方没有处理好，有些生硬了。"

有人听到这话，便上堂告诉主人："有位伙计好像懂得音律，在那里妄加点评，说客人击筑有些生硬呢！"

主人还未发话，客人倒是叫起来："没错啊，这曲子我刚学会，有几个地方怎么都击不好，快请这位伙计来指教一二。"

高渐离于是被请到堂上，表演了一首曲子，满座的客人都鼓掌喝彩。主人很高兴，命人给高渐离倒酒。高渐离本来就是个酒徒，两三杯好酒下肚，豪气顿生，回屋拿出自己的筑，并换上原来穿的衣服，再回到堂上。在座的人一看他这套行头，都大吃一惊，赶紧下来向他行礼，并且把他推到上座。高渐离也不客气，又演奏了几首，一边击筑，一边高歌，就像回到了跟荆轲一唱一和的年代。筑声幽远，歌声悲壮，客人们听了，无不激动得流下眼泪。

这件事情很快传到了嬴政耳中。嬴政很感兴趣，下令召见高渐离。高渐离在宫中演奏了一首曲子，马上就有人认出了他，说："这不是荆轲的朋友高渐离吗？"

嬴政一听，觉得很为难。按照当初他下的命令，高渐离这种人是要被杀头的。可是高渐离的演奏实在太好听了，又让他起了惜才之心，想把高渐离留在宫中。最后，嬴政想了一个办法，让人弄瞎了高渐离的眼睛，命令他每天都为自己击筑。嬴政每听一次，都击节赞赏，渐渐放松了警惕，有时候甚至坐到高渐离身边去侧耳倾听。

有一天，嬴政正听得入迷，高渐离突然举起筑，狠狠地向他砸去，结果没有砸中嬴政，却砸在柱子上，竟将铜柱砸出一道深凹。原来高渐离已经在筑里灌了铅，将它变成了一件杀人凶器。

高渐离被当场处死。经过这件事后，嬴政再也不敢接近原来山东六国的人。他越来越像一尊高高在上的神，只凭借雷鸣闪电统治人间，当然，这是后话。

第十一章

天下归秦

乱世贵族：战国四公子

本书前面介绍过，春秋战国时期的“公子”，与后世的公子有较大的区别。后世的公子，是对富贵人家子弟的统称，宰相的儿子可以称为公子，县令的儿子可以称为公子，地主商人的儿子可以称为公子，甚至平民百姓家的儿子，如果考上了个秀才，也有可能被叫作公子。但是在春秋时期，诸侯统称为公，诸侯之子才能叫作公子。到了战国时期，诸侯纷纷称王，公子这一称谓却沿用下来，其实也就是王子了。

有意思的是，鼎鼎大名的战国四公子中，齐国的孟尝君、赵国的平原君、魏国的信陵君都是货真价实的公子，唯独楚国的春申君，不但不是公子，甚至连公室子弟都不是。

《史记》是这样记载的：“春申君者，楚人也，名歇，姓黄氏，游学博闻，事楚顷襄王。”

后人据此推测，春申君当为春秋时期楚国所灭之黄国后裔，通过游说受到楚顷襄王重用，与楚王的熊氏家族是没有任何血缘关系的。

但也有人对此持不同意见，认为战国四公子都是王室显贵，春申君不可能例外。《韩非子》曾有这样的记载：“楚庄王之弟春申君……”楚庄王是春秋五霸之一，与春申君有数百年之隔，当为楚顷襄王之误。这样的话，春申君很有可能就是楚顷襄王的弟弟，现代学者钱穆也倾向于支持这种观点。

抛开门第之见不谈，历史上的春申君究竟是个什么样的人物？在战国乱世即将结束之际，他又充当了什么样的角色？事情还要从楚顷襄王年代说起。

春申君黄歇

黄歇最初受到楚顷襄王重用，是因为能说会道，于是被派到秦国去当大使。

当时正值华阳之战后，秦昭王任用白起打败了韩、魏两国，准备顺势南下进攻楚国。黄歇为了阻止秦国出兵，便给秦昭王上了一书。他说：“天下强国，莫过于秦、楚。今天听说大王要进攻楚国，就好比两虎相争，结果只能是让那些围观的阿猫阿狗得到好处。依我之见，您还不如跟楚国亲善友好。

“俗话说得好，物极必反。现在秦国的地盘已经贯通东西，有史以来还没有一个国家能够像秦国这样强大。您即位以来，东征西讨，武功赫赫。伊阙一战，大败韩、魏联军，斩首二十四万，天下震惊，从此韩、魏两国俯首称臣。您又组织五国联军讨伐齐国，打得齐王丢盔弃甲，溃不成军。东方各国曾经几次联合起来，企图对抗您的虎威，每一次都是无功而返。您的丰功伟绩，可谓是前无古人。但我还是要提醒您，如果您能够适可而止，放弃攻取之心而广施仁政，使得秦国永绝后患，那您在历史上的地位，即便是三皇五帝也不能相比；如果您继续倚仗着武力强大，想趁着刚刚打败魏国的威风，用武力消灭天下各国，恐怕会有后患。

“当初智伯进攻赵氏，认为志在必得，绝对没有料到他会失败；夫差进攻齐国，以为可以称霸中原，也没有想到越国会抄他的后路，导致吴国灭亡。这两个人，不是没有建立过大功，而是只看到眼前利益，忽视了即将到来的危险。现在您和他们一样，只看到进攻楚国的好处，却忘了打败楚国只会使得韩国、魏国有机可乘。我私下为您考虑，认为这是不可取的。

“《诗经》上说：‘不能派兵到千里之外去作战。’由此可见，楚国，应该是您拉拢的对象；而邻国，才是您打击的目标。现在您放弃韩、魏而进攻楚国，难道不是很奇怪吗？韩、魏两国的人民，前仆后继地死于对秦战争，已经快有十代了。他们的本土被秦军占领，宗庙被秦军毁坏，战士被秦军剖腹、斩首，尸横遍野，惨不忍睹。他们对秦国的仇恨，是永远无法消除的。对这样的国家，您只能彻底将他们消灭，否则终将成为秦国的大患。

“而且，就算您一定要攻打楚国，您打算从哪条路上出兵呢？是向韩国和魏国借道吗？如果是那样，秦军可就危险了，很有可能一去不复返。您如果不向他们借道，那就必须进攻随水南岸。而随水南岸到处都是不毛之地，您即便占领了那里，也是一无所获，没有任何价值。

“您一旦发兵攻楚，三晋和齐国就会相机而动。到那时，楚国和秦国打得难分难解，魏国趁机夺取原来宋国的土地，齐国趁机夺取泗水流域，这些都是四通八达的平原，土地肥沃，物产丰富。也就是说，您费了老鼻子劲打楚国，好处都让人家得了。

“您拥有这么广阔的土地，这么众多的人口，又有这么强大的兵力，如果作出进攻楚国的决定，不仅白白得罪了楚国，又推迟了韩、魏两国向您归降的时间，这不是失策吗？所以我建议您还是跟楚国搞好关系，联合起来对付韩国，韩国马上就会束手无策。然后您派十万大军进驻新郑，魏国只好俯首称臣。那时候，整个天下都已被您控制，燕国、赵国不能和齐国、楚国联系。您甚至不用出兵，只要派人恐吓一下，他们就会乖乖地向您屈服。这样的结果，难道不是您所希望的吗？”

黄歇这封信，归根结底只有一个主旨，就是将祸水引向韩、魏，推迟秦国进攻楚国的时间。这个想法在客观上与范雎的远交近攻不谋而合。秦昭王考虑再三，果然采纳了黄歇的意见，将进攻重点放在三晋，楚国得以偏安数十年。

此后，楚顷襄王派大子熊完入质于秦，黄歇又担任熊完的师父，陪同熊完在咸阳居住。

公元前263年，楚顷襄王病重，熊完担心国内有变，想回去巩固自己的地位，但又怕秦国不放人。

于是黄歇找到当时秦国的相国范雎，说：“现在楚王病重，怕是医不好了。秦国不如赶快放楚大子回去，等他即位后，一定会感激秦王的恩德，加强两国的友好。否则的话，万一楚国另立新君，对秦国可就没那么听话了。”

范雎将这话说给秦昭王听，秦昭王持审慎态度，说：“可以让大子的师父先回去看看楚王的病情，等他回来后再作计议。”

黄歇得到这样的答复，对熊完说：“秦国之所以不让您回去，是想得到更多的好处，而您现在又无法给他们提供什么好处，处境十分危险！现在大王病情十分严重，万一去世，您又不在楚国，接下来会发生什么事就很难说了。建议您赶紧逃跑，这里有我，就算是豁出性命也要顶住。”

于是熊完乔装打扮，偷偷溜回了楚国。黄歇则留在咸阳应付秦国人。估计熊完已经抵达楚国了，他才进宫对秦昭王说：“楚国大子已经回国，我知道有罪，特来向您请求赐死。”

秦昭王大怒，说：“那你就自杀吧！”

范雎赶紧求情：“黄歇作为臣子，能够舍出性命来救自己的主人，相当难得。楚大子既然已经回国，必定会即位为君，咱们不如大方一点，把黄歇放回去，让他辅佐大子，继续与秦国亲善友好。”

秦昭王对范雎言听计从，于是将黄歇也放回了楚国。

三个月后，楚顷襄王去世，熊完即位，也就是楚考烈王。黄歇被任命为相国，封春申君，得到了淮北十二县作为封地（后改封江东），成为楚国炙手可热的实权派人物。

春申君阔起来后，学着平原君、信陵君的做法，礼贤下士，招揽宾客，很快也聚集了三千门客，让他们为自己出谋划策，歌功颂德，装点门面。

据说，平原君有一次派自己的门客出访楚国，拜访了春申君。春申君将他们安排在最好的宾馆里居住，并且派门客去招呼。这些赵国人想夸耀自己的富贵，故意在头上插着玳瑁发簪，刀剑都用名贵的珠玉装饰，得意洋洋地来见春申君的门客。没想到，春申君的门客个个都衣着华贵，连鞋子上都缀着上等珠玉，比赵国人装点在刀剑上的还名贵。于是，“赵使大惭”，从此不敢轻视楚国人。

这次比富无疑说明，春申君至少在经济实力上比平原君更胜一筹。

当然，春申君在治理国家方面，也还是有两把刷子。在他当权时期，楚国派兵救援赵国，配合信陵君解邯郸之围，又北伐消灭鲁国，任用大儒荀况为兰陵县令，楚国的国势复振，大有中兴气象。

然而，公元前241年，庞煖组织最后一次合纵，发动五国大军攻秦，楚国也参与其中。等到联军攻至蕞地，秦军发动反攻，各国军队便一哄而散逃走了。楚国为了躲避秦国的进攻，还将首都迁到了寿春。因为这件事，楚考烈王归罪于春申君，君臣之间从此产生隔阂。

李园的窃国连环计

这一年，楚考烈王已经即位二十二年，仍然没有生下一个儿子。

春申君为此很着急，国家没有继承人，那是大事啊！于是找了不少女人送给楚考烈王，结果还是不行。

春申君有位门客，名叫李园，是赵国人。李园有个妹妹，长得很漂亮，又很风骚。李园想将妹妹献给楚考烈王，但是考虑到楚考烈王没有生育能力，怕她日后失宠又没有儿子可以依靠，于是想到了春申君。

有一次，李园请假回家，故意晚回了几天。春申君问他为什么迟到，李园回答："齐王派人来向我妹妹求婚，我陪着齐王的使者喝酒，所以回来晚了。"

春申君一听，觉得很好奇："那齐王下聘礼了吗？"

李园说："还没呢。"

春申君说："我可以见见你妹吗？"

李园说："当然可以。"

于是李园将妹妹带给春申君看。果然如他所料，春申君一见这个女人便着了迷，将她留在了自己府中。

自楚灵王以来，楚地女子便以细腰而闻名，有一种弱不禁风的美。而赵地女子身材高大，性格爽朗，给春申君带来了完全不一样的异域风情。

她很快就怀孕了。

在李园的授意下，这个女人找着一个机会，对春申君说："您在楚国掌权已经二十多年了，大王对您无比信任，即便是亲兄弟也比不上。可是大王没有儿子，一旦他去世，就只能立他的兄弟为王。等到新君即位，他必然会用自己的亲信，到那时您该怎么办呢？要知道，这些年来您可得罪了不少大王的兄弟，他们中任何一个人即位，对您可都是大大的不利。"

春申君抚摸着她因为怀孕而变得益发光彩的脸蛋，说："依你之见，我该怎么办呢？"

女人说："我怀孕的事情，别人还不知道。如果您把我进献给大王，相信大王一定会喜欢我。如果老天保佑，日后我生个儿子，以后不就是您的儿子当大王了吗？到那时，整个楚国都是您的，岂不比现在这样束手无策强得多？"

春申君听得心里"扑扑"直跳，这是一个大胆的主意！他玩弄了一辈子政治，却从没有想过要鸠占鹊巢，把楚国的江山抢过来给自己的儿子。而眼前这个女人，三言两语便给他展现了一幅令人神往的场景——是啊，楚考烈王百年之后，这个女人抱着他的儿子，在他的辅佐之下统治楚国，那是何等乐事！

计划很快确定下来，而且事不宜迟。春申君让这个女人（史上没有记载她的名字）搬出自己的府邸，另外安排了一处宅子给她居住，然后进宫去见楚考烈王。

春申君说："下臣的门客李园有个妹妹，天生丽质，远近闻名，连齐王都知道，派人来向李园求亲。李园不敢擅自做主，来问下臣的意见。下臣以为，身为楚国的臣子，凡事都要先想到自己的大王。便劝他将妹妹先献给大王，如果大王看不上，再嫁给齐王不迟。"

楚考烈王不觉有诈，便让春申君将李园的妹妹送进宫来。这女人果然非同一般，人见人爱，楚考烈王只见了一面，也被她迷住了，将她留在宫中，天天和她黏在一起。

不久之后，宫中传出喜讯，新来的李美人怀孕了！楚考烈王对她更是疼爱有加。又过了几个月，李美人瓜熟蒂落，生下了一个儿子，取名熊悍。不消说，这个孩子很快被立为大子，李美人也身价倍增，被册封为王后。

后来，李美人又生了一个儿子，取名负刍。至于这个儿子是谁的，史料上没有记载，也许真是楚考烈王的吧。

至此，春申君的计划似乎进行得很顺利。

然而让他没有想到的是，他给楚考烈王种了一个木马，自己却不是这个木马的最终操纵者。换句话说，楚考烈王中了春申君的计，同时春申君也中了别人的计，为别人做了嫁衣裳。

这个黄雀在后的幕后高人就是李园。

自从李美人成为了王后，李园便鸡犬升天，从春申君的门客一跃成为楚国的国舅爷，而且受到楚考烈王的重用，权势直逼春申君。

李园不满足于这种现状。从一开始，他就是这个木马计的主谋，春申君不过是他使用的一颗棋子。如果没有春申君，他的妹妹即便入了宫，也不过是个普通的美人，楚考烈王新鲜劲一过，很快就弃之不用，打入冷宫了。也只有春申君这样强势的人物，才有胆量将一个珠胎暗结的女人送入宫中，给楚考烈王提前戴了一顶绿帽子，让这个女人获得稳固的地位。当这一切完成之后，春申君便变成李园夺取楚国大权的障碍了。

李园知道，一旦楚考烈王去世，大子即位，春申君便会凭借着多年积累的政治资源，重新获得绝对优势。因此，过河拆桥须趁早，他必须在楚考烈王还在世的时候除掉春申君，于是暗中豢养了一批死士，准备刺杀春申君。

这件事情进行得并不机密，久而久之，有些传闻也传到春申君的耳朵里了，但是他很不以为然，认为那是子虚乌有的事。

公元前238年，楚考烈王病重。春申君的门客朱英，是位颇有见识的谋士，他对春申君说："世上有预料不到的福，也有预料不到的祸，现在又是一个前途未卜的时期，你又侍奉着一个生死未卜的国君。在这种情况下，您又怎么能够没有一个意想不到的人来帮助您成就大事呢？"

春申君犯了糊涂："什么是预料不到的福？"

朱英说："您当相国二十余年，名义上是相国，实际上就是楚王。现在大王病重，说不定什么时候就会死掉，您拥戴大子即位，代替他行使大权，就像古代的周公那样，等他长大后奉还大政也行，或者干脆取而代之也行。这难道不是预料不到的福？"

春申君微微一笑，又问："那什么又是预料不到的祸呢？"

朱英说："李园现在虽然不是相国，但是权势居然和您差不多；他手里头虽然没有兵权，但我听说他家里头养着不少死士。等到大王去世，他一定先下手为强，派人刺杀您。这就是预料不到的祸。"

春申君皱了皱眉头："那谁又是意想不到的人呢？"

朱英笑了："那就是我啊！您现在就把我安排进宫去当郎中（侍奉国君的官员，并非医生），等到楚王一死，李园必定抢先入宫，我就出其不意地将他杀死，为您除掉后患。"

春申君不耐烦地说："你还是算了吧！李园不过是个无能小辈，我对他历来不薄，他怎么会对我下手呢？"

朱英没有再说什么，偷偷地离开了楚国。

这次谈话之后，过了十七天，楚考烈王去世了。春申君得到消息，未加防备，穿上孝衣前往王宫。刚进王宫的大门，就被李园埋伏的死士围上来杀死，并且将他的人头割下来，扔到了臭水沟里。

李园又派人杀死了春申君全家，然后立太子熊悍为国君，也就是楚幽王。

无独有偶的是，这一年正好是秦王嬴政即位的第九年，嫪毐也在秦国作乱，事败后被杀，相国吕不韦因此失势撤职。李园之于春申君，其实就相当于嫪毐之于吕不韦。司马迁写到这一段历史，不无感叹地说："当断不断，反受其乱，春申君不听朱英的话，结果反被李园所杀，难道不是自取灭亡吗？"

王翦灭楚

春申君死后，楚国的国势便每况愈下。公元前228年，楚幽王去世，其时年少无子，王位由其弟负刍继承。

如果负刍真是楚考烈王之子的话，楚国的王位便传回了熊家，这恐怕又是春申君始料不及的。

同年，魏景闵王去世，太子魏假即位。

公元前226年，韩国旧都新郑发生反秦叛乱，被秦军镇压。韩国末代君王韩安受到牵连，被嬴政下令处死。

同年，秦国派王贲攻楚，取十余城。

公元前225年，王贲攻魏，包围大梁。大梁守军坚决抗战，王贲引黄河水灌大梁，三个月后城墙坏，魏假出城投降，魏国宣告灭亡。秦军继续东进，一直攻到历下（今山东省济南），并在原来魏国的东部地区设立了砀郡。

这样一来，山东六国中，韩先灭亡，赵国苟存于代地，燕国退守辽东，现在魏国又被消灭，硕果仅存的就只有楚国和齐国了。

秦国把主攻方向放到了楚国。

这些年来，秦军攻城略地，所向披靡，一位名叫李信的年轻将领脱颖而出，成为嬴政的爱将。

据唐人推测，李信乃是老子的后人，自老子的儿子李宗开始，家族中多有从军者，可以说是军人世家。李信本人骁勇善战，曾经带领数千人马孤军深入，追击燕王喜至辽东，在衍水（今辽宁省境内，现称太子河）大败燕军，迫使燕王喜杀太子丹求和。

进攻楚国之前，嬴政召开了一次御前军事会议，他首先问李信：“寡人想一举消灭楚国，你看需要多少人马？”

李信张嘴就答：“二十万人足矣！”

二十万人，在春秋时期乃至战国前期，那是相当可观的部队数量。但是自战国中期以来，战争规模不断扩大，一次战役中，单方动用四五十万军队的战例屡见不鲜，二十万人委实不算大数。嬴政听了，既佩服李信的勇气，又有点不放心，于是问老将王翦：“寡人想听听您的意见。”

王翦摸了摸花白胡须，缓缓说道：“老臣以为，没有六十万人是不行的。”

这个数把嬴政吓了一跳。当时秦国全部的武装力量加起来，也不过百万之众，还要防守秦国本土和这些年新占领的河南河北广大地区，拿出三四十万人攻楚已经是他心里的底线，没想到王翦狮子大开口，一下子跟他要六十万。

嬴政沉吟了片刻，笑道：“王将军大概是年纪大了，办事也太谨慎了，还是李将军勇敢，这次攻楚的重任，就交给李将军吧！”

王翦说：“全凭大王裁决。”

过了几天，王翦便打了一封辞职报告，自称有病，请求回老家频阳去休养。

嬴政知道王翦这是心里不舒服，也就顺水推舟，批准了他的辞职。同时派李信为大将，蒙恬为副将，率领二十万大军进攻楚国。

李信果然勇猛，将二十万大军又分为两路。自己率领一路，进攻平舆（今河南省平舆）；令蒙恬率领另一路，进攻寝丘（今河南省沈丘）。秦军气势如虹，两路人马都击溃了楚军的抵抗，顺利攻克城池。

胜利来得如此之容易，李信断定楚军已无斗志，继续分兵掠地。他命蒙恬进攻城父，自己则率军进攻鄢郢，又连续几次打败楚军，扫平了鄢郢之地。

然后，李信挥师西进，准备到城父去与蒙恬会师。

李信忽略了一件事，楚国地大物博，雄踞南方数百年，鄢郢地区更是楚国的统治中心，群众基础非常好。他表面上扫平了楚军的抵抗，却没有消灭楚军的有生力量。

事实上，楚军在将军项燕的率领下，早已经化整为零，隐藏在偏僻的山区。等到李信大军离去，项燕便悄悄收拢部队，利用楚人对地形的熟知，尾随其后，一口气追了三天三夜。

趁着李信没有防备，项燕突然发动夜袭。数十万楚军将十万秦军团团围住，很快突破了秦军的防御，连续攻破两座大营，杀死了秦军七名都尉。

李信倒也临危不乱，指挥残余的秦军拼死杀出一条血路，突出重围逃回了秦国。

李信一退，蒙恬独力难支，也只好主动撤退。二十万人攻楚，落得个徒劳无功，铩羽而归。

嬴政知道自己错了，把李信臭骂了一通，然后亲自跑到频阳去见王翦，当面道歉："寡人没有听从您的意见，李信果然丧师辱国，责任全在寡人。现在楚军在项燕的率领下，气势大振，叫嚣着要西进武关，攻克咸阳。您虽然身体不好，难道忍心撇下寡人不管吗？"

王翦赶紧咳嗽了两声，说："老臣现在是又老又病又糊涂，恐怕是担当不了这样的大任，大王还是另请高明吧！"

嬴政说："好啦好啦！您别再跟寡人装病装糊涂了，就您那身子骨，再生几个儿子都没问题。再说了，您要是糊涂，那秦国还有明白人吗？寡人今天可是诚心诚意地来向您认错道歉，您就给寡人一个面子，不要再推辞了。"

王翦知道，撒娇必须适可而止，尤其是面对嬴政这种领导的时候，于是很干脆地说："行，大王一定要我去，那我就去。但是条件先说好，六十万人马，一个也不能少。"

嬴政说："这个不用您说，寡人就是挤，也要挤出六十万人给您。"

王翦说："蒙恬那小伙子不错，老臣还要他当副手。"

嬴政说："没问题。"

王翦又说："李信其实也是个好小伙子，希望大王不要因为一次失败就弃之不用，那就太可惜了。"

嬴政说："寡人打算命王贲进攻代地和辽东，平定北方，给李信一个戴罪立功的机会，让他跟着王贲一道去如何？"

王翦神色肃然地下拜，说："这正是老臣的愿望。"

就这样，王翦带着六十万大军出发了。这是秦国有史以来最大规模的一次部队出动，也可以说是关系到秦国命运的一次赌博——明眼人一看即知，虽然秦国已经占领了半个中原，但是如果这六十万人失败的话，秦军就损失了一半以上的兵力，三晋和燕国的遗民很有可能趁机起来造反，自秦孝公以来辛辛苦苦建立的大秦王国，将面临最为严峻的考验。

嬴政亲自到灞上送别王翦。

所谓灞上，是咸阳东郊的高地，因灞水流经此处而得名。后世文人骚客，常将灞上作为“离别圣地”，留下了很多类似于“灞陵伤别”的名句。

当然，后世的灞陵伤别，多是朋友、兄弟或情人之间，因此情深意切，感人肺腑。嬴政送别王翦，同样也是恋恋不舍，说了很多肉麻的贴心话。为什么？因为他将整个秦国的命运都交到了王翦这个老头子手上，能不紧张吗！

王翦诚惶诚恐地听嬴政作完指示，准备登车了，突然又将嬴政请到一边，说：“老臣还有一个要求。”

王翦哆哆嗦嗦拿出一幅绢制的地图，指着给嬴政看，说：“这里，这里，还有那里，这些田地、林子、池塘，还有宅子，老臣已经看上很多年了，想拿来养老，请大王赏赐给老臣。”

嬴政脸上闪过一丝不快，说：“唉哟，难道您还担心以后过穷日子吗？”

王翦说：“我倒是不担心。可是按照秦国的法律，即便是立了再大的军功，也不能封侯，我想趁着大王现在对我好，赶紧为子孙后代多要一点东西。”

嬴政哈哈大笑，拍拍王翦的肩膀，答应了他的请求。

王翦这才放心地发兵东进，从出了咸阳到函谷关，他又一连写了五封信给嬴政，不是汇报行军状况，而是向嬴政索要更多的良田美宅。

连蒙恬也看不下去了，直言道："将军您这种做法，是不是有点过分了？"

王翦笑了："你跟我认识也有很多年了，认为我是个怎么样的人？"

蒙恬说："老将军奉公守法，用兵如神，是我等楷模……不过，这一次出战楚国，您似乎更多不是考虑打仗的事，总想着向大王要这要那，让我难以理解。"

王翦说："这你就有所不知了。你想想看，现在秦国能够调动的军队都在我手上。我是君子坦荡荡，没有任何私心杂念，但是面对像大王那样精明的人，我如果不隔几天跟他要点这个，要点那个，表现出一副贪财的样子，他能放心吗？"

蒙恬这才体会王翦的用心良苦。

的确，统治者最担心的不是臣下贪财好色，而是臣下有异心，不好控制。贪财好色有什么了不起呢？这是人之常情，只要在一定的范围之内，不要太过分，都好解决。与之相比，不贪财不好色的人才可怕——他会不会有更大的野心啊？他是不是在为自己树立形象、收买民心啊？

在官场上浸淫了数十年的王翦无疑深谙此道，因此不惜自毁形象来获得嬴政的安心，这种高级的政治智慧，自然是一般人所不能理解的。

楚国方面，听说秦军卷土重来，而且是倾巢而出，自然也动员了所有可以动员的力量来迎战。

这是两个国家之间最后的决战，双方对峙的军队史无前例地超过一百万。楚军在项燕的率领下，同仇敌忾，士气高涨。可是，当他们列好阵势，准备迎接秦军进攻的时候，对面的秦军却没有任何动静。

一开始项燕以为王翦是在酝酿什么诡计，于是加强防范，严阵以待。可是等了几天之后，秦军仍然没有动静。项燕派人去侦察，得到的情报让他不禁哑然失笑。

原来，秦军一遇到楚军，就开始构筑防御阵地。短短的几天之内，已经修筑好了几十座营垒和一道长长的围墙。这阵仗，倒像是楚军是来进攻的，秦军是来防守的，角色完全互换了。

“到底是年纪大了，完全没有斗志啊！”项燕这样想。

稍懂兵法的人都知道，兵贵胜，不贵久。尤其是六十万大军在外作战，每天耗费的军粮军饷极其巨大不说，时间一长，国内的经济生产也会受到严重影响，四方诸侯和反对势力也会蠢蠢欲动，对于秦国来说是极其不利的。

可王翦不但驻扎下来了，还摆出一副打持久战的架势。项燕几次挑战，他都只顾坚守工事，丝毫没有要还击的意思。

打了几次后，项燕也觉得索然无味了。打仗这种事情，本来就是一鼓作气，再而衰，三而竭。楚军本来憋足了一股劲要保家卫国，被王翦这么一消磨，士气悄然低落了许多。士兵们无所事事，开始打鸟、赌博，甚至溜出军营去找女人。项燕对此睁一只眼，闭一只眼，从心里面讲，他已经认定王翦这糟老头只不过是来打酱油的，没有必要太认真对付啦!

这个时候，秦军在干啥呢?

按照王翦的安排，秦军每天都在做三件事。

第一，吃好;

第二，睡好;

第三，洗一个热水澡。

前两样倒也罢了，唯独第三样，在当时而言，委实是一项了不起的享受。

王翦每天都端着饭碗，到各个营区去，与将士们一同进餐，跟他们拉拉家常，说几个笑话，鼓励他们好好休养，不要想打仗的事。

这样过了好几个月。有一天，王翦突然派人到下面去看看士兵们都在干啥，回报是："他们在比赛扔石头，看谁扔得最远。"

王翦哈哈大笑，说："小伙子们可以出战了。"

他已经得到情报，项燕跟他对峙了几个月之后，终于按捺不住，正准备率军向东，迂回到秦军侧翼寻找战机。

王翦偷偷抽调了一支精锐部队，尾随项燕的部队转移。同样的战术，项燕在对付李信的时候用过，现在却被王翦用来对付项燕，可以说是以其人之道还治其人之身。

秦军趁着楚军没有防备，发动突然袭击，一举将楚军击溃。王翦乘胜追击，又在蕲县（今安徽省宿州）大败楚军，杀死了项燕。

第二年（公元前223年）春天，王翦和蒙恬又攻破寿春，俘虏了楚王负刍。春秋时期的老牌霸主，曾经给中原各国带来数百年战栗的庞大楚国，终于寿终正寝。

值得一提的是，项燕在蕲县战死的时候，他的儿子项梁侥幸从战场上捡回了一条性命。楚国灭亡后，项梁带着一位年仅九岁的侄子浪迹江湖，流落至吴中（今江苏省苏州一带）。

这个孩子名叫项羽。

王贲亡齐

嬴政加快了兼并六国的步伐。

公元前222年，王翦大军刚刚消灭楚国，王贲和李信便在北方发动攻势，俘虏了燕王喜和代王嘉，将赵、燕两国的残余势力一扫而空。

与此同时，王翦继续东进，在平定了吴越之地后，又南征“百越之君”，将现在的福建省大部分地区纳入秦国的统治范围。

在嬴政的书房里，挂着一幅巨大的天下地图。每灭掉一国，他便命人在相应的位置画上一面黑色的“秦”字旗。现在，只剩下东海之滨的齐国，在一片黑色的海洋中摇摇欲坠。

关于齐国这些年的历史，有必要做一个交代。

前文提到，齐闵王年间，燕国大举入侵，几乎占领齐国全境，只有即墨和莒县仍在坚守。楚国派淖齿率军救齐，淖齿却杀了齐闵王，企图与燕国共同瓜分齐国。

齐闵王被杀的时候，大子田法章藏匿在莒县一个叫太史敫（jiǎo）的人家里当仆人，不敢暴露自己的真实身份。太史敫的女儿，是个秀外慧中的姑娘，她见田法章气宇非凡，做起事来却笨手笨脚，不像是个下人，凭直觉认定他是个落难的富贵人家子弟，趁人不注意，时常拿些食物给他吃。一来二去，两个人竟然擦出火花，偷偷地好上了。

后来淖齿又被王孙贾杀死，莒人到处寻找齐闵王的大子，想立他为君。田法章不知道外面的形势，害怕人们把他也杀掉，很长时间躲着不肯出来。直到有一天，他觉得危险已经过去了，才对别人说：“我就是大子。”

再后来，他就被莒人立为国君，也就是历史上的齐襄王。太史敫的女儿被立为王后，不久之后便生下了一个儿子，取名田建。

女儿当了王后，本来是家族的光荣。太史敫却是个古板固执的老头，宣称女儿没有通过媒聘就私自嫁人，丢尽了家族的脸，这样的女儿我不认！从此之后，果然终身没有见他女儿。然而王后贤惠，没有因此而失礼于父亲，每逢过年过节，总是上门慰问，被拒之门外也不生气，留下礼物，下次再来。

公元前265年，齐襄王去世，田建即位。王后升级为王太后，在幕后协助儿子治理国家，谨慎地处理与秦国的关系，对诸侯也很诚敬，小心翼翼地维护着齐国的安全。

有一次，秦昭王派人给王太后送来一副玉连环，说："寡人听说齐国人都很聪明，请问您能解开这副玉连环吗？"

王太后把玉连环拿给群臣看，群臣传来传去，没有一个人能够解开。秦国使臣在一旁偷笑。最后，玉连环又传回王太后手里。王太后命人拿来一把锤子，一锤就把它敲破，对秦国使臣说："请转告秦王，老妇已经解开了。"

从这个故事不难看出，王太后其实是个内刚外柔的人，表面上很温和，内心却始终有一杆秤。遇到那些解不开的结，她会毫不犹豫地拿起锤子……

公元前260年，爆发了长平之战。赵国派人向齐国求援，被齐国拒绝。赵国又提出借粮，有人劝田建答应赵国的要求，认为赵国是齐国的屏障，一旦赵国失陷，齐国马上就会面临秦国的进攻。但是田建还是没有答应，这种置身事外的稳重作风，多少看得出背后有王太后的影响在起作用。

公元前249年，秦庄襄王即位，齐国的王太后去世。

王太后病危之时，曾经将田建叫到身边，对他说了几位大臣的名字，说：“这几个人可以重用。”而且一一分析每个人的特长和弱点，告诉他应该放在什么位置使用。

田建听了，连连点头，说：“我得把他们记下来。”说着命内侍拿来笔和木简，请王太后再说一遍。

王太后哀叹一声，说：“我已经忘记了。”

当然不是王太后忘记，而是刚刚说完的几个名字，田建竟然一个都没记住，让她觉得灰心丧气。

王太后死后，一个名叫后胜的人担任了齐国的相国。后胜据说来自王太后的家族，却没有王太后的智慧与风骨。嬴政即位后，秦国采用李斯和尉缭的策略，大肆收买各国政要，后胜在秦国金弹的攻击下，很快放弃了抵抗，偷偷投靠了秦国，而且在齐国发展下线，将朝中大臣策反了一半。这些人狼狈为奸，成天站在秦国的立场上说话，劝田建与秦国亲善友好，甚至劝田建去秦国朝觐。

公元前237年，田建果然横穿中原大地，来到咸阳朝觐了嬴政，希望以此获得秦国对齐国的安全保证。田建的这份孝心，无疑获得了嬴政的赞赏。嬴政在咸阳举行了盛大的酒宴欢迎田建，鼓励他在东海之滨好好发展生产，不要操心天下的大事，而且保证齐国和秦国永远睦邻友好，永不互相侵犯。田建如同吃了迷魂药一般，回到齐国，果然从此不修武备，也不参与诸侯合纵，坐视秦国逐渐吞并其他五国。

直到秦国消灭楚国，攻克辽东，从西、南、北三个方向包围齐国，田建才感觉到不对劲，命令后胜动员部队，准备防御秦国进攻。

后胜忠实地执行了他的命令，将部队集结到西线，摆出一副全面开战的架势。他装作没留意到，秦军的主力部队在王贲的率领下，已经迂回到辽东，在没有任何抵抗的情况下，从北方杀入了齐国境内，包围了临淄。

田建见大势已去，开城投降。相比其他国家，齐国灭亡得最晚，然而速度最快，王贲几乎没有损伤一兵一卒，就将当年乐毅用了五年时间都没有完全占领的齐国变成了秦国的领土。至于田建本人，堪称晚景凄凉。嬴政将他流放到北方苦寒之地，居住在荒山野岭里。没过多久，他就活活地饿死了。

第十二章

秦始皇奠定两千年专制基础

封建终结，专制开启

如果冥冥之中真有一尊万能的神在俯视地球，他会发现，自公元前770年以来一直战乱纷纷的中国大地，现在终于平静了。

秦国统一了天下，建立了一个崭新的王朝。

这个王朝不同于以往任何一个。在它出现之前，中国历史上曾经有夏、商、周三个王朝，但是严格地说，那只是以夏、商、周三个国家命名的历史时代。

好比说，古希腊时期的欧洲，谁都明白，希腊只是欧洲的一小部分。

夏、商、周也一样。周朝统治的全盛时期，诸侯国遍布黄河流域，甚至江南也有它的子民，号称“普天之下，莫非王土”。可是，周天子真正能够直接控制的，只有王畿那一小块地区。其余大大小小的诸侯国，名义上是周天子的臣民，实际上具有很强的独立性。那个时候的中国，可以说是一种古代联邦。当然，我们的祖先对这种政治体制有自己的说法，叫作“分封建国”，简称“封建”。

这种封建制度，和西欧中世纪的封建制度极其相似，是金字塔形的层层分封，或者说是权力的层层分包。

天子受命于天，获得统治的合法性。但是天子的真实力量，不足以统治如此广阔的土地，于是将权力下放给诸侯，让他们在各地建立自己的国家。诸侯的统治，又依赖于以宗法为纽带的家族，于是卿大夫的势力得到保障。卿大夫则豢养着自己的家丁和护卫，也就是所谓的士。

不难想象，高居金字塔顶端的天子，号称天下共主，在权力的层层传递过程中，他的影响力被减损了。他的声音传达不到边远的地区，即便在王畿附近的诸侯国中，他也只能对着几个诸侯发号施令，不能渗透到金字塔的基层。

当王室足够强大的时候，天子与诸侯之间尚能维持一种表面上的平衡。前者装作很宽宏，后者装作很恭顺，从而相安无事。

当王室衰落的时候，诸侯们便不再将天子放在眼里，各行其是。各诸侯国内，卿大夫势力也在增长，每个国家都会出现一些强大的家族，他们左右政局，互相攻伐，也没把诸侯放在眼里。诸侯欺负天子，卿大夫欺负诸侯，这就是春秋时期典型的政治生态。

从春秋进入到战国，表面上最大的变化，当然是诸侯国减少了，这是兼并战争的结果。同时还有两个变化，比表面的变化影响更重，意义更深远。

第一，周天子已经不再重要，甚至连表面上的号召力都不存在了；

第二，各大诸侯国，也就是所谓的战国七雄，都建立了牢固的中央集权。换而言之，卿大夫的势力已经不能像以往一样左右政局，只能屈从于国君的绝对统治。

如果拿中国和西方相比，战国七雄的权力结构，已经接近于路易十四时期的法国，或者伊丽莎白时期的英国——王权被放大了。

而秦国在战国七雄中脱颖而出，从秦孝公年代开始，用了将近一个半世纪的时间，文治武功，终于将天下囊为己有。秦王嬴政，因此成为了中国历史上第一个名副其实的统治者，这也是前无古人的。

秦始皇：史上第一个皇帝

前无古人的统治者，自然要有前无古人的称谓。

据《史记》记载，嬴政统一天下后，将群臣召集起来开会，回顾了他“兴兵诛暴乱”的辉煌历史，然后问大伙：“像寡人这样一个渺小的人物，倚仗着祖宗的保佑，居然能够让六国都服输认罪，平定天下。如果不变更名号，不足以体现我们的功勋，无法让后世知道我们的成就。你们都好好想想，我该采用一个什么样的名号？”

当时丞相王绾、御史大夫冯劫和廷尉李斯等人都说：“传说中的五帝，统治的地区不过方圆千里。千里之外的地区，都是蛮荒之地，根本管不着。如今您兴义兵，讨逆贼，号令天下，无所不从，这是前所未有，连五帝都不能比的。我们和一些博士商量，古代有天皇、地皇和泰皇，其中泰皇最为尊贵。因此我们大胆建议，您应该称为‘泰皇’，您的命令称为‘制’和‘诏’，您也别再自称寡人，而是自称为‘朕’。”

中国古代有三皇五帝之说，三皇即天皇、地皇、泰皇，地位在五帝之上。其中泰皇即人皇。泰皇是不是最尊贵，有待考证，但可以肯定的是，“皇”比“帝”更为尊贵，更具有神性，比“天子”更具有自信。

至于“朕”，本来是“我”的意思，不论尊卑，都可自称为朕。经李斯们这样一框定，从此变成了国君专属的自称，而且一传就是两千年，直至清末。

嬴政是个标新立异的人，对于泰皇这个称谓，总觉得有点不妥。他思考再三，决定采三皇五帝之长，给自己上了一个“皇帝”的称号，其余的便采纳了李斯们的意见。

嬴政是个孝子，自己当了皇帝，又给老爸秦庄襄王也上了个尊号，叫作太上皇。

嬴政也许没有想到，正当他在宗庙中郑重其事地将老爸尊为中国第一位太上皇的时候，中国第二位太上皇正在泗水郡的田间挥汗如雨地劳动。这位姓刘的农民已经生了四个儿子，分别叫作刘伯、刘仲、刘季和刘交。由于刘伯早死，刘仲自私自利，刘季不务正业，刘交又要上学，他不得不起早贪黑，希望多收几颗粮食，好给刘交去交学费。

老三刘季后来改名为刘邦。

扯远了，回到正题。

嬴政又下诏说：“朕听说远古时期的帝王只有帝号，没有谥号。不知道从什么时候开始，帝王死了还要有谥号，这样做，等于让儿子议论父亲，臣子评价君主，这是没有道理的，朕不喜欢这样。从此以后，朕就叫始皇帝，后世则以数相加，从二世、三世直至万世，永无穷尽。”

所谓谥号，就是后人给前人的评定，俗称盖棺定论。周朝的时候，天子有谥号，诸侯有谥号，卿大夫阶层也有。谥号不是随便给的，有一整套严格的国家标准，比如说：

“克定祸乱曰武”——郑武公、楚武王就是这类人；

“布德执义曰穆”——秦穆公的一生，也确实称得上是布德执义；

“屡征杀伐曰庄”——郑庄公、齐庄公都是好战之徒。

当然，很多时候，后人为了尊重前人，给的评价会比实际上高一点。比如说，晋惠公不一定惠，齐孝公也不见得孝，但是本着与前人为善的原则，也就睁一只眼闭一只眼，给他们一个好评了。

另外还有所谓的恶谥，也就是给那些特别不成气的前人准备的。比如说：“乱而不损曰灵。”楚灵王就得到了这样的差评。

可想而知，究竟是给好评还是给差评，后人有很大的自由裁量权，而且前人无法申诉。当然也有例外——春秋时期，楚成王英雄一世，却死于政变，他的儿子本来想给他上一个“灵”字，他老人家怒目圆睁，死不瞑目。直到后来改上了“成”字，他才合上眼睛，表示满意。

嬴政自幼受吕不韦的教诲，后来又接受了李斯、韩非的法家思想，在他的统治哲学中，君主必须是高深莫测的。君主就像是天，什么时候天晴，什么时候下雨，根本不用看老百姓的眼色，更不容臣民议论评价。天气好，不用你们赞扬；天气不好，也轮不到你们说三道四。对于嬴政来说，谥号这东西，就像是统治者有意留给天下的把柄，是极其愚蠢和无聊的，必须革除。

从此，嬴政便被称为始皇帝，史书中一般给他加上个秦字，称为秦始皇。

那么，这位天上地下唯我独尊的始皇帝又是如何治理他的庞大帝国的呢？显然，没有两把刷子是不行的。

秦始皇治国策略之一：以法治国

前面说过，但凡统治，必须要解决一个合法性的问题，也就是统治者为什么具有统治天下的权柄。

秦始皇接受了邹衍发明的五德始终说，认为周朝是火德，秦朝受命于天取代周朝，应该是水德。

事实上，秦国一度自认为是金德。据《史记》记载，秦献公年间，首都栎阳下了一场金雨，秦献公自以为是得了金瑞，大张旗鼓地祭祀白帝（金为白色）。但是到了秦始皇年代，邹衍的五德终始说已经十分流行，周朝是火德的说法深入人心，而火又是克金的，难免让秦始皇感到尴尬。于是编造了一个故事，说当年秦文公出猎，获得一条黑龙，乃是水德之瑞（水为黑色），硬生生地将秦国的金德改成了水德。

作为彰显水德的第一件事，便是变更周历，将每年的十月作为正月。

有必要简单解释一下，中国的古人，按照地支的排序来给月份命名，以十一月为子月，十二月为丑月，一月为寅月，二月为卯月，以此类推，直到十月为亥月。

又按照阴阳五行的理论，给十二地支分别赋予五行的属性，分别是亥、子属水，寅、卯属木，巳、午属火，申、酉属金，丑、辰、未、戌属土。

十月（亥月）作为一年中的第一个水月，自然也就被秦朝定为正月。

第二件事是易服色，将衣服和旌旗等都改成黑色。电影中秦朝的官员开会，黑压压一片，有如群鸦云集，便是这个原因。

第三件事是崇尚“六”这个数字，符节、法冠都用六寸，马车的宽度为六尺，驾车的马用六匹，以六尺为一步等。

至于六与水有什么关系，一般认为，这里牵涉到《周易》的理论。《周易》的八卦，每一卦都有对应的数字，分别为乾一、兑二、离三、震四、巽五、坎六、艮七、坤八。其中坎卦象征水，所以规定六为水数。

那么，究竟什么是水德呢?

在《周易》理论中，水居北方，象征冬天。简单地说，水德就两个字："刑"与"杀"。

这与秦国自商鞅变法以来推行的严厉法治是不谋而合的。

秦国的法治，以严酷而闻名，绝无情面可言。据《韩非子》记载，秦昭王生病，百姓们自发买牛祭神，家家户户都为他祈祷。大夫公孙述看到了，回宫祝贺秦昭王："您真是太得人心了，竟然整个国家的民众都在为您祈福。"秦昭王派人查访，果然确有其事，下令道："罚他们每个人献出两副盔甲。没有得到命令就擅自祈祷，虽然是爱我，但也是违法行为。如果他们爱我，我就改变法令而以同样的爱心去回报他们，法制就不能建立。法制不建立，国家就要灭亡。不如罚他们每人两套盔甲，让他们明白什么是法治！"

读史至此，又是一叹。无论什么朝代，如果按照这种决心去推行法律，怎么会出现有法不依、执法不严的现象呢？秦昭王做得很对啊！

也许有人会问，秦朝推行如此严格的法治，统治者还以身作则，不敢越雷池一步，为什么后来也乱了呢?

那是因为秦朝的法律，除了"严"，还很"酷"，表现在如下几个方面。

其一，轻罪重罚。秦朝法律的指导思想，在于"以刑去刑"，让人不敢犯任何罪。因此即便是十分轻微的罪行，也会受到极其严厉的刑罚。比如说，五个人集体行盗，只要赃款价值超过一钱，就要斩左足。又比如说，甲偷盗了一千钱，乙知道这件事，受赃款一钱，对乙的惩罚是上交官府一盾。而一块盾牌的价值，至少在三千钱以上。前面说的百姓为秦昭王祈祷，每人被罚上交两套盔甲，更是轻罪重罚的典型案例。

其二，刑罚残酷，种类繁多。以死刑为例，就有具五刑、族诛、淹死、活埋、肢解等多种。其中具五刑最为残忍：先在脸上刺字，然后割鼻，割舌，斩双足，再鞭笞，斩首，碎尸，全程实际上包括肉刑、死刑和辱尸三个阶段，可谓是无所不用其极。

其三，徒刑不设年限。在秦朝，一个人如果犯了罪，被处以徒刑，那就是无期徒刑，终身失去人身自由，为官府服役。同时由于法律定得非常严厉，老百姓动辄犯法，再加上轻罪重罚，规定上交一甲、二甲、一盾的刑罚比比皆是，老百姓交不起罚款，就变成徒刑，导致刑徒数量高速增长。按照《史记》的记载，秦始皇用于修筑宫殿和皇陵的刑徒就有七十余万，如果再算上修长城和戍边的刑徒，恐怕不下一百万。而当时全国总人口约为两千万，刑徒的数量已经占到当时全国总人口数的十分之一以上。

其四，罔顾伦常。秦朝的法律，与儒家思想格格不入。儒家主张“父为子隐，子为父隐”，在执行法律的同时强调人伦和感情。秦法则是单纯的法律，甚至鼓励“夫有罪，妻先告”，以获得免于连坐的机会。

这种严酷的法治，在天下初定、人心未服的特定历史环境中，确实使得秦朝能够得以迅速建立统治秩序，同时也为它的快速消亡打下了基础。

秦始皇治国策略之二：中央集权

《史记》记载，秦朝统一天下后，丞相王绾等人曾上书秦始皇："诸侯刚刚被消灭，燕、齐、楚地区偏远，如果不在那里分封诸王，恐怕难以维护朝廷的统治，请立诸位皇子为王，让他们为您戍守边疆，永享太平。"

这其实就是延续周朝的做法。

秦始皇把这个意见交给群臣去讨论，绝大部分人都认为王绾说得有理，唯独李斯站起来反对。

李斯说："当年周朝分封的子弟和同姓诸侯有很多，以为可以巩固王室的统治，开始那几代还算勉强可以，到后来就关系疏远，相互攻击有如冤家对头，诸侯们成天打仗，连天子也无法制止。如今海内一统，原来的诸侯国都变成了郡县，赏赐皇子和功臣由国家的税收承担，既方便又易于控制，天下百姓也断绝了其他念头。我斗胆问一句，本来已经是形势一片大好，为什么还要分封诸侯，给自己添麻烦呢？"

李斯的话，正中秦始皇下怀。秦国此时正处于一个历史的人字路口，向左走，是恢复封建制度；向右走，是中央集权的专制道路。秦始皇毫不犹豫地选择了后者，他对群臣说："天下人之所以饱尝战乱之苦，就是因为有那么多诸侯存在。如今我们刚刚打出一个统一的国家，又要建立诸国，这是为战争埋下种子啊！用这种方法来寻求国家的安宁，难道不是南辕北辙吗？李斯的意见是正确的，今后不用再提分封建国之事。"

有些人还是转不过弯来："那谁来为陛下管理那么广阔的土地呢？"

秦始皇说："有郡县。"

郡是春秋末年的产物，在战国时期被逐渐推广，成为各国中央政府以下的地方行政机构。

秦国最早设郡，均在边远地区，分别为西南地区的巴郡、蜀郡和北方的陇西郡、北地郡。在兼并的过程中，又不断在新占领的土地上设郡。

赵国故地有太原郡、云中郡、邯郸郡、巨鹿郡、雁门郡、代郡、常山郡；

魏国故地有上郡、河东郡、东郡、砀郡、河内郡；

韩国故地有三川郡、上党郡、颍川郡；

楚国故地有汉中郡、南郡、黔中郡、南阳郡、陈郡、薛郡、泗水郡、九江郡、会稽郡、长沙郡、衡山郡；

齐国故地有东海郡、齐郡、琅琊郡、胶东郡、济北郡；

燕国故地有广阳郡、上谷郡、渔阳郡、右北平郡、辽西郡、辽东郡；

百越及南越地方有闽中郡、南海郡、桂林郡、象郡；

匈奴地区有九原郡。

前前后后共设置四十六郡，郡的最高长官是郡守。为了防止郡守独霸一方，又设置郡尉负责地方军事和治安，设置郡监负责监督百姓和官吏。

郡下设县，县的最高长官是县令，不满万户的小县则为县长。县令和县长下设县丞、县尉，分权共治。

县下设乡，负责摊派徭役、征收田赋、管理治安等工作。乡吏有"三老"，负责教化；有"啬夫"，负责讼事和收税；有"游徼"，负责治安。

乡下设里，相当于现在的村，村长本来称为里正，为了避秦始皇的名讳，又称为里典。

基层还有一种特殊的机构——亭。亭与乡、里没有隶属关系，属于县尉的派出机构，相当于现在的派出所，主要职责是“捕盗”，同时也负责接待来往官员和传递政府邮件，兼有驿站和邮政所的功能。

郡县是地方机构。中央机构的设置，也体现了分权而治、只对皇帝一人负责的原则。

皇帝之下，百官之首，就是丞相。战国时期，秦国的丞相不仅是国内的最高行政长官，也可率军出征，樗里疾、甘茂便是先例。秦朝建立后，秦始皇首先是剥夺了丞相的兵权，使其成为单纯的文职官员，同时又设立御史、太尉来牵制相权。

所谓御史，就是“管官的官”，负责监察百官，享受副丞相待遇，相当于今天的中纪委书记。这是秦朝的独创，此后两千多年间，历朝历代都沿袭秦朝的御史制度，可见其对于维护皇帝的统治，是起着很重要的作用的。

太尉则是最高武官，相当于今天的国防部长，享受丞相待遇。有意思的是，秦始皇设立了太尉之职，却一直没有任命谁来当太尉，只任命了太尉职下的卫尉、中尉、廷尉等官员。也许秦始皇觉得，累就累点，还是将军权直接控制在自己手里比较可靠。

丞相、御史、太尉合称“三公”，此后历朝历代，大体上都按照这个模式来设置自己的中央机构。所谓“位列三公”，就是说某人已经做到官员的最高级别，这在皇权社会是相当了不得的。

帝国如此庞大，即便设置了郡县等机构，仍然存在一个山高皇帝远的问题。为了让皇权能够渗透到每一寸土地，秦始皇下令修筑贯穿全国的驰道。

顾名思义，驰道就是可以让马车飞驰的道路，也就是秦朝当时的高速公路。

公元前220年开始修建的驰道，主干线有两条，均以咸阳为起点。一条向东，直通原来的齐、燕地区；一条向南，直通原来的楚地和吴越等区。到了公元前212年，为了加强对匈奴的防御，秦始皇又下令修筑由咸阳向北的“直道”，直达北方的九原郡，总长一千八百余里。

据汉人记载，秦朝的驰道，“广五十步，三丈而树，厚筑其外，隐以金椎，树以青松”，是相当壮观而且实用的。

通过这些四通八达的驰道，皇帝的命令可以很快传达到全国各郡县。而且一旦有战乱，中央的精锐部队可以迅速奔赴四方。这对于加强中央集权来说，无疑有着重要的意义。

秦始皇治国策略之三：统一思想

秦始皇知道，统一天下，不仅仅是在各地建立郡县，委派官吏，推行法治，更重要的是改变天下人的属性，让原来六国的臣民完完全全地变成秦朝的臣民。

为此，他决心从经济、文化、思想各方面入手，对天下进行一次彻底的改造。

首先是统一文字。中国地大物博，人口众多，春秋战国时期，各国文字虽然有相通之处，然而书写起来各不相同。同一个字，往往有多种不同的写法。比如“马”字，在楚国至少有两种写法，在燕国也有两种写法，在三晋又有两种写法，交流起来，殊为不便。

天下统一之前，秦国使用的文字称为小篆。小篆由大篆演变而来，线条简单，字体均匀，异体字较少，在当时是比较好识别的一种文字。

公元前221年，秦始皇下令废除六国文字，规定以小篆为统一书体。为了推行小篆，还命李斯、赵高等人编写了文字范本，以供各地学习。

中央政府推广篆书的同时，下层官吏又发明了一种隶书。隶书也是以小篆为基础，笔画直线方折，结构平整，比小篆更加简便易写，很快在政府基层流行，后来又被中央政府接受，成为政府文书通用字体。

隶书的发明人程邈，据说是一名狱吏，也就是监狱管理人员。秦朝法律严酷，监狱人满为患，狱吏的工作任务十分繁重。程邈在监狱掌握文书，每天都要书写大量文字，用小篆书写，速度极其缓慢，因此变革字体。秦朝小吏又称隶人，程邈发明的字体自然也就号称隶书了。

其次是统一货币。秦朝建立之前，各国的货币自成一体，形状、大小、重量各不相同，计算单位也不一致，给经济交流造成了极大不便。秦始皇下令统一全国货币，规定秦国原来使用的“半两钱”为通用货币。据后人估算，秦朝一枚半两钱可购粟米约1.23斤，或麻布0.6尺，而一口猪的价格约为250钱，普通劳动力一天的报酬则为8钱。

再次是统一度量衡。度即长度，量即体积，衡即重量。战国时期诸侯割据，各国度量衡也不尽相同。秦朝以商鞅颁布的标准为基础，由政府制作标准器，刻上铭文，发至全国。

此外，秦始皇还下令收缴天下的兵器，汇聚到咸阳，熔铸成钟鐻（jù）等乐器和十二个大铜人，放置在宫内，以示天下一统，刀兵弃之不用。又将天下富户十二万户迁至咸阳，将他们置于中央政府的直接控制之下，以免他们利用手中的财力收买人心，阴谋反秦。

统一文字、货币和度量衡，无疑是历史的进步；收天下之兵和迁天下富户于咸阳，也有其合理性。但是，接下来秦始皇要做的事情，就让人不敢恭维了。

公元前213年，秦始皇在咸阳举行宴会，文武百官和博士七十多人参加。

所谓博士，就是皇帝的文史顾问，职责是“掌通古今”，为皇帝提供参考。

这次宴会上，仆射（官名）周青给秦始皇拍了一个大大的马屁：“当年秦国地方不过千里，仰仗着陛下的圣明，平定海内，驱逐蛮夷，日月所照的地方，无不臣服。又将诸侯国都变为郡县，人人安居乐业，不再受战争之苦。大秦江山传于万世，自上古以来，还没有人能够比得上您的威德！”

秦始皇听了很高兴。千穿万穿，马屁不穿，一个人建立了盖世功勋，如果没有人每天在耳边唱几句赞歌，心里会很不舒服的。然而马上就有一位博士——齐人淳于越站出来，对周青的话进行反驳。

淳于越说：“商朝、周朝统治天下千年，主要是因为他们分封子弟功臣，作为王室的屏障。如今陛下拥有海内的广阔土地，而兄弟子侄都不过是匹夫，没有自己的土地和武装。万一日后出现个像齐国的田常、晋国的六卿那样的人物，而皇帝无所依靠，请问谁来相救呢？周青不顾历史常识，当面奉承以取悦于您，不是忠臣！”

矛盾的焦点，又回到了是实行皇权专制还是封建制的问题上来了。秦始皇没有当场发作，将问题交给群臣讨论。李斯此时已经是丞相，维护皇权责无旁贷，上书道：“三皇五帝治理天下，各有各的套路，但是都治理得很好。时代发生了变化，制度就必须相应改变，这样的道理，下臣认为无须多说大伙也都明白。现在陛下建立了万世之业，本来就不是那些愚蠢的儒生所能明白的。淳于越动不动就说商朝之事，难道他不知道那是千年之前的事，根本没有可比性吗？”

写到这里，李斯话锋一转：“原来诸侯相争，厚待游说之士。如今天下已定，法令统一，百姓们应该努力务农做工，士人们则应该学好国家法令。可是现在这些书呆子呢，不肯面对现实，一味妖言惑众。我斗胆进言，古代之所以天下大乱，就是因为思想混乱，不能统一。而现在的儒生又借古讽今，混淆视听，否认您的功绩，夸耀自己的主张，故意和朝廷唱反调，以此抬高自己的身价。对于这种行为，如果不及时加以制止，皇帝的威信就要扫地，思想的派系就要形成，我看还是严加禁止的好。”

接着李斯提出了一个遗臭万年的建议：“下臣请求，但凡不是秦国的史书，统统烧掉。如果不是官方的学者，私人藏有诸子百家著作，统统送到官府集中烧毁。有两个人以上聚集在一起谈论《诗》《书》的，斩首示众。敢借古讽今的，灭族。命令下达之后三十日还敢私藏书籍不送去烧毁的，发配去修长城。可以留下不烧的书，只有医药、算命、种树这三类。如果有人要学习法令，可以向官吏请教。”

秦始皇阅毕，批了一个字：“可。”

中国号称五千年的文明，本来可以更加熠熠生辉。但是由于李斯的这个建议，秦朝以前的历史差点变成一片空白。我私下以为，历史是一个民族共同拥有的温婉回忆，割裂历史无异于抹杀一个民族的童年，使其在时间的河流中找不到自己的根蒂。如果不是有人冒死将一些著作私藏起来，中国的历史很有可能就只能从秦朝算起了。而我们现在研究秦朝以前的历史，往往感觉史料稀少，不是因为古人懒惰，而是拜李斯这位精明的官吏，以及他背后那位“略输文采”的主子所赐。

秦始皇的最大败笔：滥用民力，穷兵黩武

通过中央集权，秦始皇确实做了很多前人所不能做到的事，修筑长城就是其中一件。

战国时期，各国为了防御匈奴的入侵，都在各自的边境上修筑了长城，其中规模比较大的有赵长城、燕长城和秦长城。秦朝建立后，秦始皇派蒙恬率三十万大军北击匈奴，夺取了被匈奴占领的河套地区，又越过黄河，迫使匈奴向北退却七百余里。为了防备匈奴卷土重来，秦始皇命蒙恬在原来各国长城的基础上，修筑了一条西起临洮，东至辽东，延绵万余里的长城。

在当时的生产力条件下，修筑长城是一件极其浩大的工程，要在短短的几年内完成，唯一的办法就是动员大量的劳动力。而这些劳动力的主要来源，就是囚犯。秦朝实施如此严酷的法律，将那么多平民百姓变成囚犯，就是为了获得大量免费劳动力，实际上是一种国家绑架。

雄伟的长城下面，是无数囚犯的血泪和汗水。孟姜女哭长城的故事或许不过是虚构，可是当年为了修筑长城，有多少普通的家庭妻离子散，多少无辜的汉子葬身边疆，恐怕是没人算得清了。

儒家的政治哲学，主张“使民以时”，量力而行，就是要统治者爱惜民力，不要过度役使百姓。但是在秦始皇的字典中，是找不到爱惜二字的。修筑长城便也罢了，好歹是为了防御外族入侵，修筑阿房宫和骊山陵墓，则完全是挥霍无度，浪费民力。

据《史记》记载，公元前212年，秦始皇认为咸阳宫中人员增加，而先王留下来的宫室又小，已经不敷使用。又听说当年周文王建都于丰，

周武王建都于镐，看来丰、镐一带确实是风水宝地，于是着手在渭水南岸的阿房修建宫殿。当时的想法，要等宫殿修好之后再命名，于是暂时叫作阿房宫。但是这座宫殿的规模实在太大了，以秦始皇的魄力，动员了数十万刑徒来修筑，也没能在他去世前完成，后人便干脆把阿房宫当作正式的名称了。

阿房宫究竟有多大？仅从前殿的设计就可窥见一斑。前殿是阿房宫最先开建的建筑，史书记载为“东西五百步，南北五十丈，上可以坐万人”。据后人在其遗迹上测量，占地约为0.55平方公里，相当于三分之二个北京故宫。环殿建有阁道，从殿下直通终南山，并在终南山修建了宫门。又从阿房宫修建通道北渡渭水，一直与咸阳相连。

除了阿房宫，秦始皇还在关中地区设立行宫三百多所，关东地区设立行宫四百多处，以备其出巡所需。

为了检阅各地的建设成就，同时也是为了在天下人面前炫耀武力，秦始皇开始频繁地出巡。

公元前220年，统一中国的次年，秦始皇出巡陇西、北地二郡，检阅边防部队，威慑北方的匈奴。

公元前219年，秦始皇第二次出巡，车驾出函谷关，经雒邑至荥阳，沿河直下，抵达泰山。此行的目的不言而喻，就是要履行天子的职责，封禅泰山。

自古以来，泰山都是祭祀上帝的场所，只有天子才有资格前往泰山祭祀。在泰山上祭祀，称为“封”；在泰山下祭祀，称为“禅”，合称封禅。

秦始皇登上泰山，立石刻写铭文，筑坛祭天，举行了盛大的仪式。下山后，沿着海滨东行，经山东龙口、烟台等地，抵达琅琊，在那里逗留了三个月之久，然后回头向西南行进。经过彭城的时候，因为传说九鼎沉于泗水，秦始皇斋戒沐浴，令千人下泗水打捞九鼎，结果一无所获。又继续南下渡过淮河，至南郡和衡山郡。在洞庭湖，秦始皇的船队遇到大风，以为是湘君（传说是尧的两个女儿，嫁给舜为妻，死后葬于此）作怪，便派人将湘山的树统统砍光，然后才心满意足地北上武关，返回咸阳。

公元前218年，秦始皇再度东巡。途经博浪沙（今河南省中牟）的时候，路边的芦苇丛中突然飞来一只铁锤，将他的副车打得粉碎。卫士们立刻展开追捕，但是刺客凭借着对地形的熟悉，已经逃得无影无踪。

这次袭击的主谋名叫张良，祖上长期为韩国王室服务，其祖父、父亲都曾担任韩国的相国。公元前230年秦国灭韩的时候，张良还只是一个少年，他怀着对秦国的仇恨，“弟死不葬”，倾尽家财网罗刺客，企图行刺秦王。后来得到一名大力士，张良特地为他打造了一只重达一百二十斤的铁锤，埋伏于博浪沙中。当秦始皇的车队经过时，大力士便将铁锤向车驾扔去，不料误中副车，秦始皇得以幸免。

经历这次袭击后，秦始皇仍然继续东行，再次来到琅琊，然后折返咸阳。

公元前215年，秦始皇第四次出巡，方向还是东方。这一次出巡，除了震慑天下，还有一个重要的目的，就是派人寻找长生不死之药。

中国古代的传说，海中有三座仙山，分别叫蓬莱、方丈和瀛洲，是仙人的居所。早在第二次出巡的时候，秦始皇就曾委托山东的方士徐福率童男童女数千人，乘坐大船入海寻找仙山，结果无功而返。秦始皇并不气馁，这一次又派方士卢生等人入海寻找仙人。结果可想而知，卢生也空着手回来了，但是带回一本神秘的书籍，其中有一句话：“亡秦者胡也。”

秦始皇认为胡是指匈奴，于是派蒙恬抓紧进攻匈奴，并且发配大量囚徒前往边疆，加快了修筑长城的步伐。

秦始皇每次出巡，都有数万名全副武装的士兵随行，黑色的“秦”字大旗遮天蔽日，鲜明的兵器衣甲在阳光下闪闪发光，向天下人昭示皇帝的威严和权力。他坐在并不舒适的马车上——虽然马车经过能工巧匠的改装，通过窗户可以调节空气，但仍然颠簸得很厉害——走遍了黄河流域和大江南北。

“这就是皇帝啊！”各个地方的人们操着不同的方言，互相惊叹着，情不自禁地将头低下去，继而屈膝跪下来。即便是那些恨他入骨的人，面对这华贵无比的车队，看到他那张不怒自威的脸，也难免从心里感到一丝震撼。

但是也有人对他持有完全不同的态度。当他出巡到江南的时候，项羽站在围观的人群中，竟然大声地喊了一句：“这个人，可以取而代之！”

此举让一旁的叔父项梁大惊失色，连忙用手捂住项羽的嘴，将他拖出了人群。

当秦始皇出巡回来，经过咸阳的大街的时候，时任沛县泗水亭亭长的刘邦正好以小吏的身份在参与修建阿房宫。他看着皇帝的车队庄严肃穆地在宽敞的大街上徐徐行进，不禁长长地吸了一口气，喃喃地说了一句：“男人就应该是这个样子嘛！”

刘邦对皇帝没有任何仇恨，只有羡慕，而且潜意识里的想法和项羽一致：“这个位置，皇帝坐得，我为何坐不得？”

这恐怕是秦始皇始料不及的。

秦始皇东巡求仙记

但凡成功的统治者，做到秦始皇这个分上，都会不约而同地想一件事——如何长生不死，永享荣华。

自公元前219年遣徐福入海求仙开始，秦始皇就和形形色色的方士打上了交道，期望他们能够带来长生不死之药，结果却是一次又一次的失望。

久而久之，秦始皇自然产生了怀疑，不是对世上是否有仙药产生怀疑，而是对方士的能力产生了怀疑。

当他有一天终于略带不快地向方士卢生抱怨了一两句的时候，卢生马上意识到了危险来临，于是辩解道："我们之所以一直找不到仙人与长生不死之药，主要是受到了某种干扰。"

据卢生解释，仙人入水不湿，入火不烧，可以腾云驾雾，与天地共存，但是喜欢清静的地方，不喜欢被人打扰。而秦始皇治理天下很繁忙，不能清心寡欲，所以总是求仙而不得。"希望陛下以后居住在什么地方，不要让别人知道，然后才有可能得到不死之药。"

如此低劣的谎言，秦始皇竟然也相信了，从此不再自称为"朕"，而是自称"真人"。又修建甬道，将咸阳附近的二百七十多座宫殿连接起来，每晚都住在不同的地方，只有赵高等少数几名亲信知道。凡泄露皇帝行踪者，一律处死。

有一次，秦始皇在梁山宫中，远远地看见丞相李斯的车队十分庞大，脸上露出不快的神色，随口说了一句："丞相很威风啊！"宫中有人将这话告诉了李斯。李斯很害怕，从此减少了侍从。秦始皇知道后，龙颜大怒："一定是宫中有人将我的话泄露了出去！"拷问身边的人，没有人承认，于是下令将当时在场的人全部杀掉。从此以后，再也没有人知道秦始皇的行踪了。

再说方士卢生，凭借着一句谎言唬住了秦始皇，但也知道不能长久，便跟同伙侯生商量说："皇帝为人刚愎自用，觉得谁也比不过他，从来不相信任何人。他身边倒是设有博士七十人，只不过实际上都是摆设。连丞相这样的大臣，也不过是听令行事，没有任何自主权。国家的事情不分大小，都是他一个人说了算。每天等待皇帝批阅的奏章，多得要用秤来称，每晚不完成一定的份额，他就不睡觉。一个人贪恋权势到这种地步，怎么可能找到不死之药呢？"

两个人越想越害怕，带着自己的徒弟，偷偷逃跑了。

这件事情，本来应该足以使秦始皇醒悟。但是没想到，秦始皇发了一通火，将脾气全部撒到了书生身上，说："我已经将那些无用的书全部烧掉，之所以还招纳一些方术之士，是因为他们自称能够使国家太平。我对卢生也算是够看重了，他们居然敢诽谤我，到处说我的坏话。我听说，咸阳城中有不少书生也在妖言惑众，真是罪该万死！"于是命御史将书生统统逮捕起来进行审讯，最后圈定了四百六十人，全部活埋于咸阳，并昭告天下，以儆效尤。

秦始皇的长子扶苏，是个忠厚的年轻人，对秦始皇这种做法感到难以接受，劝谏说："现在天下初定，远方的百姓还没有心服。这些书生读的都是圣贤之书，在民间很有影响力，如今您一律用重刑来整治他们，我担心天下会因此不安，请您明鉴。"

秦始皇哪里听得进扶苏的意见，一怒之下，将扶苏派往上郡，去蒙恬军中担任监军。

做完这些事，他又命方士徐福继续抓紧到海上寻找仙药。徐福没办法，只好硬着头皮，又带着五百童男和五百童女出海。

徐福这一去，没有再回来，很有可能迷失了航向，消失在了茫茫大海中。但也有一种说法，认为徐福一路东行，漂到了日本诸岛，在那里定居下来，成为了日本人的始祖。

这多少有点意淫的成分吧。

第十三章

盛极一时的秦帝国骤然崩溃

秦始皇之死

公元前211年，发生了许多让秦始皇感到不安的事。首先是有流星陨落东郡，弄出很大动静。等到当地官员找到这块陨石的时候，发现石头上已经被人刻了“始皇帝死而地分”七个字。秦始皇听说后，派御史到东郡去查案，将陨石周围村落的村民抓起来审问，没有人承认是自己干的，于是将那些村民全部杀死，并且焚烧了那块陨石。

因为这件事，秦始皇闷闷不乐。不是因为有人敢于诅咒他而不乐，而是因为感觉到自己不过是个凡人、终有一死而不乐。他让博士们给他写了一首《仙真人歌》，让乐工们谱上曲子，走到哪唱到哪。偏偏这一年，有官员到关东出差回来，经过华阴县的时候，有人手持玉璧拦住使者，说了“明年祖龙死”五个字，然后就不见了。

该官员不敢隐瞒，将这件事如实向秦始皇作了汇报。秦始皇沉默良久，说："这是山鬼，只能知道当年的事。"退朝之后又说，"祖龙指的是人的先祖，与真人无关。"话虽如此，又忍不住命人占卜，得到的结果是"游徙吉"。

于是，公元前220年，秦始皇的第五次出巡开始了。左丞相李斯随驾，右丞相冯去疾留守京师。秦始皇的幼子胡亥自幼受到宠爱，请求跟从，得到秦始皇批准。

帝国境内再度弥漫着如临大敌的气氛。从咸阳到东海之滨，皇帝即将经过的每一个城市、每一个村庄、每一条道路，都做好了迎接车驾的准备。

大秦帝国建立了一套高效的行政体系，政令一经发出，不过五六天时间，各级官吏便行动起来，将皇帝的谕旨变成现实。除了陪同皇帝出巡的数万护卫军，各地的地方部队和国家公务员都被动员起来，三步一岗、五步一哨地为皇帝的车队保驾护航。

车驾于当年十月出发，十一月抵达云梦，秦始皇在那里祭祀了虞舜。然后弃车登船，沿长江东下，直抵浙江钱塘，而后登上会稽山，祭祀了大禹，又遥祭南海神，并在会稽山上刻石以歌颂秦朝的功德。

返回的途中经过吴县，沿海滨北上，再次来到琅琊。秦始皇对琅琊情有独钟，不是因为其他，而是希望在这里等到徐福的回报。可是等了几个月，徐福和他的船队还是不见踪影。秦始皇只好垂头丧气地西行，经过平原县的黄河渡口时，这位不可一世的皇帝病倒了。

随驾的大臣看到这副情形，都知道他将不久于人世。对于一个国家而言，现在最重要的事是指定继承人。

可是，谁又敢对秦始皇提起那个"死"字呢？他认为自己是不会死的，自然也就不存在继承人的问题。正当群臣畏畏缩缩、不敢直言的时候，秦始皇的病情加重了。

这样一来，不用谁提醒，秦始皇主动写了一封诏书，命令长子扶苏将军权交给蒙恬，赶紧返回咸阳准备办理他的丧事。这其实就是明确扶苏为嗣君了。

诏书写好之后，交给掌管玉玺的中车府令赵高盖印。同年七月（前面说过，秦历以十月为首，七月反在其后），车驾行至沙丘（今河北省广宗），赵高还没来得及将诏书发出，秦始皇就病死了。

赵高的阴谋

第一个获知此事的是赵高。他马上下令车队停止前进，禁止任何人靠近秦始皇的座车，然后将消息偷偷告知了李斯和胡亥。

李斯的第一反应是："还有谁知道这个消息？"

赵高回答："目前为止，只有我们三个人。"

李斯说："那就好，此事非同小可，万一消息走漏，众位皇子争位，六国旧势力趁机反叛，局面不可收拾，我等罪该万死。"

三个人强忍悲痛，当下决定秘不发丧。车驾继续向咸阳进发，秦始皇仍旧"坐"在自己的车中，只有赵高安排的三名亲信宦官与之同车。每到一地，该吃饭的时候就让人往车里送饭；群臣百官有什么事情要禀报，就站在车外对着车门讲，由宦官在车里代表皇帝作简短的答复。

应该说，这项保密工作做得很好。外人只知道秦始皇病重，万万没有想到他已经撒手西去。

唯一的问题是，七月正值暑天，秦始皇的尸体很快发出阵阵臭味。李斯便命人给每位官员送上一石鲍鱼，说是皇帝赐的土特产，让他们装在车上。这样一来，整个车队都是鲍鱼的味道，自然也就无人留意秦始皇车上的臭味了。

车驾经过井陉口的时候，稍作停留。这一天晚上，赵高找到胡亥，两人进行了一次密谈。

前面说过，赵高精通法律。对于以法治国的秦朝来说，这是一项了不得的才能。因为这件本事，他一早就被秦始皇指定为胡亥的老师，负责传授法律知识。赵高和胡亥之间，本来是有师生之谊的。而经过这一次密谈，两个人的关系又大大向前进了一步。

赵高将秦始皇的诏书拿给胡亥看，胡亥立马变了脸色。赵高说："您也看到了，皇上驾崩，没有只字片言留给其他皇子，只有这封诏书是写给公子扶苏的。扶苏回到咸阳，肯定会被立为皇帝。到那时，您上无官职，下无尺寸之地，打算怎么过日子呢？"

胡亥悻悻地说："我还能有什么想法？自古明君知臣，明父知子。父亲不给我们兄弟分封土地，自有他的道理，我也只能认命。"

赵高脸上浮现出一丝狡诈的微笑，说："不是这样。现在天下的大权，其实就掌握在您、我和李丞相的手里。您不要只想着有没有封地，把目光放长远一点，为什么不考虑取而代之，自己当皇帝呢？要知道，当臣子和当皇帝，可是完全不同的两回事哦。"

胡亥吓了一跳，赶紧左右扫视，确认周围无人，才对赵高说："这样的话你都说得出！自古以来，废长立幼是为不义，违抗父命是为不孝。我本事不如扶苏却要强抢他的位置，是为不能。有这三项罪名，就算我坐了天下，大伙也不会服气，迟早惹上杀身之祸！"

赵高说："您怎么这么迂腐呢？古代的商汤杀了夏桀，周武王杀了商纣王，有人说他们不忠不义吗？干大事的人不拘小节，有大德的人当仁不让。如果您顾忌这些小事而放弃这么好的机会，犹犹豫豫不敢作决定，以后肯定会后悔。敢作敢为的人，连鬼神都要给他让路，然后才能成功，请您一定要想清楚，不要辜负我的一番好意。”

胡亥听了，长叹一声，说：“现在先皇尸骨未寒，我们就谋划这样的事，恐怕不太合适吧？再说了，丞相会答应吗？”

赵高心里暗骂了一句，闹了半天，现在才说真话，敢情是怕在李斯这里通不过啊！嘴上却说：“时间紧急，顾不上那么多。丞相那里有我去做工作，请您放心。”

胡亥的担心是有道理的，如果李斯不同意这件事，就算是赵高篡改了诏书，李斯照样可以质疑，而且肯定会得到群臣的支持，再加上扶苏的背后还有蒙恬的三十万精兵强将，分分钟可以将他捏得粉碎。

赵高对此早有准备。第二天晚上，他便拿着诏书去找李斯，将诏书给李斯也看了。

李斯点点头，说：“这是意料之中的事。”

赵高说：“现在这封诏书还在我手上，只有您看过。大秦帝国的未来，就握在您和我手上，您难道没有什么想法吗？”

李斯瞪了他一眼：“这种事情难道是我们这些做臣子的能够议论的吗？”

赵高不慌不忙，反问了李斯一连串的问题：“您自己想想，您的才能比得上蒙恬吗？您的功劳比得上蒙恬吗？您的谋略比得上蒙恬吗？您在笼络人心方面比得上蒙恬吗？您与扶苏的交情比得上蒙恬吗？”

李斯如实回答：“你说的这几个方面，我都不如蒙恬，但这又有什么关系呢？”

赵高说：“我在宫中工作二十几年了，从来没有见过哪位被罢免的大臣能够将爵禄传给儿子的，都是父子共同获罪，一起被杀了。扶苏如果当上了皇帝，必然任命蒙恬为丞相，到时候您能不能保全性命，回老家安享晚年，这可就有关系了。而胡亥呢，我曾经教导他读书，这孩子仁慈厚道，礼贤下士，是始皇帝的二十多个儿子中最聪明的一个，希望您考虑考虑，让胡亥来接班。”

李斯按剑而起：“你赶快住嘴，我李斯深受先帝深恩，只知道遵照先帝的旨意办事，听天由命，没什么可以考虑的。”

秦始皇对李斯确实不薄。据《史记》记载，秦朝建立后，李斯的长子李由被封为三川郡守，而且“诸男皆尚秦公主，女悉嫁秦诸公子”。李斯家与皇帝家，已经结下了不解的姻缘。李由从三川任上回家省亲，前来看望的百官排成长队，门前停放的马车多达千辆。那阵仗，连李斯本人都觉得心惊，暗自对李由说：“物极必反，我本不过是上蔡布衣，如今竟然位极人臣，真不知道下场会怎么样！”

听到李斯这样说，赵高急得跺脚：“您这个人哪！平安可以变成危险，危险可以变成平安，一个人在安危转换之际不能拿定主意，那么聪明的脑袋又有什么用呢？”

李斯说：“皇上将国家大事托付给我，我怎么能辜负呢？你不要再多说了，否则牵连到我跟你一起倒霉。”

赵高见李斯这么固执，没办法，只好拿出撒手锏，说：“做圣人呢，就应该变化无常，根据时局的变化而随机应变，要善于看苗头，看动向。事物本来就是变化的，哪有什么不变的道理呢？如今天下的大权，就掌握在我们手中，完全可以按照我们的意志行事。”

说到这里，赵高叹了口气：“您看，秋霜一降，草木就要凋零；冰雪一化，万物就能生长。这就是自然规律，您怎么就认识不到这一点呢？”

李斯还是不答应，赵高便威逼利诱了：“您只要听我的安排，我就保证您世代封侯称孤，像王子乔、赤松子那样长寿，像孔子、墨子一样以智慧而闻名。如果放弃这个大好机会，那么灾难很快会降临，这就太令人寒心啦！”

李斯愕然地看着赵高，眼神终于变得恭顺起来，他仰天长叹，流着眼泪说：“唉，算我倒霉，怎么就碰上这么个局面呢？我既然不能效忠而死，除了依靠你还能依靠谁呢？”

有了李斯的支持，赵高马上就行动起来了。他先是将秦始皇的诏书烧毁，接着伪造了两封诏书，一封任命胡亥为大子，继承皇位，另一封则是写给扶苏的。诏书上说：

“朕巡游天下，向名山诸神祷告，希望能够延长寿命。今扶苏与蒙恬率领数十万大军屯兵边疆，已经十余年了，没有尺寸之功，反而多次上书诽谤朕之所为，恐怕是因为不能回来当大子，所以日夜怨恨吧！扶苏身为人子而不孝，赐剑自裁！将军蒙恬身为人臣而不忠，同样赐死。”

扶苏看到诏书，大哭，回到自己的住处就准备自杀。蒙恬是个聪明人，当时就觉得不对劲，对扶苏说：“这件事有古怪！您想想看，皇上出游在外，未立大子，派下臣率三十万大军戍边，又命您为监军，这是将天下的重任交付给您啊！今天派个使者来，别的不说，只令我们自杀，这也太不合常理了。您怎么知道其中没有阴谋？依下臣之见，不如上书一封，向皇上辩解，他老人家要是不同意，您再死也不迟。”

扶苏宅心仁厚，对蒙恬说：“父命子死，子不得不死，还有什么好辩解的呢？”

扶苏不听劝阻，果然自杀了。蒙恬不肯就范，使者便将他囚禁起来，带回咸阳。三十万大军的兵权则被交给蒙恬的副将王离——关于这个人物，有必要提一下，他乃是名将王翦的孙子、王贲的儿子，带兵打仗也是一把好手。

几个月之后，蒙恬也死在了监狱里。据说，蒙恬临死的时候，曾经仰天长啸："我究竟因为什么得罪了老天，落得如此下场？"思考良久，自己给出了答案，"我负责修建长城，延绵万里，岂能不挖动了地脉？也许这就是我的罪吧！"

李斯的悲惨下场

皇帝的车队继续滚滚西行，进入今天的陕西境内后，通过新修的直道快速进入咸阳，马上对外宣布了始皇帝驾崩的消息。胡亥在李斯和赵高的扶持下，顺利登上了皇位，成为历史上的秦二世。

同年九月，秦始皇的遗体正式下葬骊山陵墓。这座自秦始皇即位就开始开凿的墓穴，挖穿了三层泉水，用熔化的铜液将地宫的石缝统统灌注，然后才将棺椁依次放置进去。整个陵墓就是一座地下宫殿，陈列着各种奇珍异宝。陵墓的天花板上陈列日月星辰，下面则有各种地理景观，最为匪夷所思的是水银倾注的江河湖海，通过机关控制永远奔流不息。秦始皇的后宫佳丽，只要没生过孩子的，全部被赶到陵墓中陪葬。而建造陵墓的能工巧匠，在殉葬的物品和人员全部安置完毕后，也被强行关进陵墓，没有一个人活着出来。

赵高以宦官的身份，出任了帝国的郎中令，负责统管宫廷事务。这个至关重要的职位，加上他在秦二世上台过程起到的关键作用，使得赵高很快超越李斯，成为一人之下、万人之上的实权派人物。

在赵高的操纵下，一大批皇亲重臣遭到杀戮。为了防止兄弟们危及帝位，秦二世更将所有的兄弟全部杀死，连姐妹也不放过。整个皇室家族人心惶惶，人人自危，生怕某一天灾难降临到自己的头上，所有官吏为了保命都拼命讨好新皇帝，普通百姓也恐惧不已。

秦始皇调集七十万民工修建阿房宫和骊山陵墓，现在骊山陵墓已经交付使用，秦二世便将所有人力都转移到阿房宫项目上来。同时发动对外战争，企图通过战争来树立自己的威信。一时之间，咸阳一带聚集了来自全国的部队和杂役人员，粮草供应出现短缺，就下令各地向咸阳运送粮草，而所有负责运送的人员必须自带干粮，不许取用咸阳三百里以内的粮食。整个国家的紧张程度，比秦始皇时代有过之而无不及。

面对这种情况，李斯也沉不住气了，多次想劝谏秦二世。没想到秦二世反将了他一军，说："我记得韩非子曾经说过，尧当帝王的时候，住房的台基高不过三尺，屋顶上的茅草都没有修剪过。他冬天穿一件皮袄，夏天穿一件麻布粗衣，吃的是粗粮，喝的是菜汤，用的是陶器。这样的生活，连奴才都不如吧？人人都想当天子，可是当天子就是为了过上奴才不如的生活吗？一个人当了帝王，就是要用天下的一切来满足自己，这样才能表现出帝王的尊贵。如果一个人连自己都过得不舒服，又怎么可以指望他治理好天下？"

说到这里，秦二世话锋一转："朕最近听说，三川地方不太平，盗贼十分猖狂，连官府也拿他们没办法，请问有这么回事吗？丞相位列三公，地方官员如有失职，可不要睁一只眼闭一只眼哦！"

李斯一听，面如死灰，不敢再说什么。回到家里，李斯关起门来想了整整一晚上，多了几十根白头发，态度来了个一百八十度的大转弯，拿出当年给嬴政写《谏逐客书》的文采，给秦二世写了一封长长的奏折。

奏折开宗明义地指出，作为贤明的帝王，要有独裁天下的气概，可以享受一切乐趣，不应该受到任何人的约束。接着引用申不害、韩非子、商鞅等人的名言，证明上古时期的尧、舜、禹等先王，其实不过是把天下当成了自己的镣铐，算不上是真正的明君。然后提出，皇帝不能像慈母一样对待百姓，那样只会让百姓娇生惯养，成为败家子；必须像严厉的家主对待奴隶一样，用鞭子和严刑对百姓加以管教，这样才能做到天下大治，国家太平。李斯还认为，凡是贤明的帝王，见识和世俗必然不同，因此皇帝不能受他人的影响，必须独断专行，想做什么就做什么，任谁也不敢违抗自己的命令。在此长篇大论的基础上，李斯提出，皇帝要善于"督责"，也就是要不断检查发现臣民的毛病，督促他们改正错误——那样一来，群臣和百姓都忙着去补救自己的罪过，哪有时间去谋反呢？

秦二世看到这封奏折，龙颜大悦，于是按照李斯的建议，在朝中推行督责之术。谁对百姓越狠，谁就被认为是好官；谁杀的人越多，谁就被认为是忠臣。街头上被处死的人天天尸体成堆，秦二世看到了，满意地说："这才是真正地实行了督责啊！"

李斯不愧为老牌政客，他的这一及时转变，挽救了自己的仕途，使得他在秦二世心里又变得重要起来。当他带着一种仓中老鼠的满足感，为自己见风使舵的本领洋洋自得的时候，却没有想到，他这一招委实太漂亮了，漂亮到引起了赵高的嫉妒。

别忘了，赵高才是拥立秦二世的首要功臣，他怎么可能任由李斯排到前面，抢了自己的风头呢？

有一天，赵高对秦二世说："皇帝之所以尊贵，就在于别人只能听到他的声音，看不到他的面孔。现在您岁数不大，很多事情未必都懂，如果您坐在朝廷上，处理问题不当，是会被大臣们看不起的。我建议您还是深居宫中，不要轻易见人。大臣们有奏折上来，就让我和几个通晓法令的内侍商量着处理，您再签个字就发了。这样，大臣们就不敢看不起您，天下人也就会称颂您的英明伟大了。"

秦二世觉得很有道理，从此不再上朝，让赵高在宫中替他办公。只要是国家大事，基本上都是听从赵高的意见。

这样一来，李斯又急了。皇帝是天下人的皇帝，不能让赵高一个人霸着啊！万一赵高哪一天不高兴，假传圣旨，岂不是连他这个丞相都只能束手就擒？这样的事情，赵高又不是没做过，再做一次也不是不可能。李斯越想越害怕，时不时跑到宫中，看有没有机会见到秦二世。

李斯不来还罢，来了几次，没见到秦二世，倒是让赵高猜出了他的心思。

赵高不动声色，故意对李斯说："现在百姓怨声载道，皇上却沉溺于声色犬马，真是让人担心啊！我早就想劝劝他，可是我的地位太低贱了。您是丞相，为什么不去劝劝他呢？"

李斯马上说："是啊，我早想劝劝他了，可是我见不到他啊！"

赵高说："那好办，我替您看着，只要皇上有空，就通知您来朝觐。"

李斯连连称谢。他就没想想，赵高能有那么傻？

此后的一个月，赵高果真有几次通知李斯来面圣。可是每次当李斯来到宫中，秦二世都"恰好"在跟女人淫乐，人没见着不说，还搞得秦二世很生气——丞相每次都在这个时候来找我，莫非是故意捉弄我？难道他在宫中安插了眼线，不然的话，他怎么次次都来得那么准？

赵高装作很吃惊的样子："哎呀，这可太危险了！当初我们在沙丘的密谋，丞相可是参与了的。如果您做了皇帝，丞相还是丞相，心里肯定不舒服。他会不会是想以此威胁您，要您给他割地封王呢？"

秦二世最怕就是别人知道这件事，当时吓得脸色苍白，连声道："这可如何是好？这可如何是好？"

赵高深思良久，做了一个砍头的手势。

秦二世点点头，表示同意。

不久之后，李斯便被以谋反罪逮捕。同时被逮捕的，还有他的家人、族人、门客千余人。

一开始李斯坚持不认罪，可是在赵高下令打了他一千多板子后，他便忍受不住，自己主动写了认罪书。不消说，这份认罪书也是写得十分漂亮，秦二世看了之后，立刻给他判了死刑，而且是本书前面提到过的“具五刑”。

公元前208年七月，李斯一家被拉到咸阳腰斩。当李斯被押出牢门的时候，久违的阳光让他几乎睁不开眼。他突然对站在身边的二儿子说了一句：“我现在好想像从前那样，和你牵着家里那只老黄狗，一起出上蔡的东门追逐野兔啊！”

秦二世听人说到李斯的这句遗言，不觉哑然失笑。他并不知道，就在他深居宫中、不问世事的时候，山东义军四起，秦朝的统治已经岌岌可危了。

十四年，从统一到灭亡

给大秦帝国敲响丧钟的是两个洗脚上田的农民，一个叫陈胜，一个叫吴广。

陈胜在中国历史上留下了两句传世名言。

“燕雀安知鸿鹄之志！”“王侯将相，宁有种乎？”

说第一句话的时候，他还是地主家的长工，光着膀子在地里锄禾日当午。累了，他就站在田垄上发愣，若有所思地看着远方，突然对身边的人说：“有朝一日富贵了，我是不会忘记你们这些人的！”（苟富贵，无相忘！）

大伙都笑了："像你这样种田，种到什么时候才能富贵哟！"

陈胜长叹一声，就说了那句话。

说第二句话的时候，他已经是大秦帝国的一名屯长。公元前209年的七月，他和副屯长吴广带着九百名壮丁前往北方的渔阳戍守边疆，不巧在蕲县大泽乡遇到连日大雨，道路被冲毁，一连十余天动弹不得，陷入进退两难的困境。

前进吧，秦朝的律法严酷，不能按时抵达渔阳，就是死罪。

后退吧，同样也是死罪。

陈胜和吴广没有太多犹豫，他们杀死了押送他们的两名军官，然后陈胜当着九百人的面说出那句振聋发聩的话。

任何将这句话翻译成现代汉语的企图，都将大大降低这句话所带来的震撼。

在此之前的数千年间，人们普遍接受的是"君权神授"的观念，认为统治者的权力来自于神的赐予，高贵的血统是统治者之所以成为统治者的充分必要条件。

陈胜打破了传统思想的樊篱，仅仅用八个字便道出了一个被隐瞒了数千年的事实：王侯将相，压根就没有什么高贵的血统！

陈胜和吴广起义后，迅速建立了政权，号称"张楚"。从字面上理解，也就是壮大楚国。陈胜自立为楚王，派遣将领四处攻占土地。原来六国地区的人民纷纷起来，杀掉当地的郡守、郡尉、县令、县丞来响应陈胜。他们相继自立为王，联合起来向西进发，打着原来六国旗号的队伍之多，简直数不胜数，其中包括沛县的刘邦和吴郡的项梁、项羽叔侄。

叛乱的信息被迅速传递到咸阳。但是，赵高将这些信息都截了下来。所以在秦二世看来，天下还是原来那个天下，只不过是有几个盗贼在山东作乱，没什么大不了的。

公元前208年，陈胜的大将周文率领数十万大军攻破函谷关，抵达咸阳东南的戏水附近，连在咸阳城里都可以看到义军的旌旗了。秦国的将军们束手无策，只有少府（官名，负责管理皇家山林和手工业场）章邯主动站出来，请求赦免在骊山服役的几十万囚徒，发给他们武器去迎击义军。

人的奴性在这里得到了体现。骊山的囚徒本来是秦朝暴政的受害者，对秦朝恨之入骨，但是，在秦二世赦免了他们的“罪过”之后，这些囚徒欣喜若狂，拿起章邯发给他们的武器，恶狠狠地扑向了周文的义军。

周文被打得大败而逃，带着残兵败将退出函谷关，向东一直逃到曹阳才稳住阵脚，在那里坚守了两三个月。章邯尾随而至，攻破曹阳防线，将周文又赶到渑池，并在那里将周文军彻底击溃，周文本人也自刎身亡。

在章邯强大的攻势下，陈胜名下的义军纷纷败下阵来。吴广和陈胜先后被部下杀死，盛极一时的张楚政权被消灭。

同年六月，项梁和刘邦等人在盱眙拥立楚国王室后裔熊心为王，号称楚怀王，重新建立了所谓的楚政权。项梁率领楚军与章邯作战，连续取得几次胜利，逐渐产生了轻敌思想。章邯抓住机会，在定陶大败楚军，杀死项梁，沉重地打击了南方各路义军的士气。

章邯转而北进，渡过黄河，又攻破赵军，将自立为王的赵歇包围在巨鹿。北方的各路义军慑于章邯的威势，不敢相救。大秦帝国的命运似乎出现了一丝转机。

然而好景不长，几个月之后，形势又出现逆转。楚军兵分两路，一路由宋义和项羽率领，北上救援巨鹿；一路由刘邦率领，向西直取咸阳。由于宋义畏缩不前，项羽便杀死宋义，自己率军渡过黄河，以迅雷不及掩耳之势攻破章邯军，俘虏秦军大将王离，迫使章邯投降。

章邯投降的消息传到了咸阳，在帝国内部引起了强烈的震动。大家都明白，章邯和他的大军是大秦帝国的最后一根救命稻草。章邯一投降，整个帝国就不可避免地要灭亡了。

唯独秦二世对当前的形势一点也不了解。这也难怪，因为他是这个国家的主人，而国家的主人总是被一些聪明人蒙住眼睛、掩住鼻子、遮住耳朵的。自从章邯将周文赶出函谷关，他所听到的任何事情，看到的任何文件，给人的感觉总是社会稳定、天下太平。他就生活在赵高给他编织的理想世界中，过着无忧无虑的日子。但是，如果有一天他亲眼看到事情的真相，会怎么样呢？

答案是：事情没有真相，赵高说了算。

公元前207年八月的一天，赵高少有地安排秦二世与朝中重臣一起举行了一场宴会。宴会进行的过程中，赵高命人牵来一头梅花鹿献给秦二世，说："臣献给陛下一匹宝马。"

秦二世虽然喝得有点高了，但还是认得那是一头鹿，笑着说："丞相搞错啦，那明明是一头鹿，怎么说是马呢？"

自从李斯被杀，赵高就当上了丞相。以宦官的身份成为一国最高行政长官，恐怕也是史无前例的。

赵高斩钉截铁地说："那就是马。您如果不信，就问问列位大臣吧！"

秦二世往大伙身上一扫视，有的人立马将头低下去，默不作声，有的人就大声说："陛下，那是一匹马，没错儿！"只有少数人小声说："是鹿。"立刻又闭上嘴，不再说话。

《十日谈》中有个故事，说一个地主有一片果园和一个漂亮的老婆，他请来的长工总是想跟他老婆通奸，苦于找不到机会。有一天地主和老婆在果园里散步，长工在树上摘果子，突然大叫起来："老爷，你怎么光天化日之下和太太做那种事呢？"地主很奇怪，说："我没干什么啊，你中邪了？"于是叫长工下来，自己爬上树，往下一看，忍不住大叫起来："这棵树真是邪门，你们看起来也在做那种事！"

秦二世当时心里的迷惑，估计也和那地主差不多。这件事过后不久，赵高便将那几个说是鹿的人全部投入监狱，让他们好好反省自己的错误。从此，满朝文武都改变了看世界的方式，跟赵高保持认识上的一致了。

当时刘邦的部队已经逼近武关，他派人给赵高送了一封信，要赵高打开从武关到咸阳所有城市的大门来迎接西征军，并许诺让赵高当秦王。

说来也怪，那天晚上，秦二世做了一个梦，梦见有一只白虎咬他车驾左侧的骖马（最边上那匹马），把马咬死了。醒来之后，他闷闷不乐，找宫中的算命先生来问，算命先生说："那恐怕是泾水之神在作怪。"秦二世就在宫中斋戒沐浴，把四匹白马投入泾水去祭祀河神。他仍然觉得心神不宁，又派人去问赵高关于"盗贼"的事情。

秦二世糊涂，赵高却不糊涂，他马上将他的女婿（宦官居然有女婿，可见是半路出家）、咸阳市长阎乐和弟弟赵成找来商量，说："皇帝从来不听我的劝告，现在局面不可收拾了，就想把罪过推到我们这些人身上。我想换一个皇帝，子婴是个不错的人选。子婴仁慈节俭，百姓容易接受。"

据《史记》记载，子婴的父亲是秦二世的哥哥，子婴是秦二世的侄子。但也有人不同意这种观点，说秦二世为了巩固自己的统治，上台之后就将自己的兄弟姐妹全部杀死，自然也不会放过他们的儿女，推算起来，子婴应该是秦始皇的弟弟，也就是秦二世的叔叔。

不管子婴究竟是什么人，赵高早就处心积虑，随时准备替换掉秦二世这个傀儡，却是毫无疑问的。他对外宣称有盗贼进入了咸阳，然后派阎乐以追捕盗贼为名，带兵杀进宫去。为了防止阎乐中途变卦，赵高又将阎乐的母亲软禁在自己府中作为人质。

阎乐带了一千多名士兵闯入宫中，一路上见人就杀，霎时便杀死了数十人。

秦二世这时候也知道情况不妙了，慌忙逃到内室。身边的人都一哄而散，只有一个贴身的宦官不曾离去。秦二世抓着他语无伦次地问道：“这些事情你怎么不早告诉我？怎么会发生这样的事情？”

宦官回答：“正是因为我不敢说，才能够活到今天。我若早些时候说，早就没命了，怎么可能活到现在？”

这时候阎乐已经进来了，用刀指着秦二世说：“你骄横放纵，任意妄为，天下人都抛弃你了，你自己看着办吧！”

秦二世说：“让我见丞相！”

阎乐回答：“不可能。”

秦二世说：“那我把天下让给丞相，我只要一个郡，让我做个郡王就行了。”

阎乐说：“做梦！”

秦二世还没搞清楚状况，哀号着说：“那我就做个万户侯吧，万户侯总可以吧？我一家那么多口，总得有个活路啊！”

阎乐笑了：“没门！”

秦二世咬咬牙：“那我带着妻子儿女做平民百姓，这总可以吧？”

阎乐说：“我奉丞相之命，代表天下人来杀你，你居然还这么多废话！”

秦二世绝望了，只好自杀身亡。

接到阎乐的报告，赵高便召集所有的王公大臣，向他们通报说：“皇帝昏庸无道，我已经将他诛杀了！皇室子弟中，只有子婴深孚众望，我提议立子婴为君。”

大伙都不出声。自从指鹿为马那件事发生后，秦朝的王公大臣就集体失声了。在某种意义上，他们和赵高成为了同一类人。赵高身体被阉割，胯下无物；他们思想被阉割，脑中无物。

“既然大家都没意见，就这么定了。”赵高满意地看着大家，接着又说，“秦国原来就是一个诸侯国，始皇帝君临天下，所以称帝。如今各国又重新自立为王，秦的地盘也越来越小，如果仍然称为皇帝，就只是一个空名，还是像以前那样称王比较合适。”当场决定立子婴为秦王。

与此同时，赵高派人给刘邦送去一封回信，大意是说：“遵照您的意思，我已经将秦二世杀掉了，现在立子婴为秦王，是为了稳定秦国百姓的情绪。至于我本人，是不敢奢望当秦王的，如果可以的话，就请您在关中地区给我划一块土地，我们共同称王吧！”

但是，这封信还没送到刘邦手上，赵高便一命呜呼了。子婴对于自己能够当上秦王一事有着清醒的认识，对两个儿子说：“赵高这厮杀了皇帝，怕大家不服他，才假仁假义地立我为王。我还听说赵高与楚军暗中有来往，想灭了秦国的宗室自己称王。我现在假装生病，不去参加即位仪式，赵高必定亲自前来，来了我们就把他杀掉。”到了即位那天，赵高多次派人来请公子婴，子婴都推辞不去。赵高只好亲自来接，刚进大门，就被埋伏的武士砍成了肉酱。子婴接着下令诛灭赵高的亲族和同党，并且将赵高的尸体挂在咸阳的大街上示众。

子婴当了四十六天秦王，刘邦的大军已经打到了灞上。现在谁也挽救不了大秦帝国了。子婴用绳索套着脖子，乘着白马素车，捧着象征天子权力的玉玺，投降了刘邦。

从秦朝统一天下到灭亡，不过十四年。

回想起来，当年嬴政送别王翦的六十万大军，也就是在灞上。王翦攻破楚军，杀死楚将项燕，十七年后在巨鹿城下，项燕的孙子项羽又攻破秦军，俘虏了王翦的孙子王离。冥冥之中，果真有天意在操纵着这一切？

还是用唐人章碣的一首诗来结束这本书吧。

竹帛烟销帝业虚，
关河空锁祖龙居。
坑灰未冷山东乱，
刘项原来不读书！

（全书完）

本书大事年表

公元前295年：燕使苏秦入齐，助齐攻宋。

公元前293年：秦将白起攻韩国伊阙，斩首二十四万。

公元前288年：秦昭王、齐闵王相约称帝，秦昭王称西帝，齐闵王称东帝。苏秦约诸侯合纵攻秦。

公元前284年：乐毅率五国联军合纵伐齐，陷齐都临淄，取七十余城。齐闵王将苏秦车裂。

公元前283年：赵国遣蔺相如出使秦国，蔺相如不辱使命，将和氏璧完璧归赵。

公元前279年：秦赵渑池之会，蔺相如关键时刻挺身而出使赵国免于受辱；秦将白起伐楚，决水淹鄢，楚国军民死者数十万；齐将田单杀燕将骑劫，收复失地七十余城。

公元前278年：白起拔楚国都郢都；次年，攻取楚国巫、黔中等地，楚大夫屈原投汨罗江死。

公元前269年：赵国大将赵奢击秦军于阏与，大破秦军，阏与之战是秦国在战国时期遭遇的最惨重失利。赵奢被赵王赐号马服君。

公元前260年：秦将白起破赵将赵括于长平，坑赵降卒四十五万，赵国从此一蹶不振。

公元前249年：秦国大将蒙骜取韩国成皋、荥阳，置三川郡，吕不韦相秦；次年，蒙骜击赵国榆次、新城、狼孟，得三十七城。

公元前247年：魏公子信陵君魏无忌率魏、韩、赵、燕、楚五国合纵联军拒秦军于魏国河外，蒙骜退兵。

公元前246年：秦王政继位，开郑国渠；秦军攻拔赵国晋阳、韩国上党，对各国形成分割包围之势。

公元前241年：五国联军再次合纵攻秦，不胜；楚顷襄王迁都寿春。

公元前239年：秦国嫪毐作乱，秦王政杀嫪毐，迁其门客于蜀地；次年，秦王罢免相国吕不韦，太后回咸阳。楚相春申君门客李园杀春申君。

公元前233年：韩国遣韩非入秦，秦杀之。

公元前230年：秦将内史腾灭韩，虏韩王安，置其地为颍川郡。

公元前229年：秦军攻赵，赵王迁杀大将李牧、司马尚；次年，秦将王翦灭赵，虏赵王迁。

公元前227年：燕大子丹使荆轲刺秦王，事败，秦将王翦伐燕；次年，秦攻拔燕都城蓟，得大子丹。

公元前225年：秦将王贲灭魏，虏魏王假。

公元前224年：秦将王翦、蒙武击破楚军，杀其将项燕；次年，秦虏楚王负刍，灭楚。

公元前222年：秦将王贲攻拔辽东，灭燕，虏燕王喜、代王嘉。

公元前221年：秦将王贲灭齐，虏齐王建。秦并天下，秦王政号始皇帝。战国时期结束。

公元前220年：全国筑驰道，东通燕、齐，南达吴、楚。

公元前219年：秦始皇东巡，封禅泰山，立石颂德。

公元前215年：大将蒙恬率兵三十万北攻匈奴；次年，蒙恬败匈奴，掠取河南地，增筑长城，以御匈奴。

公元前213年：用丞相李斯议，下令焚书；次年，坑杀方士、儒生四百六十余人于咸阳；发隐宫，徒刑七十万人造阿房宫和骊山陵。

公元前210年：秦始皇巡游，死于沙丘；李斯、赵高立始皇少子胡亥为二世皇帝。

公元前209年：陈胜、吴广起义于蕲县大泽乡，陈胜称王，号张楚；九月，刘邦起兵于沛，称沛公；项梁与兄子羽起兵于吴；齐、赵、燕、魏等六国后裔纷纷起兵反秦。

公元前207年：项羽率军渡漳河救赵，于巨鹿大破秦军；赵高杀秦二世胡亥，立二世兄子子婴，贬号为秦王。

激发个人成长

多年以来，千千万万有经验的读者，都会定期查看熊猫君家的最新书目，挑选满足自己成长需求的新书。

读客图书以“激发个人成长”为使命，在以下三个方面为您精选优质图书：

1. 精神成长

熊猫君家精彩绝伦的小说文库和人文类图书，帮助你成为永远充满梦想、勇气和爱的人！

2. 知识结构成长

熊猫君家的历史类、社科类图书，帮助你了解从宇宙诞生、文明演变直至今日世界之形成的方方面面。

3. 工作技能成长

熊猫君家的经管类、家教类图书，指引你更好地工作、更有效率地生活，减少人生中的烦恼。

每一本读客图书都轻松好读，精彩绝伦，充满无穷阅读乐趣！